本项目获得鲁迅文化基金会资助

世界各国鲁迅研究精选集

韩国鲁迅研究精选集（第二辑）

［韩］朴宰雨／主编
金英明／等译

中央编译出版社
CCTP
Central Compilation & Translation Press

图书在版编目（CIP）数据

韩国鲁迅研究精选集. 第二辑／（韩）朴宰雨主编；
金英明等译. —北京：中央编译出版社，2016.8

ISBN 978-7-5117-3034-3

Ⅰ.①韩… Ⅱ.①朴… ②金… Ⅲ.①鲁迅研究－
韩国－文集 Ⅳ.①K825.6-53

中国版本图书馆 CIP 数据核字（2016）第 129775 号

世界各国鲁迅研究精选集 丛书执行主编　葛　涛
韩国鲁迅研究精选集. 第二辑

出　版　人：	葛海彦
出版统筹：	董　巍
责任编辑：	邓　彤　冯　章
责任印制：	尹　珺
出版发行：	中央编译出版社
地　　　址：	北京西城区车公庄大街乙 5 号鸿儒大厦 B 座（100044）
电　　　话：	（010）52612345（总编室）　　（010）52612351（编辑室）
	（010）52612316（发行部）　　（010）52612317（网络销售）
	（010）52612346（馆配部）　　（010）55626985（读者服务部）
传　　　真：	（010）66515838
经　　　销：	全国新华书店
印　　　刷：	北京佳信达欣艺术印刷有限公司
开　　　本：	787 毫米×1092 毫米　1/16
字　　　数：	270 千字
印　　　张：	19.25
版　　　次：	2016 年 8 月第 1 版第 1 次印刷
定　　　价：	110.00 元

网　　　址：	www.cctphome.com　　邮　箱：cctp@cctphome.com
新浪微博：	@中央编译出版社　　微　信：中央编译出版社（ID：cctphome）
淘宝店铺：	中央编译出版社直销店（http://shop108367160.taobao.com）　（010）52612349

本社常年法律顾问：北京嘉润律师事务所律师　李敬伟　问小牛
凡有印装质量问题，本社负责调换。电话：（010）55626985

丛书编委（中文名字以姓氏笔画为序）

冯　铁　　瑞士维也纳大学东亚系教授，国际鲁迅研究会副会长

罗季奥诺夫　俄罗斯圣彼得堡大学教授，国际鲁迅研究会理事

荣挺进　　鲁迅文化基金会学术部副主任

朴宰雨　　韩国外国语大学中国学部教授，国际鲁迅研究会会长

张钊贻　　澳大利亚昆士兰大学中文系教授，国际鲁迅研究会副会长

周令飞　　鲁迅文化基金会副会长兼秘书长，上海鲁迅文化发展中心理事长

寇志铭　　澳大利亚新南威尔士大学中文系教授，国际鲁迅研究会副会长

丛书执行主编　葛　涛

目 录

序言　鲁迅在韩国：接受脉络与社会影响／朴宰雨／1

20世纪接受鲁迅的韩国知识分子类型考察／朴宰雨／22

为想象东亚共存
　　——鲁迅与"朝鲜"／洪昔杓／39

鲁迅与作为近代体验的故乡丧失／全炯俊／62

鲁迅的小说创作与记忆的叙事／李旭渊
　　——以《故乡》为例／72

阿Q和叙述者的角色履行
　　——再读《阿Q正传》／李宝暻／96

鲁迅的《狂人日记》与丹斋的《梦天》比较研究
　　——以作者精神再生为中心／金彦河／116

怪诞·恐怖·死亡
　　——再读《呐喊》、《彷徨》／徐榛／127

鲁迅的"生命意识"研究／洪昔杓／147

鲁迅思维模式的独特性试探／金河林／163

鲁迅和春园对于日本和西欧文化的吸收借鉴／严英旭
　　——以日本学时期为中心／178

文字文化和视觉文化：文化研究的鲁迅观一考察／全炯俊／195

鲁迅与"文化大革命"／金河林／216

附　录

中国的大文豪鲁迅访问记／申彦俊／232

鲁迅追悼文／李陆史／237

鲁迅和他的作品／丁来东　金英明　译／249

"韩国鲁迅"的鲁迅：采访李泳禧／夏　榆　朴宰雨／288

后　记／302

序言　鲁迅在韩国：接受脉络与社会影响

朴宰雨

一、序言

今年（2011年）是中国杰出的伟大的世界文学灵魂鲁迅先生诞辰130周年。又是韩国接受鲁迅91周年。在韩国去年（2010年）开始出版二十卷的韩译本《鲁迅全集》，目前已出版了第一卷《坟、热风》、第二卷《呐喊、彷徨》、第七卷《伪自由书、准风月谈、花边文学》等三卷，估计两三年之内将全部出齐。笔者曾在《韩国鲁迅研究的历史与现状》*"结语"中说过，"随着鲁迅的主要杂文与书信在韩国被翻译出版，《鲁迅全集》韩译本的出版也是不久的将来可以期待的事情"。目前来看，我们的期待已经开始实现了。因此，我感怀至深，这可以算是鲁迅诞辰130周年之际献给鲁迅先生在天之灵的一个小礼物吧。

2010年12月5日，有"韩国鲁迅"之称的李泳禧先生因病逝世，韩国许多媒体对韩国民主变革运动的"思想恩师"李泳禧先生为韩国民主

---

*　这篇论文是采用笔者2005年初发表的《韩国鲁迅研究的历史与现状》的基本资料，补上2005年以后的各种接受资料而写作的，虽然不能避免不少重复之处，但是始终从新的角度进行大量取舍，并突出接受脉络与其社会影响，所以断然有不同于以前论文的面貌，可以区别。《鲁迅研究月刊》（北京鲁迅博物馆）2005年4月号。

化献身的艰难一生以及硬骨而温和的人品做全面报道，并表示深切的哀悼，一时造成了"李泳禧现象"。自然地，也对李泳禧受到最深刻影响的"恩师鲁迅"也多有提及①。如果有人一提日本仙台，相当一些韩国人会想到鲁迅留学的那个地方。1920年最初简单介绍到韩国来的"鲁迅"，经过几个曲折艰难的阶段，到了现在，鲁迅在韩国已经普通名词化了。确实，韩国的知识分子与市民已经对鲁迅这个名字耳熟能详，相当一些读者喜欢阅读这个平凡而伟大的世界经典作家。

  本文拟从新的角度分六个阶段，对鲁迅给韩国社会的影响，一一进行介绍与论述。第一阶段（1920—1945.8）包括以前的分期法上的黎明期（1920—1937）与黑暗期（1937—1945.8）；第二阶段（1945.8—1950.6）就是一时露面期；第三阶段（1950.6—1979）包括以前分期法上的潜迹期（1950—1954）与长期开拓期（1955—1979）；第四阶段（1980年代）就是急速成长期；第五阶段（1990年代）是成熟发展期。新的第六个阶段（2000年以后）就可以命名为平淡的扩大深入期。

---

① 多次被提名诺贝尔文学奖候选人的韩国著名诗人高银在《万人谱》组诗中说："对1970年代的大学生，李泳禧就是父亲。"1999年12月发行的延世大学研究生院学报的纪事里，推举李泳禧为20世纪韩国人文科学领域里影响力最大的人物。前任卢武铉总统也可以说是李泳禧先生的精神学生。这位李泳禧先生在《吾师鲁迅》（1995）中回顾自己过去的活动时明确指出："如果说我的著作和我的思想、我对人生的态度对当代青年们起到了这样的影响，那么这个荣誉应该归于现代中国作家、思想家鲁迅。""在过去近四十年的岁月中，我以抵制韩国现实社会的态度写了相当分量的文章，这些文章在思想上与鲁迅相通，当然也在文笔上与鲁迅相通。因此，如果说我对这个社会的知识分子和学生产生了某种影响的话，那只不过是间接地传达了鲁迅的精神和文章而已。我亲自担当了这一角色，并以此为满足。"收载于《斯芬克斯的鼻子》，首尔：喜鹊（意译），1998，第80页、82页。

二、第一个阶段(1920—1945.8):黎明期与黑暗期

1. 1920年梁白华最初把小说家鲁迅介绍到韩国

在东亚世界里对鲁迅的介绍与接受,除了鲁迅的祖国中国之外,韩国与日本几乎是同步开始的。但是由于两个国家的历史语境上"殖民"和"被殖民"的天壤之别,又由于鲁迅的留学与缘分问题上也有根本差距①,最后由于1937年侵华战争之后把鲁迅的著作列于禁止书目之内,所以韩国对鲁迅的接受与研究,不能活泼地展开。但这并不意味着其接受土壤与引起共鸣的程度也一样比日本薄弱。

韩国的报刊里最早报道鲁迅名字的是梁白华,他把日本青木正儿写的《以胡适为中心打漩的文学革命》一文翻译成韩文,从1920年11月号到1921年2月之间分四次连载于韩国的《开辟》杂志,这篇文章里包括简单介绍小说家鲁迅与《狂人日记》的部分。

2. 柳树人1927年作为外国人在世界最早把鲁迅作品《狂人日记》翻译成外文于韩国发表

1915年从被殖民的韩国流亡到中国东北地区定居的韩国的中学生柳基石,读鲁迅《狂人日记》以后感动得几乎发狂。他以为鲁迅先生:"不仅写了中国的狂人,也写了朝鲜的狂人",以后鲁迅就成了他们崇拜的第一位中国人。② 这位柳基石(笔名:柳树人)后来在1925年春访问鲁迅得到他的允许把《狂人日记》翻译成韩文,1927年8月在首尔的《东光》杂志上发表。这篇《狂人日记》的韩译文是鲁迅作品第一次由外国

---

① 鲁迅留学日本七年,没有到过韩国,而《鲁迅日记》里登场的日本人超过二百余人,但和韩国的直接缘分较为薄弱,与鲁迅来往者只有流亡中国的韩人六七人。

② 参见李政文《鲁迅在朝鲜》,《世界文学》(中国)1981年第4期,第34页。

人翻译成外语在国外发表①，这是特别值得一提的。

第一个阶段里翻译成韩文的鲁迅作品，还可以举出《头发的故事》（梁白华译，收载于1929年开辟社出刊的《中国现代短篇小说集》里）、《阿Q正传》（梁白华译，1930）、《伤逝》（丁来东译，1930）、《在酒楼上》（金光洲译，1933）、《故乡》（李陆史译，1936）等几篇。

3. 1930年代丁来东《鲁迅和他的作品》与李陆史《鲁迅追悼文》颇有研究水平

第一个阶段里，在韩国发表过多多少少介绍鲁迅的短文。不过，能算作"鲁迅研究"水平的文章，只能举出丁来东从1931年1月4日到30日在《朝鲜日报》上分二十次连载的《鲁迅和他的作品》与李陆史听到鲁迅逝世的消息后从1936年10月23日到29日在《朝鲜日报》上分五次连载的《鲁迅追悼文》两篇。后者虽然采取"追悼文"的名义，但应算是真正意义上的"鲁迅论"。韩国记者申彦俊采访鲁迅后，于1934年发表的《中国大文豪鲁迅访问记》（载韩国《新东亚》杂志），虽然可以说是宝贵的资料，但不能算是研究，只是采访记而已。

丁来东早就留学日本，后来1925年又到北京，留学民国大学，1930年从该校英文系毕业，到1932年回国之前，他一面参加无政府主义式的韩国独立运动，一面潜心研究中国文学。他从1927年开始，把《中国现代文坛概观》、《中国两大文学团体概观》、《变化中的中国文坛的最新动态》、《中国最新的新文学展望》等论文和许多作家论寄来韩国发表。《鲁迅和他的作品》共分八章，可谓韩国鲁迅研究史上有纪念碑意义的专著，足以代表初期韩国学界的观点与水平。李陆史《鲁迅追悼文》算是一种鲁迅论，也保持相当的水平，他很重视鲁迅作品改革社会的思想与

---

① 根据日本藤井省三《鲁迅在日文世界》，世界上最早的鲁迅外译作品是在1922年六月出版的《北京周报》上登载的周作人翻译的《孔乙己》日文翻译本，又根据澳大利亚寇志明的《鲁迅研究在英语世界》，最早的鲁迅英文翻译是有美国华侨梁社乾1925年在上海商务印书馆出版的《阿Q正传》。不过，这两本外译本都是由中国人翻译的。

其社会效果，认为"无数的阿Q们已经从鲁迅那里学到了掌握自己的命运，找到了自己该走的路了"。

还有值得一提的就是李明善，他1934年入学京城帝国大学法文学部支那文学专业，1940年以论文《鲁迅研究》毕业于京城帝国大学支那文学专业本科，他在1930年代后期读本科的时候，就已经翻译了不少鲁迅杂文等作品，但是当时没能出版。他的学士论文《鲁迅研究》在当时持有进步思想的日本人教授辛岛骁的指导下完成的，可惜，原稿现在消失，不知其内容与水平了。

三、第二个阶段(1945.8—1950.6)：一时露面期

1. 金光洲等首次把《鲁迅短篇小说集》翻译出版

1945年8月日帝投降，韩国得到光复。从光复后到1950年6月韩国战争爆发之前，韩国一时活泼地恢复了鲁迅作品翻译与介绍活动。这一时期的主要介绍或研究学者有丁来东、金光洲、李明善诸位。

翻译上最重要的成果，就是1946年金光洲与李容默合译出版的《鲁迅短篇小说集》(首尔出版社刊)全三卷。这套翻译本几乎包括鲁迅《呐喊》、《彷徨》里的主要短篇小说，在鲁迅作品翻译史上有开路之功。

在研究方面，丁来东发表了《中国文学上的鲁迅与巴金》(1946)，金光洲发表了《鲁迅与他的作品》(1947)。纵观他们的鲁迅观，丁来东主要以彻底的民族主义者看待鲁迅，金光洲主要以强烈的批判现实主义文学家看待鲁迅。

在第一阶段里开始研究的李明善，在1946年到1949年担任首尔大学中文系助理教授，继续翻译鲁迅的《故乡》等一些作品，也发表了《鲁迅的文学观：关于文学批评》等不少研究鲁迅的文章。他后来于韩战中的1950年在朝鲜统治下的国立首尔大学担任临时校长，在战争中死亡。

2. 高丽大学剧艺术研究会首次表演《阿Q正传》，首尔大学文理学院举办鲁迅演讲会

这个时期，韩国知识界对鲁迅的纪念活动，还有学生剧表演活动与演讲会活动等。根据《艺术通信》1946年12月7日的报道，高丽大学剧艺术研究会从1946年12月15日到19日表演鲁迅《阿Q正传》。这次表演，使用作品翻译由尹世重担任，导演由安英一担任，还有阿Q等各种角色由三十一个人担当。这个周报《艺术通信》在12月14号更进一步登载《名作鉴赏：鲁迅先生原作〈阿Q正传〉解题》一文，对鲁迅的纪念活动多加宣传。

到了1947年10月18日，为了纪念鲁迅逝世11周年，又在国立首尔大学文理学院"中国文学研究会"举办演讲会，宋志英等几位讲师以《鲁迅的一生》、《鲁迅与中国现代短篇小说》、《鲁迅与中国文学》等为题做了演讲，对鲁迅的生涯与文学作了详细的介绍①。由这些活动可以知道当时韩国知识界里有过一定的鲁迅追慕热，真是难能可贵。

四、第三个阶段（1950—1979）：潜迹期与长期开拓期

1. 丁来东等的《中国小说史略》与李家源的鲁迅小说全译本出版

1950年6月25日"韩国战争"爆发，进步的评论与文学创作都销声匿迹了。作为外国进步作家鲁迅的文学也不例外，直到1955年才出现了一篇评论文。纵观反共风气极盛的1950—1960年代，对鲁迅的介绍与研究基本陷于低潮期。

不过，1964年丁来东与丁范镇合译的鲁迅的《中国小说史略》还是得以出版（锦文社刊），这是由于这本书是纯粹的学术书籍，没有和政府的反共文化政策相抵触，所以才能问世。到了1975年，资深汉学者李家源翻译的《阿Q正传·狂人日记》（东西文化社刊）出刊，这是第一个

---

① 参见《我们新闻》，1947年10月17日报道。

鲁迅小说全译本，另外还包括散文诗集《野草》中的全部作品，以及《朝花夕拾》中的《藤野先生》和《范爱农》两篇，在翻译历史上有不小的意义。

2. 金喆洙、河正玉、李玲子开拓鲁迅研究新路

这一时期做研究活动的主要学者可以举出金喆洙、河正玉、李玲子等诸位。

1950—1960年代有好几篇"鲁迅论"出现，不过，几乎都属于尝试性的一次性的介绍文或者比较简单的论文而已。这些论文的观点与丁来东等相似，或者强调鲁迅的民族主义与爱国主义特点，或者强调其启蒙主义的思想和文学特点。到了1960年代金喆洙的硕士论文《鲁迅研究》（成均馆大学，1961）出现，这篇论文是1960年的"四·一九"学生民主革命与1961年的"五·一六"军事政变之间，在追求民主与进步的大学氛围里写成，算是一个新开拓的里程碑。不过，从现在的观点看，亦属于概论性质。几年后河正玉的论文《鲁迅文学的背景》（1966）出现，对鲁迅文学的时代背景与性格做了比较有深度的分析。河正玉的思想较为开放，后来继续做鲁迅研究，成为开拓期代表性学者之一，对后来的鲁迅研究有一定的影响。1970年代，他在大众杂志与报纸上发表了一些有关鲁迅的文章，唤起了一般韩国大众对鲁迅文学的意义与重要性的认识。

到了1970年代初，李玲子的硕士论文《鲁迅小说研究——其作品中所表现的民众像》（国立首尔大学，1970.2）出现，这篇论文使用系统的分析方法，对《呐喊》里的几篇小说分九章进行深刻的分析，每章就作品中的具体情节，详尽地分析民众形象，堪称为第一篇有水平的论文。这篇论文的国际视野也相当广泛，第一次参考并引用不少中国内地发行的原书与研究书，以及日本学者的研究书，对后来1970年代与1980年代初期的研究有一定的影响。

五、第四个阶段（1980年代）：急速成长期

1. "韩国鲁迅"李泳禧运用鲁迅杂文批判韩国黑暗现实，以扩大鲁迅的影响力

1970年代，朴正熙军部政权对民主化运动的弹压极其狡猾并残酷，但不屈从于压制的进步知识分子与学生、工人势力坚持搞民主化运动，最终迫使朴正熙政权于1979年倒台。但继之而起的全斗焕法西斯军事集团掌权后，民主化运动的胜利成果被新军事集团彻底剥夺，酿成了1980年激烈的光州民众抗争运动，几百个光州民众在此流血牺牲了。虽然军部政权的弹压变本加厉，但知识分子与学生向左倾方向急速转换的意识化运动也从此开始。这反而向知识界与中文学界提供了鲁迅研究的新土壤。从1970年代开始，一些对鲁迅感兴趣的进步知识分子与后来接触到鲁迅的年轻学生们对鲁迅的生涯、思想和文学更感到由衷的共鸣，他们从变革韩国现实的角度探讨鲁迅所处的时代条件、鲁迅思想以及文学。1980年春，朴宰雨发表的《鲁迅的时代体验与文章意识》① 就是从这样的立场写作的一篇文章。

这一阶段里，从社会影响的角度看，首先要论及的就是李泳禧先生。李泳禧是1970—1980年代韩国最出名的怀有良知的批判知识分子兼社会活动家，他用杂文对当时韩国政治与社会的种种矛盾加以深刻揭露和批判。可以说，他是当时韩国民主变革运动的思想导师，这点在本报告序言里已经提到。李泳禧先生本来不是中文学者，但他自学了中文，从鲁迅的人生态度、思想和文学吸取了精神营养。在1982年严酷的形势下，针对当时军事独裁政权以及保守言论界对激进主义的攻击，借用鲁迅杂文《来了》对此加以深刻的批判。在1987年与1988年继续借用鲁迅的

---

① 见《文学东亚》1980年春季号，首尔：文学东亚社，1980。这篇论文是在本科毕业论文的基础上加以补充、提高的。

杂文《论"费厄泼赖"应该缓行》来彻底批判当时军事独裁政权对民众的反动弹压以及知识分子的机会主义①,引起进步知识界与学术界的强烈共鸣,由此鲁迅杂文的声望多多少少传播于一般知识界。他又在1988年写了《鲁迅与我》一文,坦率地告白了在他年轻时候摸索思想出路时得到鲁迅启发的过程②。后来他获得"韩国鲁迅"之称,在中国《南方周末》等报刊上也被多次介绍。鲁迅在韩国通过李泳禧的巨大影响力,才真正被广大知识分子与学生接受,长期保持并扩大其影响力。

2. 日本丸山升的《鲁迅》与竹内好的《鲁迅文集》六卷本翻译出版

在这个过程中,1983年日本丸山升的《鲁迅》与1986年《革命文学论战中的鲁迅》的韩译本应时之需也翻译了进来。③

尤其是韩武熙主导的将竹内好译注的《鲁迅文集》六卷全译本刊行(1985—1987,日月书阁刊)。这六本译书除了鲁迅小说全部作品之外,首次对《朝花夕拾》进行了完译,也初次对鲁迅杂文150篇左右加以翻译,可以说在这些方面是一个创举。竹内好是众所周知的日本著名的鲁迅研究大师兼思想家,韩国读者与研究者在一定程度上接受他的影响,在鲁迅作品翻译史上也有相当的意义。

---

① 参见《实践文学》1982年第3号,首尔:实践文学社刊。又参见《知识人的机会主义》与《法西斯主义并不是"费厄泼赖"的对象》,载李泳禧《自由人,自由人》,首尔:凡友社刊,1990。

② 参见《自由人,自由人》,第353—356页。

③ 对笔者来说,通过丸山升的这本书对鲁迅产生了深刻的共鸣,后来笔者得到当时由变革运动人士设立的出版社(最初是光民社,后来是日月书阁)的支持,计划韩译出版,但因某些原因,经过某种曲折,最后因为韩武熙先生的参与与帮忙,才能发刊。又如1986年笔者编译出版《文学的理论与实践》(四季节刊)时,在中国部分里编入了丸山升的这一篇论文,目的正是为了给韩国变革文学运动阵营提供借鉴价值的思想与文学理论。

3. 柳中夏、全炯俊、金河林等主导进步立场的鲁迅研究

这一阶段的主要研究者可以举出河正玉、韩武熙、金明壕、朴佶长、全寅初、韩秉坤、刘春花、全炯俊、金龙云、申洪哲、李浚植、刘玉珂、尹永根、朴宰雨等诸位。其中，在思想方法或者研究意义上值得注意的就有全炯俊和金河林、柳中夏等几位。

全炯俊虽然属于中国现代文学研究者，但对韩国文学评论的功力是很深厚，眼光是很敏锐的。这时期他从文学评论家的锐利的视角探研鲁迅，例如他的《鲁迅，或者战略与真实之间》（1984）认为鲁迅的写作是战略与真实互相冲突的结果。所谓"战略"是与指向社会变革的实践行为有关的，所谓"真实"，是在恩格斯、卢卡奇概念中的小说里的真实，这篇论文认为，《呐喊》、《彷徨》时代的鲁迅能承担其冲突的痛苦，至于1927年以后的杂文家鲁迅已经脱离其内面的冲突，倾向于"战略"。

金河林的硕士论文《鲁迅小说的主题思想变貌过程研究》（高丽大学，1982）也值得注意。这篇论文通过《呐喊》与《彷徨》的分析，得出一个共通点，就是里面有三角形的内部对立构造，而这个三角形的三个角落是"世界"、"主角"、"配角"。《呐喊》到《彷徨》，这三角关系有所变化，也由此可知鲁迅意识的变貌。

1980年代后半期，韩国年轻学者对中国现代文学运动史与论争史的研究气氛甚为浓厚，出现了以柳中夏《文艺大众化论争研究》（延世大学，1986）为首的十篇左右的硕士学位论文以及不少的一般论文，可谓当时韩国的中国现代文学研究界的核心推动力量。柳中夏当时担任了从左翼视角研究鲁迅的一个突破性角色。除了这些之外，白元淡的硕士论文《鲁迅的杂感文研究——作家的世界观与艺术形象化的诸问题》（延世大学，1984）也是初次开拓鲁迅杂文研究方面的力著。

六、第五个阶段(1990年代):成熟发展期

1. 李旭渊编译本《朝花夕拾》对鲁迅杂文大众化的贡献

从1980年代末到1990年代初,东欧与苏联社会主义体制崩坏,世界格局发生巨大变动,韩国知识界与中文学界对社会主义国家(包括中国)文学观念的关注重心也慢慢起了变化。1993年初,金泳三政权上台,通过改革,资产阶级民主化趋向于基本建立,这又让韩国进步的知识分子对韩国变革的关心慢慢淡薄起来,开始转向于社会改良或纯粹的学问研究。尤其中国内地改革开放以来,变化的学术成果与多元化的研究风气慢慢被介绍进来,韩国年轻中文学者也普遍受到或多或少的直接影响。但对一般学者来说,对学术主题的关心是有连贯性的,而且对韩国具体现实来说,鲁迅还继续保持着相当的吸引力、生命力,所以1980年代研究鲁迅的学者大部分继续作鲁迅研究,加上新的研究者的加入,学术研究已经进入了成熟的发展阶段。研究的关心领域大为扩大,研究的立场与方法趋向多样化,研究的水平也大为提高。

在这样的背景下,青年学者李旭渊把鲁迅杂文62篇编译成《朝花夕拾》出版(图书出版窗刊,1991),这本书并非《朝花夕拾》原文和译本,而是编译者从鲁迅杂文中选出对韩国现实有进步意义的62篇加以翻译的。这本书引起了韩国广大读者的积极反应,对鲁迅杂文的大众化作出了相当大的贡献。类似的翻译本,如鲁迅日记《青年啊,踏上我肩膀上去吧!》(刘世钟编译,图书出版窗刊,1991)与鲁迅杂文选集《投枪与匕首》(刘世钟、全炯俊译,图书出版Sol刊,1997)等也陆续出版,都多多少少加强了鲁迅的影响力。

2. 从金龙云博士论文(1990)开始陆续出现几部博士论文

这个阶段各种研究现象里,最重要的一点就是博士论文的陆续出现。

1990年出现了第一篇研究鲁迅的博士论文,即金龙云的《鲁迅创作意识研究:以〈呐喊〉、〈彷徨〉、〈故事新编〉为中心》(成均馆大学)。

这篇论文打开了学位论文的新局面。由此，从1993年初以来陆续出现了七篇博士学位论文：《鲁迅〈野草〉的象征体系研究》（刘世钟，韩国外国语大学，1993.2）；《鲁迅文学思想的形成与转变》（金河林，高丽大学，1993.2）；《鲁迅前期文学研究》（柳中夏，延世大学，1993.8）；《鲁迅文学的现实主义研究》（严英旭，全南大学，1993.8）；《鲁迅杂文研究》（韩秉坤，全南大学，1995.8）；《有关中国的近代文学意识形成的研究——以胡适的白话文运动与鲁迅的小说创作为中心》（洪昔杓，国立首尔大学，1996.8）；《鲁迅与"左翼作家联盟"的关系研究》（朴佶长，韩国外国语大学，1999）。继李玲子1983年在法国巴黎第七大学发表博士论文《鲁迅短篇里的下层民》（法文），俞炳台在十年后，于1993年在同一个大学里以论文《鲁迅笔法——寻找"风月"的新的方向》（法文）获得博士学位，有关鲁迅的博士论文平均每年出现一篇，这标志着韩国的鲁迅研究已经达到了某种成熟阶段。这些论文的关注领域已包括创作意识、《野草》、思想、前期文学、杂文、现代性问题等，研究方法包括了象征分析法、思想分析法、系统分析法、解构主义方法等多种。这些论文不一定能说都有独到眼光的问题意识或者颇高的研究水平，但其中确实包含着相当多方面的突破性。

此外，韩国留学生在中国发表的硕士、博士论文和在中国一般期刊里登载的论文也越来越多。留学日本的韩国学者的硕士、博士论文也不时出现。而留学的地区也渐渐扩大到中国台湾、美国、英国、法国等。国内华侨学者与来韩教书的中国学者或者投稿于韩国的有关中国学的学报里的论文也稳步增加，而且海外学者著书的韩译本也陆续出现。

3. 1993年在首尔举办的国际鲁迅研讨会里韩中日东亚鲁迅学者首次会合

1992年8月韩中两国克服四十多年的隔绝，终于建立了外交关系，韩中之间一百年左右的现代体验历程有所不同，所以更需要文化学术的交流，以增进双方更深入的了解。

1985年7月创立的韩国中国现代文学学会，也是预测这种历史趋势

而应运而生的研究中国现当代文学与文化的学会，到了 1993 年 12 月举办了"鲁迅的思想与文学"国际研讨会①，韩中日东亚的代表性的主要鲁迅学者首次会合，这是韩中日东亚鲁迅研究交流史上具有纪念碑性质的会议。日本的东京大学（丸山升、丸尾常喜、藤井省三）在 1996 年也召开了"韩国的鲁迅研究"国际研讨会，韩方的金时俊、全炯俊、朴宰雨三位参加，又在 1999 年 12 月举办了"东亚的鲁迅经验"国际研讨会，规模很大，规格也很高，东亚七个国家、地区的包括韩国十来位在内的几十位学者参加，这也是非常有历史意义的一次东亚鲁迅学者的会合。这样渐渐开辟出东亚鲁迅研究多元互动的局面。

4. 十来位中青年学者从多样的角度活泼地展开鲁迅研究

这一阶段的主要鲁迅研究者有李玲子、金龙云、金炯俊、金河林、严英旭、韩秉坤、刘世钟、俞炳台、柳中夏、李珠鲁、李旭洲、洪昔杓、朴佶长、申洪哲、朴宰雨等诸位。这里简单地介绍金河林、刘世钟、俞炳台、柳中夏、严英旭、韩秉坤、洪昔杓等撰写鲁迅研究博士论文的诸位学者的研究趋向与成果。

金河林主要关注的问题是鲁迅文学思想的形成与转变问题，以及这个过程当中接受外国的思想家与文学家的影响问题。他后来又对韩国作家接收鲁迅文学影响也加以研究，他在这方面的独创性努力值得赞赏。他又是最早对鲁迅研究方法论加以讨论的，也打开了研究上的新局面。刘世钟的博士论文《鲁迅〈野草〉的象征体系研究》，首先从作家与作品、读者的三个层次分析鲁迅文学的意义，进而分析《野草》的总体审美特性，她后来又对鲁迅与韩国作家韩龙云等作了深入的比较研究，并把韩国文学界关心的问题结合进中国现代文学研究领域加以探讨。俞炳

---

① 这个会议里除了主办方韩国的多数学者之外，应邀出席的还有中国学者严家炎、林非、钱理群、王富仁等四位教授，日本学者有丸尾常喜教授一位。日本学者松永正义和坂井洋史也参加讨论。当时该学会的会长是首尔大学的金时俊教授，笔者担任该学会秘书长，负责实在的组织与执行工作。

台在法国写了博士论文《鲁迅笔法——寻找"风月"的新的方向》，用的方法是曾经在法国流行过的解构主义批评方法，在韩国学界可谓是文学研究的一种新方法，其后他用同样方法继续写了一些论文，不过，有难懂之评。柳中夏是批判性与思辨能力强而有力的一位学者，他的博士论文对鲁迅前期文学加以集中研究，主要依靠当时中国内地流行的系统论的方法与"历史的中间物"、"反抗绝望"等鲁迅研究的新成果，从《狂人日记》到《铸剑》的发展过程加以分析。其后他的关心转移于韩中现代文学比较，主要研究鲁迅与韩国当代诗人金洙暎，摸索变革思考的新突破。最近主要研究韩中文化。严英旭初期从"革命文学论争"与"两个口号论争"开始研究鲁迅，后来继续对其"文学思想"、"文学的悲剧性"、"创作手法与现实主义"等问题加以探讨。后来他的关注领域渐渐扩大，写了《鲁迅与外国文学》、《〈故事新编〉与日本历史题材小说》等论文。韩秉坤长期集中研究鲁迅，初期主要关注"鲁迅的文学观与革命观"、"革命文学论争中的鲁迅"、"鲁迅与翻译"等问题，其博士论文《鲁迅杂文研究》是在韩国首次做的鲁迅杂文的整体性研究。洪昔构初期关注早期鲁迅文学思想与作品创作问题，他对日本留学时期鲁迅所发表的所有文章，以及鲁迅最初的文言小说《怀旧》加以探讨，首次论证了一些重要的学术问题。他后来研究"中国的现代性文学意识的形成过程"问题，而以胡适的白话文运动与鲁迅的小说创作为中心，论证中国文学意识的现代转换。最近研究鲁迅文学里的朝鲜等问题。除此之外，也有不少有意义的有关鲁迅的论文，不过，由于篇幅关系在此从略。

5. 几部韩国学者的鲁迅专著出版，也有一些海外鲁迅专著翻译热

这一个阶段里，韩国学者有关鲁迅的专著出现了几部，这对鲁迅研究是很有意义的事。1995 年，成元庆的《鲁迅》（建国大学出版部）出版，是比较简略的介绍性著作。不过，1996 年 8 月韩国中国现代文学学会发行的《鲁迅的文学与思想》，由"思想"、"文学与理论"、"比较论"三章构成，共收录了十三篇论文，相当程度上可以说是 1990 年代前期韩国鲁迅研究成果的集成品。还有，几位学者组团访问鲁迅求学之路与文学之路、革命之路，合作撰写了《作为民族魂的鲁迅：寻找其伟大的足迹》①，虽然不能说是研究专著，但可以说是韩国学界与媒体合作，首次踏查中国伟大文豪鲁迅一生足迹的成果，应该是值得一提的。1997年全炯俊为了对韩国学界唤起国际鲁迅学界问题意识与研究方向，主编出版了《鲁迅》一书（文学与知性社），里面包括韩国人的一篇、中国人的四篇、日本人的两篇、美国人的一篇等，多多少少介绍了新颖的观点，也值得一提。

这一阶段里还有不可忽视的一点，就是在韩国读书界出现海外鲁迅研究专著的翻译热。中国王士菁的《鲁迅传》1992年初由申荣福、刘世钟韩译出版（五车：意译），对1990年代鲁迅在韩国的传播作出了相当的贡献。此外，日本南云智的《幸福在女人的胸怀里——鲁迅》②（又石，1993）与王晓明的《鲁迅传》（李润姬译，首尔：东与西，1997）、王富仁的《中国鲁迅研究的历史与现状》（金贤贞译，釜山：世宗出版社，1997）也陆续出版，为韩国的鲁迅研究提供了丰富的资料。

七、第六个阶段（2000年以后到现在）：平淡的扩大深入期

1.《鲁迅全集》韩译本20卷2010年开始出版

1998年，韩国首次真正交替政权，金大中政府上台，平民民主主义也更向成熟的方向发展，社会运动的激进抵抗情绪慢慢趋于平静。进入二十一世纪以后，韩国的鲁迅研究也可以说进入了一个新阶段，就是基于平淡的情绪上，向规范化方向、向翻译与研究领域扩大的方向、向研

---

① 全寅初、柳中夏、宋荣培等著，首尔：学古斋，1999。
② 这本书主要叙写鲁迅与朱安、许广平、许美苏、羽太信子、山本初枝等五个女性的关系，趣味性浓厚。

究专题化的方向发展。

　　这一阶段里的鲁迅作品翻译，除了同一个作品或者作品集如《阿Q正传》、《狂人日记》、《呐喊》、《野草》、《故事新编》之类不知多少次地重译出版之外，一些学者不断地向没有翻译过的新的作品集挑战。最坚决而活跃的翻译家是洪昔杓，他连续翻译出版了《坟》（禅学社，2001）、《汉文学史纲要》（禅学社，2003）、《华盖集》、《华盖集续编》（两本合为一书，禅学社，2005）、《摩罗诗力说》（Jimanji，2008）等。这时，瞿秋白编的《鲁迅杂感选集》的翻译本由鲁迅读书会以《"费厄泼赖"应该缓行》为书名韩译出版（KC Academy，2003），也值得一提。

　　这样，通过鲁迅全集翻译委员会（代表：刘世钟）的长期努力，终于在2010年年底开始出版二十卷的《鲁迅全集》韩译本（首尔：Greenbee出版社）①，首先出版了第一卷《坟、热风》（洪昔杓、李宝暻翻译）、第二卷《呐喊、彷徨》（孔翔哲、徐光德翻译）、第七卷《伪自由书、准风月谈、花边文学》（李宝暻、刘世钟翻译）等三卷。估计两三年之内出版韩译本全集。这可以说是韩国鲁迅学界空前的盛举。

　　2. 东亚视野、比较文学观点的博士论文陆续出现

　　进入二十一世纪之后，博士论文继1990年代的势头继续发表，如李时活的《中国现代抒情小说研究——以鲁迅，废名，沈从文为中心》（庆北大学，2000）、韩元硕的《阿Q典型研究》（檀国大学，2000）、申洪

---

① 目录的次序比较独特，每卷包括的作品集如下：第一卷《坟》、《热风》；第二卷《呐喊》、《彷徨》；第三卷《野草》、《朝花夕拾》、《故事新编》；第四卷《华盖集》、《华盖集续编》；第五卷《而已集》、《三闲集》；第六卷《二心集》、《南腔北调集》；第七卷《伪自由书》、《准风月谈》、《花边文学》；第八卷《且介亭杂文》、《且介亭杂文二集》、《且介亭杂文末编》；第九卷《集外集》、《集外集拾遗》；第十卷《集外集拾遗补编》；第十一卷《中国小说史略》、《汉文学史纲要》；第十二卷《古籍序跋集》、《译文序跋集》；第十三卷《两地书》；第十四卷《书信一》；第十五卷《书信二》；第十六卷《书信三》；第十七卷《日记一》；第十八卷《日记二》；第十九卷《日记三》；第二十卷《附集》。

哲的《初期鲁迅的近代的思想研究》（韩国外大，2002）、梁兑银的《鲁迅现实主义研究》（延世大学，2004）、高点福的《鲁迅杂文的思维特征研究》（高丽大学，2007）、河荣埈的《鲁迅木版画美学思想研究》（成均馆大学，2010）等。

不过，这一阶段出现了鲁迅研究的新动向，就是从东亚视野或者比较文学观点研究鲁迅的博士论文渐渐增多。如果说留学日本的中文学者任明信的《韩国近代精神史里的鲁迅》（东京大学，2001）、卢钟相的《东亚细亚初期近代小说的民族主义：李光洙、夏目漱石、鲁迅小说比较研究》（高丽大学，2003.2）、徐光德的《东亚细亚的近代性与鲁迅——以日本的鲁迅研究为中心》（延世大学，2003.8）、黄致福的《东亚近代文学思想的比较研究：以夏目漱石、鲁迅、金东里的反近代性为中心》（高丽大学，2005.8）属于东亚语境与东亚视野下的鲁迅研究，那么，金英玉的《韩中近代小说的确立过程比较研究：以廉想燮、玄镇健与鲁迅的小说为中心》（韩国教员大学，2003.2）与权赫律的《春园与鲁迅小说的比较文学研究》（仁荷大学，2003.8）、李钟大的《鲁迅文学与外国作家的影响》（东国大学，2009.2）就属于比较文学观点下的鲁迅研究。卢钟相与黄致福的博士论文从比较文学的角度研究东亚三国的作家，可以说是东亚视野与比较文学观点兼而有之的鲁迅研究。其中四篇（卢钟相、金英玉、权赫律、黄致福的论文）是韩文系培养出来的比较文学博士论文。其中，权赫律是来韩国留学的朝鲜族学者。

3. 刘世钟、严英旭、洪昔杓等学者主导鲁迅专著出版

这一个阶段里，韩国学者发表的论文篇数估计成百，出版的著作也达近十部。这些论文与著作，主题相当多样而且深入，很多扎根于韩国现实，发挥韩国学者有主体性的问题意识，或者应韩国学界的需要而发表或出版。

这一阶段里出版的专著，可以举出如下：

法律学者兼思想研究者朴洪奎对进步思想家鲁迅早就感兴趣，从自由人（无政府主义）的角度研究鲁迅，2002年10月出版其研究成果，称作《自由人鲁迅》，可算是韩国学者以独特角度著述的第一部鲁迅传记。严英旭在 2003 年首先出版博士论文后，又出版了题为《鲁迅与中国现代文学的理解》（全南大学出版部，2003.3）的研究成果。其后，他对自己的博士论文多加修正、补充，出版了《精神界的战士鲁迅》（国学资料院，2003.5），几年后又出版其后的研究成果，成集为《鲁迅的文化思想与外国文学》（全南大学出版部，2006.10），他是在扩大研究领域方面非常勤奋的一位学者。早就热衷于鲁迅作品翻译的洪昔杓于 2005 年出版研究专著《从天上看深渊：鲁迅的文学与精神》（禅学社，2005.10），在书中，他以独到的眼光审视鲁迅的精神世界，注入了自己独特的研究心得，可见韩国少壮中坚学者的功力。卢钟相和权赫律也把自己的博士论文补充修改，陆续出版了《东亚细亚民族主义与近代小说：李光洙、夏目漱石、鲁迅小说比较研究》（国学资料院，2003）与《有关春园与鲁迅的比较文学研究》（图书出版亦乐，2007），多多少少唤起韩中现代文学比较研究的问题意识与方法论。

这一时期，撰写博士论文以后继续坚持鲁迅研究与翻译，最下工夫而深入进去的可举刘世钟。刘世钟本人一面对鲁迅所处的历史语境与其精神各个方面进行探索，撰写了《鲁迅式革命与近代中国》（韩神大学出版部，2008.7），一面又从东亚视野里佛教华严思想的角度对中国鲁迅与韩国和尚革命家韩龙云的革命思想进行探索，撰写《华严的世界与革命：东亚的鲁迅与韩龙云》（China House，2009.12）。虽然也有学术讨论的余地，但是堪称这个时期鲁迅研究的力作。

4. 韩中学界进行鲁迅研究对话，朴宰雨主编《韩国鲁迅研究论文集》在中国出版

到了 2005 年，韩中两国的鲁迅学界感觉到交流的必要，在北京鲁迅博物馆（代表：孙郁）与韩国鲁迅研究会筹委会（代表：朴宰雨）的策划之下，轮流进行研究对话会两次。第一次研究对话会于 7 月在沈阳举办，中方鲁迅学界包括钱理群、王富仁、孙郁、陈漱渝、黄乔生、高旭东、葛涛等在内的主要人物都参加，韩方包括"韩国鲁迅"李泳禧先生与全炯俊、刘世钟、金河林、李珠鲁、金彦河、洪昔杓、朴宰雨等在内的主要鲁迅学者十来位参加，进行了很有意义的交流。第二次研究对话会于 11 月由韩国鲁迅研究会在首尔举办，北京鲁博顺便举办鲁迅生平展览会，这次会议，除了中方的鲁迅博物馆的孙郁等八位学者与韩国的金时俊等诸多中文学者之外，李泳禧、任轩永、朴洪奎等韩国思想家与社会运动家都参加，加上日本木山英雄与澳大利亚寇致铭等元老、资深学者也参加，举办了有突破性意义的国际鲁迅研讨会。

在这个交流过程中，韩方受到中方的热情帮助，首次编辑中文本《韩国鲁迅研究论文集》在中国出版，收罗了十三位学者的代表性论文十七篇，以及韩国鲁迅研究目录一篇、"序"两则，也是一个前所未有的突破性活动。由此，中国学界也广泛了解到韩国鲁迅学研究成果与特点。后来，朴宰雨把这两次对话以及后来的交流过程中出现的韩中学者有意义的论文与文章收集起来，编成了中文本《从韩中鲁迅研究对话走向东亚鲁迅学》一书出版（资料性限定本，早晨出版社，2008）。

5. 海外鲁迅研究专著的韩译本出版也成气候

这一个时期，鲁迅已成为韩国读书界熟悉的世界名作家之一，有着深厚的读者市场基础，所以，海外学者的鲁迅研究专著不断被翻译成韩文在韩国出版。这样的专著就有日本桧山九雄的《东方近代的创出：鲁迅与夏目漱石》（郑善太译，照明出版，2000）、袁良骏的《鲁迅杂文艺术的世界》（具文奎译，学古房，2003）、日本竹内好的《鲁迅》（徐光德译，文学与知性社，2003）、林贤治的《鲁迅的最后十年》（金泰成译，Han Oel Media，2004）、房向东的《鲁迅与他"骂"过的人》（张成哲译，Human Field，2004）、孙郁的《鲁迅与周作人》（金永文、李时活译，昭明出版，2005）、朱正与王得后的《鲁迅图传》（洪润基译，Book Polio，2006）、林贤治的《人间鲁迅》（上、下）（金震拱译，社会评论，2007）、周海婴的《鲁迅与我七十年》（朴姿英、徐光德合译，江，2008）、王锡荣的《画者鲁迅》（金泰成译，Ilbit，2010）等。海外学者鲁迅研究专著的韩译出版，已成为读书界的一个潮流。

6. 韩国美术界与学界对鲁迅木版画运动的接受

鲁迅从 1920 年代末开始做木刻版画活动。他接受德国女版画家珂勒惠支的影响，收集了不少木版画作品。1980 年代在韩国民主化运动过程中，展开了木刻画运动，成果相当可观，如有名的民众版画运动家吴润等。在推动木刻版画的运动中，发现其先驱者德国的珂勒惠支与中国的鲁迅，由此开始研究鲁迅木版画运动，并接受其影响。韩国早在 1986 年已经出版了介绍珂勒惠支与鲁迅木版画的郑贺恩编的专著《凯绥·珂勒惠支与鲁迅》（悦话堂）。后来韩国木刻版画界也知道鲁迅在这个领域的成果，喜欢鲁迅的人也增加起来，如有名的版画家李喆守喜欢鲁迅，李旭渊编鲁迅名文集《希望是路》的时候，李喆守自己写序，又让他使用了好几张自己的版画作品。

到了这个时期，在《阿 Q 正传》等不少鲁迅作品翻译本里使用鲁迅木刻版画或者后来人的木刻版画。河荣埈的博士论文《鲁迅木版画美学思想研究》（成均馆大学）也于 2010 年 2 月出版，王锡荣的《画者鲁迅》（金泰成译，Ilbit）于 2010 年 3 月翻译出版，可谓对鲁迅木版画的尊崇。

八、结语

笔者在上面概括了韩国接受鲁迅影响的九十余年历史，有时候主观的介入可能超过客观性，又限于篇幅，不少部分不能详细地论及，遗漏的优秀研究者的研究、翻译成果也可能不少。回顾韩国接受鲁迅的历史，可谓甚为艰难，几经曲折。在第一阶段里，因一些先驱者的努力，开始做初步的翻译与研究。到了第二阶段光复空间的一时露面期，有接受鲁迅影响的翻译、研究、学生剧运动、演讲等各种崭新的活动。经过第三阶段严酷的反共风气下的潜迹期与漫长的开拓期，鲁迅介绍与翻译、研究、社会影响慢慢恢复过来。到了 1980 年代的第四阶段，开始翻译与研究的急速成长。尤其通过"韩国鲁迅"、韩国民主变革运动的思想导师李泳禧的实践性介绍，鲁迅成为韩国进步知识分子喜欢阅读的对象，也成为他们的思想导师之一。至于1990年代国内外时代环境改变的第五阶段，虽然鲁迅热有点儿淡化，但对鲁迅的翻译、研究继续向成熟方向发展，已经慢慢有研究规范化的迹象。到了21世纪至今的第六个阶段，韩中鲁迅学界交流日益拓展，东亚鲁迅学界互动关系进一步紧密。海外学者研究专著的翻译与韩国学者研究专著的出版都已成气候，由此，韩国鲁迅学已经具备了蔚为可观的面貌。有人提及韩国鲁迅学还停留于反帝反封建的阶段的说法，但这是不了解韩国鲁迅学界最近十多年的多元发展、深入情况的。

依笔者看来，21世纪的韩国通过翻译、研究、借鉴、实践等方式，不断拿来"鲁迅"，吸取各方面的营养，进一步把鲁迅推崇为世界级主要经典作家之一。笔者相信，韩国的鲁迅学经过时间的考验，将不但继续保持下去，而且还会更加发展。笔者又希望，韩国鲁迅学首先要与中国（含香港、台湾）、日本等东亚各地区一起推动发展成为东亚鲁迅学，然后不断和世界各国各地的鲁迅学进行对话，向世界鲁迅学推动，最后能发展成为世界鲁迅学，以对人类的现在与未来多提供其宝贵的文学与思想资源。

（韩国外国语大学校中国学部教授）

20世纪接受鲁迅的韩国知识分子类型考察

朴宰雨

一

从2010年到2011年,笔者曾参加周令飞主编的《鲁迅社会影响调查报告》① 一书,担任"鲁迅影响在世界"章节的组织编撰,请到了日语、韩语、英语、法语、德语、意大利语、俄语、捷克斯洛伐克语、阿拉伯语、海外华语等十种语言圈子里的十来位鲁迅专家参与编写工作。而读完他们梳理自己语言圈子里接受鲁迅脉络的论文之后,笔者可以在全球鲁迅研究的比较宽阔的视野里,大概了解到世界主要语言圈子里的知识分子如何接受鲁迅。

接受鲁迅的情况,可以说因全球以及个别国家的时代环境的改变而有所变化,也因接受鲁迅的个别知识分子所处的历史语境与个人思想立场的不同,在接受面貌与接受类型上呈现相当复杂的情况。

鲁迅的第一篇短篇小说《狂人日记》于1918年4月发表,并于1927年8月第一次被外国人翻译成外文而在海外出版②,此后,他的各种短篇

---

① 周令飞主编,人民日报出版社,2001.10。

② 这第一篇在海外翻译出版的就是在韩国《东光》杂志1927年8月号登载的《狂人日记》,由流亡中国的韩国人柳树人翻译。

小说、散文诗、杂文等作品不断被翻译成日语、韩语、英语等东西方各种语言出版。由此，鲁迅的许多作品传播于日、韩、英等东西方各种语言世界。现在已经在全世界传播，在世界范畴里，稍有人文知识的人都知道这位能代表中国现代文学的伟大人物，不可胜数的人都受到鲁迅及其作品的影响。

近百年世界各地的知识分子接受鲁迅，其情况与脉络不容易全面梳理。接受鲁迅的情况与接受国家的历史语境密切相关。中国接受和传播鲁迅，在新文化启蒙时期与抗战时期是和中国民族性的改造、社会变革、民族解放等问题密切相关的。后来进入中华人民共和国以后，鲁迅成为与国民基本思想教育政策有关的极其重要的问题了。2011年9月上海鲁迅纪念馆的鲁迅展览，从突出革命者鲁迅的形象改变到突出以"立人思想"为中心的人文主义者鲁迅的形象，让我们海外学者大有今昔不同之感。

世纪之交的时候，有些学者强调"鲁迅不必读下去"的观点。对鲁迅持虚无主义的观点也相当流行。我们海外学者关心的问题之一，就是未来世界里鲁迅在海外能不能保持其生命力与影响力的问题。为此，我们应该首先梳理鲁迅从1920年代到现在为止对世界的影响力的问题，因为只有在这种梳理的基础上，才可以判断未来世界里是否继续需要鲁迅的问题。

如何研究鲁迅对过去世界的影响力问题？也许切入的途径有很多，能使用的方法可能也有很多种。世界各地接受鲁迅的知识分子类型不同，其影响力的性质也多彩多样。当然，要研究这个大问题非一篇论文所能承担，所以笔者仅以韩国近百年接受鲁迅为例，进行探讨。

二

笔者曾经对韩国翻译与研究鲁迅的接受史，分为六个阶段：第一阶段（1920—1945.8）可以说是黎明期；第二阶段（1945.8—1950.6）是一时露面期；第三阶段（1950.6—1979）长期开拓期；第四阶段（1980年代）

就是急速成长期；第五阶段（1990年代）是成熟发展期，第六个阶段（2000年以后）可以说是平淡的扩大深入期。①

进而从接受鲁迅精神的社会实践方面着眼，分为三个时期：日本帝国主义严酷统治下开始接受鲁迅的第一个时期（1920—1945）；光复后美国军政时期与李承晚的独裁以及此后长期的军事独裁统治的第二个时期（1945—1997）；民主主义进入轨道的20世纪90年代末期与21世纪的第三时期（1998—现在）。在韩国，按照这样的历史语境的变化，以及个人所处的接受立场不同，接受鲁迅影响的知识分子的类型很多，也很复杂。

笔者2001年曾经对鲁迅对韩国七八十年代变革运动家的影响，分四类来讨论过。②其四类如下：第一类是作为韩国变革性学生运动思想导师的一群先进知识分子；第二类是七八十年代地下变革运动的先驱家们；第三类是七八十年代曾参加学生运动，后来研究中国文学并参与进步性社会活动的一群知识分子；第四类为变革指向性的农民等。不过，这仅限于鲁迅对韩国七八十年代参加变革运动的知识分子类型而言，当然还很不全面。因此在这里，为了分类的方便，着眼于实际情况，可以粗略分为：实践性思想家型、自由思想家型、行动上变节而心态上保持鲁迅情怀型、把鲁迅作品当作参照系的创作家型、价值指向性研究家型、纯粹的学者型和一般读者型等。

"实践性思想家型"，基本是指接受鲁迅的精神内核和思想精粹，在自己所处的历史语境下扎根于现实土壤，积极付诸实践的类型。"自由思想家型"，基本是指那些接受鲁迅精神，但把鲁迅与自己所处的时代环境区分开来，从鲁迅精神里选择自己希望看到的东西，用自己的自由思想重新建构鲁迅形象的类型。"行动上变节而心态上保持鲁迅情怀型"，基本是指那些当初崇拜左翼鲁迅，参加或者积极支持自己所处历史语境里

---

① 《鲁迅在韩文世界》，周令飞主编《鲁迅社会影响调查报告》，人民日报出版社，231页。

② 见《七八十年代韩国的变革运动与鲁迅》，《鲁迅研究月刊》2001年第1期。

的革命活动,后来因受到国家权力的各种弹压与怀柔政策而变节的人,他们在内心还是喜欢鲁迅情怀的。"把鲁迅作品当作参照系的创作家型",主要是指从鲁迅作品那里学到文学思想而把它当作自己文学的指导思想,或者学到文学手法而将它当作参照系进行创作的人。"价值指向性研究家型",是指从鲁迅的思想与文学那里发现自己人生的灯光,在自己所处的历史语境里加以实践,或者参与社会运动,由此研究鲁迅的人。"纯粹的学者型"则指那些与鲁迅精神的价值取向没有关系,只是站在学院派的学术立场上研究鲁迅或者有关主题的。"一般读者型",就是指鲁迅作品翻译本的读者,他们主要是为提高人文知识,对社会发挥不了什么具体的作用。笔者将在下面章节进一步详细探讨这些人物类型的特点,同时也探讨鲁迅对这些类型人物的具体影响。

三

"实践性思想家型",如上所述,基本上可以说是接受鲁迅的精神内核和思想精粹,而在自己所处的历史语境下扎根于现实土壤上,积极付诸实践的人物类型。这个类型的知识分子正面接受鲁迅,崇拜鲁迅,拥抱鲁迅,从鲁迅那里获得精神力量与思想精粹,在自己所处的历史语境下,积极进行实践的很有志气的变革指向性知识分子。

其代表人物可以举出第一时期的李明善和第二时期的李泳禧和任轩永等。

第一时期(日帝时期)的李明善(1914—1950)于1934年进入京城帝国大学预科,1940年中文系本科毕业,是早期研究鲁迅的一位代表。他从1938年进入本科后认识日本的左派教授辛岛骁,并在他的影响下开始研究中国现代文学,尤其是研究鲁迅。1938年,他在《朝鲜日报》发表《关于鲁迅》,1940年1月在《批判》发表《鲁迅的未成作品》,又于1940年在辛岛骁的指导下完成学士论文《鲁迅研究》而毕业。李明善最初是因为鲁迅是"为人生的文学家"而非常崇拜鲁迅,但后来发现彷徨的鲁迅而对他产生怀疑，但在解放后的1948年7月，他在《文学》上发表《鲁迅的文学观》里，可以从中发现他已完全认同鲁迅。他认为："鲁迅生活在执政者可以肆意暴行、无法无天的乱世中，在这样的背景之下……他需要要杂文，并且杂文是更好的斗争的武器。在这样的水深火热之中，他最终锤炼并确立了他的文学观。"在他的眼里，鲁迅已变成一位通过杂文来指向革命的理想中的文学家。

李明善在1945年8月解放后加入"朝鲜文化建设中央协议会"，担任"古典文学会"的书记长，1946年4月左右担任京城大学（首尔大学）中文系的助理教授，1949年9月因曾参与左翼革命活动而被大学领导赶走。在此期间，他认为当时的韩国需要有像鲁迅那样的作为斗争武器的杂文，于是直接把鲁迅的杂文翻译成韩文出版。1949年5月，他已经翻译好26篇杂文，并为出版写了序，但终因1950年6月"韩国战争"爆发而没能出版。"韩战"发生后的7月，他在朝鲜控制下的首尔大学做领导，而在美军收复首尔的9月底之后，他在向朝鲜躲避的过程中失踪，估计在战争中死去。这位革命知识分子在韩国南北分段的特殊环境下实践从鲁迅那里学来的社会批判与民族解放思想，不得不站在朝鲜那边参加战争，终于悲剧地牺牲了自己。他对鲁迅的倾情投入与各种研究和翻译成果长期被湮没，直到2007年1月出版《李明善全集》四卷①后才慢慢被汉学界知晓。

1953年"韩国战争"结束后，韩国长期处于李承晚独裁统治与朴正熙军部独裁时期，而鲁迅研究在极端的反共政策下也处于长期摸索之中，直到1980年代才进入急速成长期。

这第二时期的李泳禧（1929—2010）是接受鲁迅而在韩国影响力最大的值得注目的一位实践性思想家。笔者早在2001年初就已将他介绍到

---

① 金埈亨编，报告社，2007年。

中国。①他是上世纪七八十年代针对由民族分裂与社会矛盾派生出来的种种政治、社会、文化现象进行深刻批判的评论家，可以说是这一时期最著名的进步知识分子，也是韩国学生民主变革运动界里影响力最大的思想导师。由于他从 1957 年到 1971 年间在通讯社外信部工作，而且掌握英语、日语、法语、汉语的多语种能力，所以每次都能收集到一般人不容易接近的美国等西方世界的高级情报与非公开资料，其中有很多是和当时社会主义国家相关的资料。他了解了与官方角度不同的外事方面的真实报道，也积累了很多与中国社会主义革命和越南战争等有关的在韩国不能公开的资料。他从 1950 年代末期，通过日人竹内好等的日文翻译本阅读鲁迅作品，开始崇拜鲁迅，从鲁迅的人生历程与思想以及社会实践开始吸取其精神营养。他在《鲁迅与我》（1988）一文中，有一段描写他读到《呐喊·自序》里"铁屋中的对话"时的冲击："在所有方面都像蒋介石治下的中国似的朴正熙治下的烦恼的我，读到这句话，好像听了坟墓里的鲁迅在对我说话。我睁开眼睛，振作精神了。忽然我觉得我要做的是什么，然后就觉醒了。那个瞬间我的人生方向与目的就决定了。将被盲目的狂信的非理性的反共主义麻醉的人们唤醒过来，匡正他们的意识，就成了我人生的全部。"

由于他能坚持知识分子的良知，又具有敏锐的国际触觉，所以能提笔写出中国革命的内部真实、越南革命问题的真相以及韩国矛盾的民族问题与黑暗的社会现实等。在七十年代严酷的朴正熙维新独裁体制和八十年代全斗焕军部法西斯体制下，他从民族自主与社会正义立场出发，以清醒的头脑和锐利的笔锋写下了《转换时代的论理》（创作与批评社，1974）、《和八亿人的对话》（创作与批评社，1977）、《偶像和理性》（韩吉社[音译]，1977）等不少书籍，痛贬被长期反共体制教育所深深麻痹

---

① 参见《七八十年代韩国的变革运动与鲁迅》，《鲁迅研究月刊》2001 年第 1 期。另外的译本又载于《韩国鲁迅研究论文集》，河南文艺出版社，2005。下面对李泳禧接受鲁迅而实践鲁迅精神的各种情况的说明，都参考或者引用这篇论文里的内容。

的学生与民众的思想意识,促使许多反体制的、具有抵抗意识的青年学生出现。他们大都自愿投入反对独裁的民主变革运动与社会运动,为此受到独裁权力与服务他们的媒体的猛烈批判,将李泳禧看作"学生意识化"的元凶。由于李泳禧如此推崇鲁迅,并在韩国实践鲁迅精神,因此从1972年到1995年他在汉阳大学任教期间,有近八年时间里,就因笔祸或政治原因两次被革职。也由于他一直坚持在宽阔的视野里用严密的论证揭发韩国的民族矛盾和黑暗的社会现实,而被推崇为韩国民主变革运动的思想导师,所以成为独裁权力的眼中钉,前后四次被捕入狱(共三年二个月)。

后来,在韩国民主化基本进入轨道的金泳三政府时期,李泳禧在《我的老师鲁迅》(1995)一文里回顾自己过去的整个活动时说:"我的著作与思想,我的人生态度,如果那样影响到当代青年人,我想这荣幸应该归于现代中国的作家兼思想家鲁迅。"

不过,在鲁迅的多种身份,如小说家、文学评论家、时事评论家、金石学研究家、西欧文学翻译家、西欧思想介绍者、木版画的先驱者、教育家、思想家、现实改革实践家等各种角色中,李泳禧给韩国社会介绍来的主要是"在1910年代到1930年代暗郁混乱的中国社会里作为思想家评论家实践的知识分子的鲁迅。"① 他又说:"读着鲁迅的许多著作,我为'实践的知识分子'的生活所感动了。否定了安居于买卖'知识商品'的教授、工程师或者文艺人的生活,着眼于与受苦难的民众同受苦难的'知识分子的社会义务'。"② 鲁迅不但给年轻的李泳禧提供了人生目标与思想出路,而且给作家李泳禧提供了评论文章的模范。他四十年来写的符合时代的突破性评论文章,从某种角度上看,可以说是在20世纪70—90年代韩国历史语境下的具体实践。

---

① 见于李泳禧,《从鲁迅那里发现的今天的我们》(1991)。
② 见于李泳禧,《从鲁迅那里发现的今天的我们》(1991)。

还有一位任轩永（1941—）① 也属于实践性思想家型。他本来是文学评论家。1970 年担任社会评论杂志《桥》的主编，展开批判独裁的文笔活动，终于遭到笔祸事件牵连，被捕入狱，出狱后主倡"民族文学"。1976 年左右，他参加韩国的地下变革运动组织，于 1979 年被当局揭破，度过了四年左右的监狱生活。1983 年他被释放后就一直从事文学评论活动。2009 年，他主持的民族问题研究所主编韩国的《亲日人名辞典》，这是冒着日帝统治下的亲日反民族势力及其后代激烈的反对下进行的，对匡正日帝时期以来颠倒的历史发挥了积极的作用。

任轩永写过《文学的时代已经过去了吗》（平民社，1978）、《民族的状况与文学思想》（韩吉社［音译］，1987）、《怎么开始文学》（生活智慧社，1993）等多篇有影响的文章。在《我受到鲁迅影响》（1999）一文中，他提到自己在大学时代阅读鲁迅的《铸剑》（通过竹内好翻译的《世界文学全集》47 卷鲁迅篇，日本河出书房版）的事情，他说："感觉非常痛快，现在也给学生们以必读之书推荐"。他在《我的文学修业记》中又说："我个人心目中最理想的小说家就是鲁迅……我为了更好地了解鲁迅，四十以后开始学汉语。"任轩永的文学观的主线是从社会变革的角度思考文学，认为"但看鲁迅之例，在推进历史变革的源动力方面，文学就不亚于政治。"

任轩永在《我受到鲁迅影响》里指出，自己受到鲁迅影响的大概有两点。第一，1975 年左右韩国文坛热烈展开民族文学论争的时候。当时每个论者提出"韩国文学""国民文学""民族主义文学""民族文学"等各种不同的称呼，所以任先生从鲁迅的《民族主义文学的任务和命运》《论现在我们的文学运动》《答托洛斯基派的信》《答徐懋庸并关于抗日统一战线问题》等文章里得到启发，撰写《关于民族文学名称》一文，勇敢地把它整理为"民族文学论"，他的主张被七十年代中期的韩国文坛

---

① 下面对任轩永接受鲁迅而实践的各种情况的说明，也都参考李泳禧的《从鲁迅那里发现的今天的我们》（1991）一文的内容。

所接受。按照任先生的解说,这里的"民族文学"实际上是"民族解放文学"的缩语。第二是他参加地下变革运动的时候。他在《我受到鲁迅影响》里说:"我的行动指针也是鲁迅。因为许多革命文学家到最后或者变节,或者遭到不幸,但鲁迅几乎一无瑕疵地把自身燃烧成革命的火花而逝世,我非常羡慕他的智慧。"

此外,全遇翊(1925—)也可以说是这种类型的知识分子。他在韩国光复后参与革命活动组织,坐牢6年。出狱后,他一直在农村生活,也崇拜鲁迅,从鲁迅那里学到克服奴隶的真人的反思哲学,传播"克服利己主义,共同生活得好"的共同体主义思想。

四

"自由思想家型",即虽然崇拜鲁迅,但是有倾向地把鲁迅和鲁迅所处的时代环境区分开来,从自己个人所喜欢的、选择的角度接受鲁迅,或者用自己的一套思想来重新解释鲁迅。其所塑造的鲁迅形象大多归于"永远的批判者"、"永远的怀疑者"、"永远的自由人"之类。其代表人物可以举出第二时期的朴洪奎。

朴洪奎(1952—)应该说是个劳动法专家,他曾经留学日本的大阪市立大学,后来在哈佛大学人权研究所做访问学者,现在是岭南大学法律学院的教授。他虽然是法律学者,但对艺术与哲学也有很深的造诣,是他第一个把福柯的《监视与处罚》和萨义德的《东方主义》在韩国翻译出版。

他在2002年10月出版了《自由人鲁迅》一书。他在书中表白:"我在过去三十多年,读他的文章,有时候笑,有时候哭。文章应该是这样写的。他的文章里直率地表现出强烈的主题与刚直的态度,我们应该向他学习如何作文。"①又说:"如果可以说鲁迅'伟大',这不是起因于他

---

① 见于《自由人鲁迅》,有井口的屋子(出版社),2002,32页。

追踪某种思想,反而是起因于他是没有被任何思想缠住的'永远的批判性自由人'。我喜欢鲁迅的原因,是因为无论在国内还是国外,作为批判性自由人,没有像鲁迅一样的彻底的人物。所以过去三十余年,我比任何人都崇拜鲁迅。我敢说,作为批判性知识分子,马克思、马克斯·韦伯、福柯等谁也比不上鲁迅。"由此可见他对鲁迅的特殊的看法与崇拜的程度。

他在第一章"自由人鲁迅"中提到著述本书的动机时说:"我决心著作这本书,是读了1999年出版的全寅初、柳中夏、宋荣培等写的《作为民族魂:寻找鲁迅的伟大足迹》之后。我并没有为所谓民族魂、伟大等词汇所吸引,反而觉到反感……我不赞同把鲁迅当做民族主义者……他是爱国者吗?我没有信心接受这一点。他爱中国民族,是属于事实的。不过,'中国民族'这个词汇,用'自己所居住的地方的人'来解释,才更合适……我没有找到把他看做我们所谓的民族主义者的根据。如众所周知的,鲁迅曾经深入参与过世界语运动,从这个角度看,鲁迅是世界主义者。"①

他进而用自己理解的这样的鲁迅来批判中国与韩国的现实:"虽然如此,我想强调鲁迅是中国人。这是因为要通过鲁迅正确地理解中国,并以中国为鉴来理解韩国……鲁迅对反权力、反奴隶的呐喊,不仅在中国有效,同样,在韩国也有其说服力。"②

总而言之,朴洪奎的鲁迅观可归于"永远的批判者"、"永远的怀疑主义者"、"永远的自由人"③ 的鲁迅。

在韩国,跟朴洪奎那样有系统地、明显地建构鲁迅形象的不多,但是估计也有不少人共鸣于这一类的观点。

---

① 见于《自由人鲁迅》,有井口的屋子(出版社),2002,36页。
② 见于《自由人鲁迅》,有井口的屋子(出版社),2002,38页。
③ 见于《自由人鲁迅》,有井口的屋子(出版社),2002,36页。

五

"行动上变节而心态上保持鲁迅情怀型",可以说是,开始的时候以很大的热情崇拜鲁迅,从鲁迅那里学到左翼革命思想,并在本国的历史语境下坚持这种思想,参加革命活动或者革命文艺活动,但是后来因受到权力严重的压迫或狡猾的怀柔手段而变节。不过,他们心态上还是喜欢鲁迅,还是愿意保持鲁迅情怀的。

在日帝侵华期间反对侵略战争的不少日本进步知识分子里,后来受到日帝严重压迫而变节的,对以"亚洲人解放"为名的大东亚战争表示赞成。像竹内好那样的人也如此,虽然他后来批判了自己当时的行为,但在当时,他甚至发表了《大东亚战争与吾等的决议》,鼓励中国文学研究会的一千会员支持大东亚战争,并煽动"在新的决议之下战斗"。在这些日本人中,有一位在韩国的京城帝国大学教支那文学的鲁迅专家辛岛骁,他曾经和鲁迅来往过,也指导过第一个类型中提到的李明善关注鲁迅,研究鲁迅,让他写好学士论文《鲁迅研究》。但辛岛骁后来变节了,不过在日本战败之后,他回到日本,于1949年写了《回忆鲁迅》一文①,怀念鲁迅。

像这种类型的文人,还可以举出第一个时期的作家张赫宙和第二个时期的作家李炳注。

日帝统治下的张赫宙,开始时是进步作家。1936年,胡风把朝鲜、中国台湾作家的日文短篇小说翻译成中文,出版了《山灵》的时候,就把张赫宙的《山灵》与《上坟去的男子》收入其中。张赫宙在1936年10月19日鲁迅去世后,曾在日本发表哀悼鲁迅的文章《独特的作风》,收入1937年鲁迅先生纪念委员会在上海出版的《鲁迅先生纪念集》附录

---

① 此文载于1949年6月东京版《桃源》创刊号,任钧的汉译文登载于《鲁迅研究资料》第13集。

中，在此附录中，还收入了日本各种杂志与报纸刊登的哀悼文。张赫宙很尊重鲁迅，但到了1930年代末期，他开始逐渐转向，写了一些支持日本殖民地政策的作品，最后沦为亲日反民族的代表性作家。日帝败亡后，他加入了日本国籍。

第二时期的李炳注也是典型的例子。李炳注（1921—1992）在日帝治下的1940年早就留学日本，1941年4月入学明治大学专门部文科文艺系，1943年9月毕业。1941年底，他第一次读到日语文库版《鲁迅选集》，当时迷惑于法国象征主义文学的李炳注，由于鲁迅小说的震撼力而感到惭愧。后来李炳注回顾这段时期时说："在进行探究的过程中，鲁迅就成为我的光。那个光明好像在任何暴风雨面前也不会熄灭。"[①] 1943年底，他被日本军国主义征集为学徒兵，1944年被派到中国苏州，一直到1946年日本战败后返回国内。回国后，他在故乡的学校教书，此时整个韩半岛在美苏两国的控制下，渐渐趋于南北分断，人们在理念上陷入混乱。李炳注在故乡醉心于鲁迅，每天阅读鲁迅的作品。

李炳注的鲁迅观不像"实践性思想家类型"，和当时站在朝鲜立场参加战争的李明善不同，而与"自由思想家类型"的朴洪奎相同些。他在《自我与世界的遭遇——李炳注告白录》中"鲁迅"章节里这样说道："解放后的混乱时期是最需要鲁迅那样的老师的时期。我用他的眼光看了所谓的右翼，也看了一群沉溺于因袭与私感的反动分子。虽然不必说没有民主主义的指向，但是明显表现出不纯的权谋术数来。我又用鲁迅的眼光看了左翼。发现他们好像是以人民的利益为借口，企图把人民当作奴隶的人面兽心的集团似的……学到这样的观察法，我不知不觉中被右翼视为反共分子，被左翼视为恶质反共分子。最宽容的评价也是灰色分

---

① 见于《自我与世界的遭遇——李炳注告白录》"鲁迅"章节，麒麟苑，1983，13页。

子了。鲁迅也曾经有过陷于这样困境中的时候。"①

1950年6月韩战发生，李炳注在朝鲜的占领下不得不为其军队文宣队服役。他1957年开始写文章，1958年以后就任釜山的《国际新报》工作，曾担任论说委员与主笔、编辑局长等职，写了批判政治社会的许多文章，而1960年学生民主化运动成功之后，他积极批判政治，主张南北统一。1961年朴正熙军部势力搞政变之后，他遭遇笔祸，被判十年徒刑，在监狱2年7个月时获释。后来他在回顾这段经历时说："我想永远坚持做鲁迅的徒弟。这在当时是无理的事，因此发生了笔祸事件，我被判刑十年。如果把这场笔祸事件的原因归之于鲁迅，那是太过分的。正确地说，这次笔祸事件的原因在我自己。因为我没有足够的诚实性与能力能学到鲁迅的精神与技法。"②出狱后，他从1965年正式开始作家生涯，在军部独裁体制下写出了《智异山》、《山河》、《那年5月》、《关釜联络船》等以韩国现代史为题材的长篇历史小说，描写知识分子围绕左右理念与实践问题上的各种苦恼。

由于他相当独特的文学成就，在韩国现代文学史上，他占有相当的地位和分量。不过，1975年朴正熙政权为了扑灭韩国的左翼或者南北协商派，制定了社会安全法，要求这些过去违反反共法的人物公开表明思想转向，不然，就让他们再度进入监狱，一辈子受到监视。李炳注因此在苦恼之余，采用在自己的欧洲游记里注入反共思想的方式，得到谅解，终于不必再坐牢了。

但是此后，他竟向最高权力趋近甚至巴结，并在1991年写了《总统们的肖像——为历史的辨明》（书堂）一书，虽然对让自己坐牢的朴正熙评价得不好，但对血腥镇压民众抗争而掌权的全斗焕评价得特别友善，

---

① 见于《自我与世界的遭遇——李炳注告白录》"鲁迅"章节，麒麟苑，1983，13—14页。

② 见于《自我与世界的遭遇——李炳注告白录》"鲁迅"章节，麒麟苑，1983，15页。

并用文笔为全斗焕帮忙。他虽然希望保持鲁迅情怀，却再不能回到鲁迅学生的位置上，可以算是变节投降了。这是韩国现代史的又一次的悲剧，当然，更可恶的其实还是让人无法坚守自己良心的怀柔的独裁权力。

六

"把鲁迅作品当作参照系的创作家型"，可以说是从鲁迅作品那里得到创作灵感，发现创作模型，把一些特定作品当作自己创作的参照系的作家。他们在自己的创作实践中发挥鲁迅的创作思想或活用鲁迅作品的题材、人物形象、创作方法与技巧等。这个类型的作家，有一面从批判性的角度对待鲁迅，一面又从鲁迅那里学到创作模式和创作方法的作家，也有由于真正崇拜鲁迅而活用鲁迅作品的题材、人物形象、创作方法与技巧的作家。前者的代表可以举出第一时期的李光洙，后者的代表人物可以举出从第一时期过渡到第二时期的韩雪野、金史良与第二时期的刘阳善、朴景利等。

第一时期的李光洙（1892—1950）本来可以说是在韩国作家中最早表现启蒙思想的文学家。1922年，他写了反思韩国民族性的《民族改造论》，但后来慢慢变成为亲日派，1936年1月终于发表《对战争时期的作家态度》一文①，支持日帝发动侵华战争。同年8月，李光洙在日本杂志《改造》上发表日文短篇小说《万翁之死》，以打杂的万翁为主人公的这篇小说明显受到《阿Q正传》的影响。李光洙自己也曾经说过："万翁不但与鲁迅的阿Q相似，而且从某种人生的典范来讲，他也是一个很有意思的人物。"②李光洙虽然没有全面地了解鲁迅的创作思想，也没有多层面地理解"阿Q"人物形象的意义，但是他实在是从鲁迅《阿Q正传》那里受到启发写成这篇小说的，而且李光洙有的时候还把自己比

---

① 载于《朝鲜日报》1936年1月6日。
② 见于《成造记》，《三千里》第8卷1号，1937.1。

喻为"阿Q"。

第二时期的韩雪野（1900—1976）也受到鲁迅影响，他是位代表性的左翼作家。他首先从鲁迅的《故乡》与李基永的《故乡》那里受到启发，撰写了描写故乡的一些小说如《洪水》（1936）、《归乡》（1939）以及一部分反映这种题材的长篇小说《黄昏》（1936）①。其中，《归乡》主要描写一个父亲盼望监狱里出来的儿子早点回故乡，并希望解决过去父子之间的矛盾关系。虽然主题意识相似，但他把作品的情节和鲁迅的《故乡》颠倒过来，变成为另一个有意思的作品。韩雪野后来回顾自己的写作生涯时说："对我来说，受到高尔基的文学影响，并且发现鲁迅小说里的哲理，而且感触某种东方风格，甚至在监狱里也研究过鲁迅作品里人物的性格。因此，我出狱以后，写了《摸索》、《波浪》等短篇小说，而这些作品里的知识分子们都受到鲁迅小说的影响，如《狂人日记》、《孔乙己》等。"

第一时期的左翼作家金史良也很明显地受到鲁迅的影响。1941年他发表短篇小说《天马》，描写了性格缺陷的文人。又写了《Q伯爵》，描写殖民地自虐的知识分子形象，这个人物是一种陶醉于"精神胜利法"的知识分子典型。

第二时期刘阳善（1952—）的《狂人日记》可以说是完全模仿鲁迅的《狂人日记》。还有，朴景利的《给Q氏》也明显受到《阿Q正传》的影响。刘阳善的《狂人日记》如何受到鲁迅《狂人日记》的影响，以及朴景利对鲁迅的看法，我们可以参考金河林的《鲁迅与他的文学在韩国的影响》的介绍与分析，在此不作详论。

不过，李炳注与任轩永口头上说很想跟鲁迅学习写作的精神与方法，但是实际上，他们也有并不容易发现影响足迹的作品，这一点还待进一步考证研究。

---

① 参见韩雪野《回想以后》，《朝鲜文学》2卷8号，1936年8月号。

七

"鲁迅价值指向性研究家型",可以说是一面从鲁迅那里发现真正有意义的人生之路而思考自己的人生,或者参与社会运动,一面从学术角度研究鲁迅的类型。这一类型的知识分子,基本上是中文专业的研究家。他们明显有自己的价值指向性,大都支持民主变革运动,有些人还直接参加这个运动,并因此坐牢的。在民主变革运动基本成功并继续争取民主制度之后(大家觉得民主变革得还很不够),这些类型的研究家基本上都回归本来的行业,但在价值指向上还是继续从鲁迅那里学习有价值的东西。其代表人物可以举出在第二时期1970—1980年代参加韩国民主变革运动的年轻的中文学徒们,这些人现在大多成为大学中文系的教授,如柳中夏、全炯俊、金河林、刘世钟、白元淡、李珠鲁、韩秉坤、严英旭、金彦河、李旭渊、洪昔杓、李宝璟、李正勋、任明信等许多。如果笔者也有过这样的价值指向,也可以列于这个类型的末席吧。

"纯粹的学者型",是指仅仅站在研究家的职业立场上,作为专家研究鲁迅或者中国现代文学的人。对这个类型的学者来说,开始的时候,可能有真正从鲁迅那里学习有价值的东西的态度,但是后来被生活所麻木,认为自己的人生与鲁迅没有什么关系,只有研究成果,才可以保存已经拥有的作为学者的社会地位与学术地位,为此才研究鲁迅的。在现实中不乏这样的人物,在此不必列举吧。

"一般读者型",是购买鲁迅作品翻译书进行阅读的类型。由于鲁迅的《阿Q正传》与《狂人日记》等作品登载于韩国不少的中学生文学参考书目里,所以不少中学生读过或者在读鲁迅的代表作品。由于鲁迅作品是常销书,所有也有相当一些读者对鲁迅作品过去也读,现在也读,未来也一定读吧。不过,他们大都是为了作为大学考试准备的人文知识的增加而读的,或是为提高文学修养水平而读的。这些类型的人,因为读过鲁迅作品,所以容易接受跟鲁迅相关的知识,以及有关鲁迅的名句,如"地上本来没有路,走的人多了也就成了路"、"绝望之于虚妄,正与希望相同"等。

八

我们在上面探讨了在韩国近百年历史中受到鲁迅影响的知识分子的类型。从思想角度,可以分出"实践性思想家型"、"自由思想家型"、"行动上变节而心态上保持鲁迅情怀型"。从文学角度,可以考虑"把鲁迅作品当作参照系的创作家型"。还有从学者的角度,可以分为"价值指向性研究家型"与"纯粹的学者型"。最后,可以考虑"一般读者型"。

这些各种类型的知识分子,在日帝时期(第一时期),在光复后的长期独裁时期(第二时期),几乎都存在。至于基本进入民主化轨道的21世界以后又如何呢?这应该是今后观察与研究的对象了。

我们通过鲁迅对20世纪韩国知识分子的各种影响,能了解到鲁迅与韩国现代知识分子的关系并不是那么寻常的。

从某种角度上看,韩国的知识分子历史与韩国的精神文化史,可以从接受鲁迅的角度重新解释,重新建构。这当然是今后的课题了。

(韩国外国语大学校中国学部教授)

为想象东亚共存

——鲁迅与"朝鲜"

洪昔杓

一、序言

　　北京大学的周作人教授曾于 1925 年 5 月在强调朝鲜（韩国）的地位和研究必要性时说过，"我们知道日本学于本国文化研究上可以供给不少帮助，同时也应知道朝鲜所能给予的未必会少于日本。……我想在这里带便表明对于朝鲜艺术的敬意。"（《朝鲜传说》）。虽然当时朝鲜（韩国）为日本所侵占，国家岌岌可危，但周作人还是对朝鲜给予了肯定和认同。曾任北京大学教授的魏建功于 1926—1927 年被聘用为京城帝国大学支那语文学科中文讲师，他旅居汉城（今首尔）时，如此表达过自己的感受："目前事实中华韩人民感情上的相恶，以及理想中华韩人民精神上的相爱，恰是'共荣共存'的'东亚主义'之表面及里面。"（《华韩之间的爱恶》）。中国现代大文豪鲁迅曾对在日留学时为自己修改讲义并悉心指导的藤野教授予以高度赞誉，称其为"伟大的"老师，并且在年轻日本学者增田涉为翻译《中国小说史略》于 1931 年访问中国时，三个月期间每天为其讲解长达三个小时的《中国小说史略》。韩国民族抵抗诗人李陆史 1933 年 6 月在中国上海居留时，曾前往当时被蓝衣社成员暗杀的中国民主志士杨杏佛的灵堂吊唁，在那里偶遇鲁迅。他如此表述这段缘分："那时鲁迅从小 R 处得知我是朝鲜青年，且总想找机会见上一面，在外国前辈面前和特定的场所我只有谨慎和谦逊，而他再次握住我的手，那时的他是一个非常熟悉而且又和蔼亲切的朋友。"（《鲁迅追悼文》）。像这样，近代时期希望中韩甚至东亚各国间相互理解和共存的历史经验相当丰富。时至今日，中日韩东亚三国的关系比任何时候都尤为重要和密切，因此，从各个层面挖掘这些历史的经验，使其成为精神资源予以弘扬，是一项非常重要和迫切的课题。

日军为占领满洲而建立伪满洲国，并于1931年发动了"九•一八"事变，事后为了打下基础，实现其侵略全中国的阴谋，出兵占领了上海，并于1932年发动了"一•二八"上海事变，对租界及鲁迅居住的闸北一带进行了围攻，鲁迅由于考虑到个人安危离开了原来的住处，在外躲避了50多天。鲁迅在1932年2月22日给朋友许寿裳的信中生动地描述了当时万分危急的情况："因昨闻子英登报招寻，访之，始知兄曾电询下落。此次事变，殊出意料之外，以致突陷火线中，血刃塞途，飞丸入室，真有命在旦夕之概。于二月六日，始得由内山君设法，携妇孺走入英租界，书物虽一无取携，而大小幸无恙，可以告慰也。现暂寓其支店中，亦非久计，但尚未定迁至何处。"①鲁迅经历避难生活之后，1932年4月20日校对了林克多的《苏联闻见录》，并为其写了序。鲁迅在序文中指出："而且由此也可以明白一点世界上的资本主义文明国之定要进攻苏联的原因。工农都像了人样，于资本家和地主是极不利的，所以一定先要歼灭了这工农大众的模范。"②并且还抨击道："他们是在吸中国的膏血，夺中国的土地，杀中国的人民。"③鲁迅读完林克多的《苏联闻见录》以后，对"十月革命"以后俄国社会的发展趋势有了坚定的信心。此外，1932

---

① 《致许寿裳》，《书信》，《鲁迅全集》第12卷，人民文学出版社，1981年版，第67—68页。

② 《林克多〈苏联闻见录〉序》，《南腔北调集》，《鲁迅全集》第4卷，第426页。

③ 《林克多〈苏联闻见录〉序》，《南腔北调集》，《鲁迅全集》第4卷，第427页。

年 5 月 6 日，在《我们不再受骗了》一文里写道 "我们反对进攻苏联。我们倒要打倒进攻苏联的恶鬼，无论它说着怎样甜腻的话头，装着怎样公正的面孔。这才也是我们自己的生路！"①强烈批判并驳斥了帝国主义侵略苏联的劣行，高呼打倒帝国主义。

但那个时候也爆发了（1932 年 4 月 29 日）尹奉吉义士在虹口公园扔炸弹炸毁日本侵略军指挥部的义举事件，关于日本对中国和朝鲜的侵略，鲁迅并没有直接使用言语对日本帝国主义直接加以谴责。鲁迅当时住的拉摩斯公寓离事发地点不远，尽管发生了尹奉吉义士的义举，但没有正面提出"日本帝国主义"一词，而是简单地用了"帝国主义"这一名称加以概括。当然，他曾说"当自己被征服时，除了极少数人以外，是很苦痛的。这实例，就如东三省的沦亡，上海的爆击，凡是活着的人们，毫无悲愤的怕是很少很少罢。"②，话语中自觉不自觉地表达出对日本侵华行为不管是谁都会怀有悲愤不已的心情。但谴责的焦点集中在对日侵华国民政府所采取的消极对应态度，将重点放在讽刺这实乃中日"联合"。在此，我们觉得有必要就当时鲁迅对日本帝国主义的态度和对日帝强占期的"朝鲜"的认识进行更为细致的考察。

---

① 《我们不再受骗了》，《南腔北调集》，《鲁迅全集》第 4 卷，第 431 页。
② 《止哭文学》，《伪自由书》，《鲁迅全集》第 5 卷，第 66 页。

二、新生的希望

在鲁迅的著作中，最早提到有关日帝侵占朝鲜内容的为《随感录》①一文。该文没通过纸面公开发表过，也没收入到鲁迅生前出版的著书里，但后来作为手稿收入《鲁迅全集》。尽管是手稿，可它对我们理解鲁迅对朝鲜的认识是相当珍贵的资料。鲁迅在文中写道："近日看到几篇某国志士做的说被异族虐待的文章，突然记起了自己从前的事情。"② 介绍了自己青年时代想听弱小民族尤其是亡国爱国者的声音，对他们的文学非常关注这些情况。"那时候又有一偏见，只要皮肤是黄色的，便又特别关心；现在的某国，当时还没有亡；所以我最注意的是芬兰斐律宾越南的事，以及匈牙利的旧事。"③ 从上下文和当时历史背景来看，这里的"某国"很明显指的是朝鲜。鲁迅尤其在结尾针对看重过去荣华的人，强调说"爱国者虽偶然怀旧，却专重在现世以及将来。爱亡国者便只是悲叹那过去，而且称赞着所以亡的病根。其实被征服的苦痛，何止在征服者的不行仁政，和旧制度的不能保存呢？倘以为这是大苦，便未必是真心领得；不能真心领得苦痛，也便难有新生的希望。"鲁迅早在青年时代就

---

① 按《鲁迅全集》的注释，这篇文章是依据鲁迅的手稿收录于《鲁迅全集》中，写于1918年4月到1919年4月之间。鲁迅于1918年4月完成中国最早的现代短篇小说《狂人日记》。5月刊登在《新青年》上，正式登上中国文坛。他于同年7月首次发表了《我之节烈观》一文。从9月开始在《新青年》的"随想录"栏目上发表杂感。引文《随想录》可能就是刊登在"随想录"栏目上的一篇文章，想到某国的志士时，可能与1919年朝鲜"三一"运动有关。该文收录在《鲁迅全集》第八卷《集外集拾遗补编》1918年条目中，1981年上海鲁迅纪念馆编写的《鲁迅著译系年目录》1919年条目中，注明是5月以前所写。以后此文刊登于1972年《文物——革命文物特刊》第1期上。《鲁迅著译系年目录》，上海文艺出版社，1981年版，第38页。

② 《随感录》，《集外集拾遗补编》，《鲁迅全集》第八卷，第79页。

③ 《随感录》，《集外集拾遗补编》，《鲁迅全集》第八卷，第80页。

已投身于文艺运动，不仅批判了中国陷入"自尊自大"这一现实，而且还对遭受外族支配的弱小民族表示了同情，聆听他们爱国的"国民之声"①。鲁迅将东欧弱小民族的短篇小说翻译成书，取名《域外小说集》出版也正是此时。因为鲁迅过去有过这番实践经验，所以他会对"三一"独立运动前后朝鲜"志士"写的文章感兴趣。

可是鲁迅在该文中阐明的仅仅是被征服民族为实现"新生"而应采取的精神态度问题。"某国志士"发出的"遭到异民族虐待"的怨言仅仅是对"征服者没有施行仁政"的揭露，只不过是一种号召和叹息而已。在鲁迅看来，这无法保障是否能得到真正"新生的希望"。"某国志士"要想真正渴望"新生"，就应该在现实生活中寻找沦落为被征服民族的根本原因，进行自我反省才是。鲁迅的这篇文章虽然是借鉴"某国"来启蒙中国，但我们不妨从中看到鲁迅对朝鲜的认识。鲁迅认为朝鲜的独立虽然是当务之急，但为了实现这一目标，朝鲜人应该采取何种精神态度和方法才是更为重要的问题。

鲁迅在翻译完日本人武者小路实笃的剧本《一个青年的梦》以后，还专门写了《译者序》。这篇文章里也包含了与当时朝鲜有关的内容。这篇《译者序》于1919年11月24日写成，刊登于1920年1月的《新青年》，是一篇公开发表的文章。鲁迅在文章中指出这部具有反战思想的作品不仅是在好战的日本，而且在中国也有必要熟读：

> 中国人自己诚然不善于战争，却并没有诅咒战争；自己诚然不愿出战，却并未同情于不愿出战的他人；虽然想到自己，却并没有想到他人的自己。譬如现在论及日本并吞朝鲜的事，每每有"朝鲜本我藩属"这一类话，只要听这口气，也足够教人害怕了。
>
> 所以我以为这剧本也很可以医许多中国旧思想上的痼疾，因此也很有翻成中文的意义。②

---

① 《摩罗诗力说》，《坟》，《鲁迅全集》第一卷，第64页。
② 《译者序二》，《译文序跋集》，《鲁迅全集》第10卷，第195页。

正如鲁迅所说，翻译剧本《一个青年的梦》目的是为了能够让中国人树立起一种反战意识，根治中国人的顽疾。他指出中国人犯的一种顽疾就是中国人认为"朝鲜本我藩属"这一传统观念。鲁迅认为中国人对朝鲜持有这种传统观念是相当危险的，并对此表示出深深的忧虑，他首先没有攻击"好战之国"日本帝国主义，而是批判和检讨中国人对朝鲜持有的负面的传统观念。从中国内部着眼，针对中国内部问题进行批判，鲁迅的这种态度跟朝鲜"志士"要获得"新生"就必须首先自我反省做到"真心领得（领悟）苦痛"，其实是站在同一个出发点上。

这一点也可通过鲁迅如何看待较朝鲜更早遭受日本支配的中国台湾问题而得到确认。在鲁迅所有著作中谈论中国台湾问题的也甚少。在日本人浅利顺次郎的《劳动问题》（原名为《国际劳动问题》）的中文版序文中涉及了该问题。此序文是鲁迅受中国台湾翻译作家张秀哲之托，在广州中山大学就职时即1927年4月11日写成。在此序文中，鲁迅在回答北京师范大学的学生张我军提出的"中国人似乎都忘记了台湾了，谁也不大提起"这一问题时，表明了自己如下立场："他是一个台湾的青年。我当时就像受了创痛似的，有点苦楚；但口上却道：'不。那倒不至于的。只因为本国太破烂，内忧外患，非常之多，自顾不暇了，所以只能将台湾这些事情暂且放下。……'"①鲁迅指出中国之所以暂且搁置台湾问题，是因为还有更为急迫的问题要办，那就是国内问题过于繁多。要直接解决台湾问题，不如首先找出中国内部为何会引发台湾问题的真正原因，对其加以诊断与批判，这才是鲁迅认为首当其冲应该解决的问题。

像这样，鲁迅仅着眼于寻找中国内部原因，因此对其他国家即朝鲜问题很难做到深入涉及并乐观看待朝鲜的独立。鲁迅这种态度与"三一"独立运动发生之后积极支持朝鲜独立的青年学生们的态度截然不同。在北京大学学生们创办的启蒙杂志《新潮》第1卷第4号（1919年4月1日）上，刊登了傅斯年的《朝鲜独立运动之新教训》和陈兆畴的《朝鲜

---

① 《写在〈劳动问题〉之前》，《而已集》，《鲁迅全集》第三卷，第425页。

独立运动感言》。傅斯年在文中指出"这次朝鲜的独立,就外表论来,力量是狠薄弱的,成功是丝毫没有的,时间是很短的,但是就内里的精神看起来,实在可以算得'开革命界之新纪元'。"[1]他将朝鲜独立运动的特征概括为三点,一是没有武器的革命,二是明知不可行而偏行的革命,三是单纯的学生革命。紧接着他又附加道:"朝鲜的独立未成,这精神自必继续下去,世界的革命未已,这精神自必继续下去;这精神由现在看起来,好像愚不可及,然而顺着这世界的潮流,必得最后的胜利。我们应当高呼'朝鲜独立运动的精神万岁!'"[2]又如穗庭在文中说道:"朝鲜这回的独立运动,再接再厉,勇猛无前。中国的报纸,前日竟载有'朝鲜人因运动独立,被捕至四千五百余人而运动始终不懈'的消息。我想具有这种独立精神的民族,必不会永久仰他人鼻息的道理。朝鲜脱离日本的羁绊直指顾事,我们拭目以观其成就是了。"[3] 像这样,当时的中国青年学生积极支持朝鲜的独立运动并对其意义予以了高度评价,甚至还预言说朝鲜的独立定会到来,更没有忘却提醒中国也要学习朝鲜的精神。和这些青年学生相比,鲁迅对朝鲜的认识是极其消极的,而且表现出希望朝鲜独立的态度也非常有限。鲁迅一贯将自我反省和批判当作是解决内部问题的首要条件,他对朝鲜之所以有此认识态度与上述观点和方法是密不可分的。

---

[1] 孟真(傅斯年):《朝鲜独立运动中之新教训》,《新潮》(影印本)第1卷第4期,1919年4月1日。

[2] 同上。

[3] 穗庭:《朝鲜独立运动感言》,《新潮》(影印本)第1卷第4期,1919年4月1日。

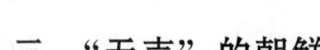

三、"无声"的朝鲜

到 1927 年，鲁迅将朝鲜看成是"无声的"朝鲜。在 1927 年 2 月 16 日的香港青年会上他以《无声的中国》为题做了一次演讲，在这里鲁迅批判了"无声的中国"之现实，并嘱咐青年们要发出"真实的声音"。最后他是这样结束了他的演讲："我们试想现在没有声音的民族是那几种民族。我们可听到埃及人的声音？可听到安南，朝鲜的声音？印度除了泰戈尔，别的声音可还有？"①这时的鲁迅刚离开北京途经南方厦门而到达广州。此时，他是为了拯救中国而将"无声的"朝鲜作为它山之石加以借鉴。此时，鲁迅将朝鲜看作无声的朝鲜，与将朝鲜看作"新生的希望"相比，可谓是后退了一步。

根据 1931 年 10 月 23 日发表的《"民族主义文学"的人物和运命》文章，鲁迅对"朝鲜"的印象带有更多的负面性。在 1931 年"九·一八"满洲事变发生不久前，在日本的煽动下发生了首尔和平壤等地朝鲜人攻击华侨的事件，鲁迅对这一事件讽刺性地描写如下：

> 拔都死了；在亚细亚的黄人中，现在可以拟为那时的蒙古的只有一个日本。日本的勇士们虽然也痛恨苏俄，但也不爱抚中华的勇士，大唱"日支亲善"虽然也和主张"友谊"一致，但事实又和口头不符，从中国"民族主义文学者"的立场上，在己觉得悲哀，对他加以讽喻，原是势所必至，不足诧异的。
>
> 果然，诗人的悲哀的豫感好像证实了，而且还坏得远。当"扬起火鞭"焚烧"斡罗斯"将要开头的时候，就像拔都那时的结局一样，朝鲜人乱杀中国人，日本人"张大吃人的血口"，吞了东三省了。莫非他们因为未受傅彦长先生的熏陶，不知"团结的力量"之

---

① 《无声的中国》，《三闲集》，《鲁迅全集》第 4 卷，第 15 页。

重要，竟将中国的"勇士们"也看成非洲的阿剌伯人了吗?!①

鲁迅写这篇文章，目的是为了批判当时得到国民政府资助的御用文人提出的"民族主义文学"以此拥护帝国主义政策这一流氓文学。为便于理解上述引用文章，需对前后背景略加说明。鲁迅在这篇文章中以"民族主义文学"的具体作品为例加以了辛辣的批判，其中之一是刊登在《前锋月刊》的黄震遐的剧诗《黄人之血》。这一作品写的是黄色人种的"西征"，用剧诗叙述成吉思汗的孙子拔都征服俄罗斯的事情。根据鲁迅的说明，内容如下："所征的是欧洲，其实专在斡罗斯（俄罗斯）——这是作者的目标；联军的构成是汉，鞑靼，女真，契丹人——这是作者的计划；一路胜下去，可惜后来四种人不知'友谊'的要紧和'团结的力量'，自相残杀，竟为白种武士所乘了——这是作者的讽喻，也是作者的悲哀。"② 鲁迅看透黄震遐的创作意图在于攻击苏俄并为取得成功号召民族团结，并指出这仅仅是帝国主义仆役之事。所以现实与黄震遐的创作意图正相反，就如剧诗所描写，为攻击俄罗斯需团结一心的同为黄种人的朝鲜人却在攻击华侨，而日本人则侵吞了东北三省，鲁迅对此予以嘲讽。在此，"朝鲜人乱杀中国人"这一事实，在鲁迅看来是被支配人民成为支配者走狗的具体例子。

鲁迅将朝鲜人看作是沉默的民族时，以1931年7月初在满洲长春发生的"万宝山事件"为导火线，在首尔和平壤等朝鲜全国各地爆发了朝鲜人对华侨的攻击，这可理解为是朝鲜人因日本的殖民政策而被动员的表面现象。"万宝山事件"是在日本人的阴谋策划下发生的朝鲜农民和中国农民之间的流血事件，藉此机会在朝鲜各大报纸煽动民族情绪，使得朝鲜人敌视中国人，在朝鲜境内攻击华侨造成多人死伤。因为这一事件，造成鲁迅对当时的"朝鲜"留下了极为不好的印象。此后很难再看到鲁

---

① 《民族主义文学的任务和运命》，《二心集》，《鲁迅全集》第4卷，第315—316页。这篇文章刊登在1931年10月23日的上海《文学导报》第1卷第6、7期合刊上。

② 《民族主义文学的任务和运命》，《二心集》，《鲁迅全集》第4卷，第314页。

迅在文章中提到"朝鲜"，这不能不说与"万宝山事件"有着一定的关系。到了这一时期很难说鲁迅仍旧对朝鲜抱有"新生的希望"，或许对尹奉吉义士的义举鲁迅没有直接予以反应，多少也与朝鲜人对华侨的攻击有关。因为"万宝山事件"发生于1931年7月，尹奉吉义士的义举发生于1932年4月，可见"万宝山事件"对鲁迅有关"朝鲜"的印象产生了不良影响。

在此有必要对鲁迅对日本帝国主义的应对态度加以考察。1931年"九·一八"满洲事变后，上海的《文艺新闻》向上海文化界的部分名流人士询问了关于这一事件的意见，鲁迅于9月21日简单回答道"这在一面，是日本帝国主义在'膺惩'他的仆役——中国军阀，也就是'膺惩'中国民众，因为中国民众又是军阀的奴隶；在另一面，是进攻苏联的开头，是要使世界的劳苦群众，永受奴隶的苦楚的方针的第一步。"① 日本发动"九·一八"满洲事变后，为了使自己对中国的侵略正当化而使用了"膺惩"一词。鲁迅在这一词语上加了引号以示嘲讽，这并非别的而是对无能的中国军阀讽刺性的攻击，同时又是对身如奴隶的中国民众嘲笑般的批判。

在此需注意的是鲁迅并未将矛头直接指向日本帝国主义对中国的侵略，而是将重点放在对国民政府和中国民众的讽刺上，而且断定以"九·一八"满洲事变为开端，日本将要开始侵略苏联这一点也值得让人回味。

实际上在鲁迅的文章中很少将矛头直接指向日本帝国主义进行抨击。对日本占领1931年爆发满洲事变的东三省，国民政府采取的是消极对待，从而引发了学生们的示威游行。对此国民政府加以阻止镇压，鲁迅写了《"友邦惊诧"论》一文谴责国民政府。国民政府欲镇压学生们请愿，对此，鲁迅说"友邦人士，莫名惊诧，长此以往，国将不国"，对

---

① 《答文艺新闻社问——日本占领东三省的意义》，《二心集》，《鲁迅全集》第4卷，第310页。

"友邦人士"进行了嘲讽。"日本帝国主义的兵队强占了辽吉,炮轰机关,他们不惊诧;阻断铁路,追炸客车,捕禁官吏,枪毙人民,他们不惊诧。中国国民党治下的连年内战,空前水灾,卖儿救穷,砍头示众,秘密杀戮,电刑逼供,他们也不惊诧。在学生的请愿中有一点纷扰,他们就惊诧了!"① 由此,鲁迅针对国民政府大加讽刺:"可见学生并未如国府通电所说,将'社会秩序,破坏无余',而国府则不但依然能够镇压,而且依然能够诬陷,杀戮。'友邦人士',从此可以不必'惊诧莫名',只请放心来瓜分就是了。"② 鲁迅在此控告日本帝国主义的侵略行为,但却把重点放在了对西方帝国主义的讽刺和对国民政府镇压学生的谴责上。

如上所说,在1932年5月发表的《我们不再受骗了》文章中,鲁迅也对想进攻苏联的帝国主义劣行加以了抨击,另外又写道"中国的人民,在内战,在外侮,在水灾,在榨取的大罗网之下,排着长串而进向死亡去。"③ 揭露了中国当时黑暗的社会现实问题。这篇文章是在发生尹奉吉义士义举不久后写的,尽管控告帝国主义的侵略行为,但却没有直接提及日本帝国主义。鲁迅还在《沙》一文中用比喻的方法描述日本对满洲的占领,"他们'如入无人之境'的走进来了。这就是沙漠上的大事变。"④ 一言两语提过之后,将中国比作"沙",说"剩在地下的,是小民的蝼蚁和泥沙,要践踏杀戮都可以"⑤,突出了国内问题的严重性。1933年4月写的《中国人的生命圈》中也是控诉了日本对中国的侵略,但焦点集中在谴责国民政府剿灭共产党的错误行为。"'边疆'上是飞机抛炸弹。据日本报,说是在剿灭'兵匪';据中国报,说是屠戮了人民,村落市廛,一片瓦砾。'腹地'里也是飞机抛炸弹。据上海报,说是在剿灭'共匪',他们被炸得一塌糊涂;'共匪'的报上怎么说呢,我们可不

---

① 《"友邦惊诧"论》,《二心集》,《鲁迅全集》第4卷,第360页。
② 《"友邦惊诧"论》,《二心集》,《鲁迅全集》第4卷,第361—362页。
③ 《我们不再受骗了》,《南腔北调集》,《鲁迅全集》第4卷,第430页。
④ 《沙》,《南腔北调集》,《鲁迅全集》第4卷,第549—550页。
⑤ 《沙》,《南腔北调集》,《鲁迅全集》第4卷,第550页。

知道。但总而言之，边疆上是炸，炸，炸；腹地里也是炸，炸，炸。虽然一面是别人炸，一面是自己炸，炸手不同，而被炸则一。"①鲁迅在这篇文章中揭露了日本炮击边疆的事实，但从上下文来看，主要谴责的是国民政府轰炸共产党的根据地"腹地"，就连中国人最基本的"生命圈"也不予保障这一劣行。

像这样可以看到当时鲁迅主要关注的是中国国内问题，将重点放在批判中国人的国民性，揭露国民政府在政策上的失误上，对于日本帝国主义的侵略行为没有表现出直接控诉或予以抨击的态度。鲁迅将目光转向国内，关注内部问题，因此无暇表露自己对当时朝鲜问题严重性的认识及期待朝鲜独立的心理。

四、申彦俊和辛岛骁访问鲁迅

在鲁迅的日记里偶尔能够看到来访过的朝鲜人或者鲁迅所见过的朝鲜人的名字。② 由此可知鲁迅每当见到朝鲜人时就会积极打听朝鲜的情况。李霁野将鲁迅会见朝鲜人金九经的情景记录如下："鲁迅先生一九二九年五月回到北京省亲。他在日记中写到，曾三次到未名社。二十五日'往未名社谈至晚'。当时有个朝鲜人，因为不满意日本人的措施，离开了日本人所办的大学来到北京。一时没有办法，就住在未名社。鲁迅先生和他谈了很多话，主要是了解朝鲜的情况。"③ 鲁迅1929年5月为探望母亲回了一趟北京，顺便去未名社见了金九经。虽然鲁迅的日记里曾多次出现金九经的名字，④但对于他们所谈的内容，鲁迅没有做详细的记录。

---

① 《中国人的生命圈》，《伪自由书》，《鲁迅全集》第5卷，第98—99页。

② 关于鲁迅所见的韩国人望参见金时俊的《鲁迅所见韩国人》（《中国现代文学》第13期）和《关于申彦俊的〈鲁迅访问记〉》（《中国现代文学》第22期）。

③ 李霁野：《关于鲁迅先生的日记和手迹》，《鲁迅先生与未名社》，人民文学出版社，1984年版，第249页。

④ 《日记》，《鲁迅全集》第14卷，第764—767页。

在鲁迅当天的日记里我们只能看到"下午访凤举,未遇。往未名社谈至晚"①,寥寥数语,仅此而已。

1933年5月22日韩国的《东亚日报》记者申彦俊拜访鲁迅,并对他进行专题采访后写了篇文章,该文章也比较引人注目。申彦俊把专题采访的内容称为《中国大文豪鲁迅访问记》,发表在第二年也就是1934年4月号的《新东亚》上。据说鲁迅向申彦俊打听了朝鲜的情况,临分手时还嘱咐道"希望朝鲜文坛上某位作家能在自己至今准备的名为'中国文坛'的刊行物上介绍朝鲜文艺的历史和发展趋势。"②鲁迅身为当时中国文坛的领袖,不仅对朝鲜的情况,而且还对朝鲜文坛极其关注。可是在鲁迅会见申彦俊的1933年5月22日的日记里,却只有以下寥寥几字而已。仅留下"二十二日晴,无事。"③ 这一记录。

在此,我们有必要再仔细地探讨一下鲁迅和申彦俊的会面之事,鲁迅在1933年5月的日记里多次记录了与《东亚日报》社有过书信往来的事实。5月16日写道"下午得《东亚日报》社信",5月17日写道"上午复东亚日报社信",5月18日又写道"得东亚日报社信",5月19日又写道"下午寄东亚日报社信"。④这些信件指的就是当时作为东亚日报社驻上海和南京特派员记者申彦俊写给鲁迅的信件。如今申彦俊写给鲁迅的信件是否保存下来不得而知,可鲁迅写给申彦俊的信件现今都保存下来了。1933年5月17日鲁迅写给申彦俊的信的内容如下:"尽管我在隐蔽度日,却随时都有遭到横祸的危险,如果先生有何要求,请用书面提出来。"⑤其后5月19日发出的信件内容如下:

---

① 《日记》,《鲁迅全集》第14卷,第164页。
② 申彦俊:《中国大文豪鲁迅访问记》,《新东亚》1934年4月期。
③ 《日记》,《鲁迅全集》第15卷,第80页。
④ 《日记》,《鲁迅全集》第15卷,第80页。
⑤ 刘运峰编:《鲁迅佚文全集(下)》,群言出版社,2001年版,第711页。

彦俊先生：

来信奉到。仆于星期一（二十二日）午后二时，当在内山书店相候，乞惠临。至于文章，则因素未悉朝鲜文坛情形，一面又多所顾忌，恐未能著笔，但此事可于后日面谈耳。专此布复敬颂

时绥

鲁迅 启上（五月十九日）①

在这里引人注目的就是申彦俊恳请鲁迅就朝鲜文坛写篇文章，可鲁迅却答道因不太了解朝鲜文坛而多有所顾忌，实在是无法执笔，那么鲁迅为何顾忌写有关朝鲜文坛的文章呢？当申彦俊问起"弱小民族的解放何在"，鲁迅答道："我认为只有完成世界的××，弱小民族才能获得解放"。②申彦俊的意图是想聆听鲁迅对朝鲜独立的看法，可鲁迅却没有直接谈论朝鲜独立问题，反而笼统地做了回答。鲁迅没有具体地表明自己对朝鲜独立的立场，这似乎与他所谈的"多所顾忌"这一心理有所关联。

另外，从申彦俊处听到朝鲜情况时，鲁迅作出的反应如下："他向笔者提问了朝鲜的情形。我回答说，用朝鲜文出版的书籍越来越少了，朝鲜的文艺，乃至整个文化，正在被××化。听到这儿他就说，决不要为此而悲观。不管是日本文字也好，俄国文字也好，毫无关系。我倒干脆希望，在中国，中文被取消，不管它是英文还是法文，比中文更好的文字得到普及，他就这样驳斥了国粹主义。"③针对日本企图扼杀朝鲜语，鲁迅给予申彦俊勇气，告诉他不必过于悲观。对内心已接受马克思主义，对世界语表示出兴趣的鲁迅来说，完全否定国粹主义是完全可以理解的。1925年鲁迅又在"青年必读书"事件中，大力提倡要读更多的外国书籍，此时一位名叫熊以谦的青年出来反驳道："日本要灭朝鲜，首先就要

---

① 刘运峰编：《鲁迅佚文全集（下）》，第661页。《书信》，《鲁迅全集》第14卷，人民文学出版社，2005年版，第245页。

② 申彦俊：《中国大文豪鲁迅访问记》，《新东亚》1934年4月期，第152页。

③ 申彦俊：《中国大文豪鲁迅访问记》，《新东亚》1934年4月期，第152页。

朝鲜人读日文……"① 对此，鲁迅的答辩可以使我们理解到他所隐含的深层意思："汉人总是汉人，独立的时候是国民，覆亡之后就是'亡国奴'，无论说的是那一种话。因为国的存亡是在政权，不在语言文字的。美国用英文，并非英国的隶属"。②鲁迅认为国家的独立并不取决于语言文字这一形式问题，而是取决于国民精神，指出否定国粹主义、重振国民精神是更为迫切的问题。

通过考察日本人辛岛骁访问鲁迅以及他们的交流内容，可从另一方面看到鲁迅对朝鲜的认识。辛岛骁在东京大学读书期间受其岳父即东京大学教授盐谷温（节山）之托，为将礼物转交给鲁迅，于 1926 年 8 月首次拜访了鲁迅。他毕业之后被派到朝鲜京城帝国大学任"支那语文学科"教授。

鲁迅在 1926 年 8 月 17 日的日记里写道："辛岛骁君来并送盐谷节山所赠《全相平话三国志》一部，冈野同来。"③，然后在两天后的 19 日又写道"上午辛岛君来，留其午餐，赠以排印本《西洋记》，《醒世姻缘》各一部。"④当时鲁迅正就有关中国小说史资料与盐谷节山进行交流，于是对其女婿辛岛骁的来访盛情款待。而后直到 1929 年 9 月，鲁迅与辛岛骁有过多次书信往来，1929 年 9 月 8 日他们又有了第二次相会。⑤ 这时，辛岛骁前去赴任朝鲜京城帝国大学讲师一职，在 1933 年 1 月 23 日辛岛骁第三次拜访鲁迅。鲁迅在那天晚上准备了丰盛的菜肴款待了辛岛骁，又将

---

① 熊以谦：《奇哉！所谓鲁迅先生的话》，见《集外集拾遗》，《鲁迅全集》第七卷，第 259 页。

② 《报〈奇哉所谓……〉》，《集外集拾遗》，《鲁迅全集》第七卷，第 253 页。

③ 《日记》，《鲁迅全集》第 14 卷，第 612 页。

④ 《日记》，《鲁迅全集》第 14 卷，第 613 页。

⑤ 参见陈梦熊：《鲁迅全集中的人和事——鲁迅佚文佚事考释》，上海社会科学院出版社，2004 年版，第 290—297 页。鲁迅在 9 月 8 日的日记中写道"上午辛岛骁来"，11 日写道"下午往内山书店，遇辛岛、达夫"，24 日写道"内山书店送来绢品一方，辛岛骁所赠"。见《日记》，《鲁迅全集》第 14 卷，第 779—781 页。

翻刻本佛经送给了他。① 这时辛岛骁已升任为朝鲜京城帝国大学助教授。回首尔不久就给鲁迅的儿子海婴寄来了礼物。1933年2月14日鲁迅的日记里有这样一段记录。"得辛岛骁君从朝鲜寄赠之玩具二合六枚,鱼子一合三包,分给镰田及内山君各一包。"②在此值得关注的一点就是此段记录为鲁迅日记里有关辛岛骁的最后一次记录。③ 辛岛骁在朝鲜京城大学就任以后,他们之间的交往事实上已告终结。那么,他们为何断绝交往呢?

辛岛骁1926年夏天来访时,将《内阁文库书目》和《舶载书目》转交给鲁迅,鲁迅在1927年夏天,将此目录刊载到周刊《语丝》上时,在序文中简单几句提到辛岛骁所给予的帮助。④ 而且,鲁迅于1926年12月31日写给辛岛骁的信件中,详细谈到了自己结束在厦门大学一学期的课程后将调到中山大学等境况,由此可见他们之间关系相当密切:

此地的学校并不称意,甚感无聊。昨日终于辞职,一周内将去广州。

我看厦门就像个死岛,对隐士倒是合适的。

一到广州,即先去中山大学讲课。不过,是否呆得长,尚不可知。校址是"文明路"。⑤

像这样与辛岛骁保持亲密关系的鲁迅,在1933年1月辛岛骁第三次来访时,特意准备了六道菜款待他,并将原藏于雷峰塔砖里的佛经赠送

---

① 《日记》,《鲁迅全集》第15卷,第60页。

② 《日记》,《鲁迅全集》第15卷,第64—65页。

③ 《人物书刊注释说明》,《日记》,《鲁迅全集》第15卷,第436页。陈梦熊:《鲁迅与日本汉学家辛岛骁》,《〈鲁迅全集〉中的人和事——鲁迅佚文佚事考释》,第280页。

④ 参见鲁迅:《关于小说目录两件》,《语丝》第146期,1927年8月。"去年夏,日本辛岛骁君从东京来,访我于北京寓斋,示以涉及中国小说之目录两种:一为内阁文库书目,录内阁现存书;一为舶载书目数则,彼国进口之书帐也。"

⑤ 《致辛岛骁》(1926.12.31),《书信》,《鲁迅全集》第13卷,第455—456页。

给他。据1949年辛岛骁写的《回忆鲁迅》中的记录,辛岛骁在第三次拜访鲁迅的一个晚上,鲁迅秘密地在自己的家里将有关中国现实以及为批判国民党政府而倡导的民族主义文艺运动讲给他听,并且还将"左联"的机关刊物传单等拿给他看,在对其一一做了说明后,将那些资料送给了他。① 鲁迅又在交谈中邀请他一同去观看为纪念"一·二八"上海事变一周年由上海话剧团体联合准备的救济东北难民的慈善演出。当时辛岛骁作为日本人,对去中国人集聚的地方有些迟疑不决,"鲁迅却边笑边劝我,说是不碍事,一定要去看看。"② 根据辛岛骁的记录,第二天他在郑伯奇的带领下观看了表演,甚至还被邀请到后台,得到众人隆重的欢迎,并从田汉那儿得到了各种话剧资料。鲁迅在和辛岛骁的交往中没有忘却给他介绍中国文坛的情况和进步的文艺运动。甚至还邀请辛岛骁一同观看为纪念"一·二八"上海事变一周年而举办的慈善话剧演出,可见鲁迅对辛岛骁所寄予的信任和期待。

然而,自辛岛骁从朝鲜寄来礼物之后,在鲁迅的日记里辛岛骁这个名字忽然消失得无影无踪,说明他们两人之间的交往已画上终止符。鲁迅是否是有意与他保持距离呢?这恐怕与辛岛骁就任朝鲜京城帝国大学教授之事和以后他的活动有关。

辛岛骁第三次拜访鲁迅时,内山完造邀请他在上海四马路的一家饭店用餐,辛岛骁回顾当年情景时写道,我望着离去的鲁迅的背影,不由地产生了一种冲动,那就是渴望叫一声老师。他把当年的感受如实地记

---

① 后来,辛岛骁对于资料说道:"关于怎样地把它们安全地带回朝鲜这件事,我费了不少苦心,但好歹总算带回来了。我不知道当晚的谈话和带回来的东西,在我以后写一九二八年后的中国文艺运动史时有着怎样的用处。不过这贵重的资料,当我离开朝鲜时,就那样地收拾在行李里面搁着,如今连它们在哪里我也不晓得了。"见辛岛骁:《回忆鲁迅》,收入陈梦熊《〈鲁迅全集〉中的人和事——鲁迅佚文佚事考释》,第295页。

② 见辛岛骁:《回忆鲁迅》,收入陈梦熊《〈鲁迅全集〉中的人和事——鲁迅佚文佚事考释》,第296页。

录如下:"我觉得鲁迅好像是把全中国被压迫大众,不,全世界人类的苦恼都搁在那细小的颈脖子和瘦削的肩膀上承担着似的。这不就是在那时候那样强烈的吸引了我的吗?"①像这样,因对鲁迅留下了深刻的印象,辛岛骁才能够在1934年12月写出《国民党政府的文化政策与中国文坛的动向》一文,将国民党政府的民族主义文艺运动和新生活运动等定为反共产主义的文艺策略,而对左联的文艺运动采取肯定的态度。辛岛骁在上述文章中写道"在民族主义跟前,反帝抗日的文学,恐怕不至于不容许;但那也要使之停留在不损害政府对外方针的程度上。总之,一切都被强制在落后于'五四时代'。如果有什么显示了新的发展的话,那也只是在形式方面而已。"②从字里行间我们可看到辛岛骁似乎是在支持反帝抗日运动。不过,问题就在于他赴京城大学就任教授一职以后,逐渐转向了积极拥护日本殖民政策一面。1937年10月他为了建立日本战时文坛体制,与津田刚联合组建御用文学团体"朝鲜文人协会",带头宣传"日鲜一体"等日本殖民政策,在"朝鲜文人协会"为建设国民文学并发动全面战争而提供服务工作。到1943年4月17日,他又带头开始建立"朝鲜文人保国会",为确立"皇道文学"不惜位于先锋位置担任该团体的理事长。③ 因此,认为辛岛骁的文章受鲁迅影响同情左翼文艺运动,暴露并批判国民党文化政策的行为,并评价说"这篇文章的发表,对日本、朝鲜的宣传,无疑会产生良好的作用,也体现了中日两国进步文学的交流和人民之间的亲密关系。"④ 这些见解,其实是对辛岛骁在朝鲜的活动未加仔细研究而草率得出的结论。

---

① 见辛岛骁:《回忆鲁迅》,收入陈梦熊《〈鲁迅全集〉中的人和事——鲁迅佚文佚事考释》,第296页。

② 辛岛骁:《国民党政府的文化政策与中国文坛的动向》,收入陈梦熊《〈鲁迅全集〉中的人和事——鲁迅佚文佚事考释》,第302页。

③ 申喜教:《日帝末期小说研究》,首尔国学资料院,1996年版,第30—31页。

④ 陈梦熊:《鲁迅与日本汉学家辛岛骁》,《〈鲁迅全集〉中的人和事——鲁迅佚文佚事考释》,第281页。

辛岛骁在他《回忆鲁迅》的结尾中，表明他直流虚汗，进行宛如刀割般痛苦的反省，并不是单纯地流于表面，而几乎是发自内心的肺腑之言。就他本人来说，他已具有充分的理由，必须流着虚汗进行深刻的反省——"鲁迅把民族的苦恼当成自身的苦恼而活了一辈子。当我反省到自己不止一次接触过鲁迅，并受到他的教诲，如今正在干着什么的时候，我流出了冷汗。……想到那长眠地下的安静、温和的颜容，并且其中还蕴藏了激烈的申诉之意而凝视着我，就有身如刀割之感。"[1] 1949 年 6 月日本已战败，毛泽东的革命路线大告成功，此时的辛岛骁回忆起鲁迅，反复回顾自己带头宣传"日鲜一体"折磨受到压迫的朝鲜人，对于自己的过错不由感到撕心裂肺般的痛苦。在辛岛骁的忏悔里，也隐含着一种因和鲁迅断交而再也没有得到鲁迅持久影响的懊悔之情。若说鲁迅故意与辛岛骁保持距离，可推断出这与辛岛骁赴京城大学就任教授一事和后期活动有关。鲁迅迂回地批判辛岛骁的老师即他的岳父盐谷温这一事实，也增加了这一推测的可信度。鲁迅在 1932 年 5 月 9 日寄给日本人增田涉的书信里，对于主张满洲国是依据孔孟之道而建国的盐谷温（节山）作了这样的批判。"节山先生真不离本色。我觉得，日本人一成了中国迷，必然如此。但'满洲国'并没有孔孟之道，溥仪也不是行王者仁政。我曾读过他的白话作品，毫不感到有什么了不起。"[2]日本于 1931 年 9 月 18日发动"九·一八"满洲事变后，再三标榜五族协和与王道乐土而建立了"满洲国"，针对盐谷温拥护满洲国合法性，鲁迅写文章迂回地批判了其非正当性。考虑这些情况，我们从中可以看到鲁迅对朝鲜问题的态度虽不明确，但其内心仍存有对日本帝国主义加以批判的意识。

---

[1] 辛岛骁：《回忆鲁迅》，收入陈梦熊《〈鲁迅全集〉中的人和事——鲁迅佚文佚事考释》，第 297 页。

[2] 《致增田涉》（1932.5.9），《书信》，《鲁迅全集》第 13 卷，第 481 页。

五、为想象东亚共存

众所周知,鲁迅不仅受过传统教育,而且也是一位学习过新学的现代知识分子,介于传统与现代之间。他的文学创作活动可谓是一种否定传统开创新时代的奋斗。因此他既能够批判中国人在中朝关系上所持有的传统观念,又能够以现代民族国家的概念去认识朝鲜。但是,鲁迅在朝鲜问题上没有直接揭露和谴责日本帝国主义,这与青年学生傅斯年和陈兆畴积极支持朝鲜独立并预言朝鲜会独立相比,两者态度不同。这是因为鲁迅认为解决中国内部现实问题是当务之急,以至于无暇顾及朝鲜问题和中国台湾问题并就此公开表态。

鲁迅的文学、思想业绩建立在对中国内部问题尖锐对立的反省及批判上。就拿能让鲁迅弃医从文的富有戏剧性色彩的"幻灯片事件"来说,它没能够激发鲁迅对日本帝国主义本性的清晰认识,而使鲁迅清楚地意识到正麻痹着中国人的国民性。鲁迅没有将"幻灯片事件"看作是抨击加害者日本帝国主义非正当性的一个动因,而是将其当作被害者中国人应当反省已麻痹的国民性的一个契机。鲁迅放眼于中国国内,着重分析和批判中国国内问题,而没有站出来对日本帝国主义予以直接抨击。

正因为鲁迅开展文学创作活动的主要目标正是促使"无声的中国"觉醒,因此在鲁迅的眼里,已成为"无声的民族"的朝鲜也只能成为要觉醒的对象。鲁迅要求朝鲜的"志士"带头进行自我反省,做到"真正领悟到苦痛",这按鲁迅的思路来考虑是合情合理的。当强调受害者的自我反省时,对加害者日本的攻击只能处于次要地位。这与他对待"哀其不幸,怒其不争"的奴隶的态度即鲁迅的"奴隶观"也是一脉相通的。"苟奴隶立其前,必衷悲而疾视,衷悲所以哀其不幸,疾视所以怒其不争。"①虽然"哀其不幸"和"怒其不争"同时表现出来,但事实上"怒

---

① 《摩罗诗力说》,《坟》,《鲁迅全集》第一卷,第80页。

其不争"更加强烈。首先要求国民进行"真正领悟到苦痛"的自我反省其原因就在于此。

由于这种"奴隶观",鲁迅对朝鲜的认识就与同一时代的陈独秀、李大钊有所不同。如果说鲁迅是以内敛且很有节制的方式对待日本帝国主义问题的话,那么陈独秀、李大钊则是以更正式、更直接的方式指责日本帝国主义的非正当性。陈独秀在1919年的《爱尔兰与朝鲜》中,关于朝鲜问题曾经提到过:"欧洲岛帝国有个爱尔兰问题,亚洲岛帝国也有个朝鲜问题。这两个民族自决运动的精神,都已十分表现。可算东西对照,无独有偶了。但是美国众议院,已经多数决议援助爱尔兰独立了,这问题差不多就要解决。再看朝鲜怎么样呢?"[①] 陈独秀如此将"日帝强占的"朝鲜的问题公开化,积极拥护朝鲜的独立。李大钊在《日本人听者》一文中,虽然没有正面提及朝鲜,但阐明的观点却与陈独秀相差无异。在东京举办的《第三届人类的差别撤废期成大会》上所做的演说中,法国文学博士李霞儿谈到"在亚细亚境内有奴隶国的期间,其他亚细亚诸国亦决不是自由国。……为他日一切亚细亚诸国得到自由计,诸君尤不可不先做最初的解放者。"对此李大钊先引用他的话之后,接着强调了"这是对日本人的忠告,日本人应把它当作药和针。"[②] 李大钊一方面同意李霞儿所强调的为了亚细亚诸多国家的自由应成为解放者的话语,另一方面又向日本人敲响了警钟,率先拥护朝鲜的独立。因此,如果说陈独秀、李大钊是通过直接指出加害者的非正当性这一方式来对抗日本帝国主义的话,那么鲁迅则是通过敦促受害者主体的自我反省这一方式来予以应对。

鲁迅站在"奴隶观"的立场上对悲叹和号召当先的"亡国奴"哲学

---

① 陈独秀:《爱尔兰与朝鲜》,《每周评论》第13期,1919年3月16日;收入任建树、张统模、吴信忠编,《陈独秀著作选》第1卷,上海人民出版社,1993年版,第501—502页。

② 李大钊:《日本人听者》,《李大钊全集》第3卷,河北教育出版社1999年版,第301页。

加以彻底的批判，这也可以从相同的思路上加以理解。1931年日本侵略满州之后，在中国国内流行起有关研究日本的论文、小册子以及亡国史的书籍，对此鲁迅首先猛烈批判了这些人的日本研究并不是中国人自行开展的日本研究，而是抄袭了日本人的日本研究而已。特别是对研究亡国史的流行，鲁迅指出："我们也无须再看什么亡国史了。因为这样的书，至多只能教给你一做亡国奴，……我们应该看现代的兴国史，现代的新国的历史，这里面所指示的是战叫，是活路，不是亡国奴的悲叹和号咷！"①悲叹和号召是"亡国奴的哲学"，"战叫"和"活路"才是为兴国而确立的独立者的哲学。真正能够从侵略者的统治中摆脱出来的当是"战叫"和"活路"，悲叹和号召并不能保障有独立的希望。"在这排日声中，我敢坚决的向中国的青年进一忠告，就是：日本人是很有值得我们效法之处的"②，鲁迅之所以这么说，是因为他认为为"兴国"而确立独立者的哲学更为迫切。鲁迅在回顾1932年11月那年发生的"一·二八"上海事变时，在贬斥日本之前，首先提出应向日本人效法，强调说："日人太认真，而中国人却太不认真。中国的事情往往是招牌一挂就算成功了。日本则不然。"③ 其想法可见一斑。鲁迅在对日本帝国主义的侵略直接加以抨击之前，为了批判内部问题，作为他山之石用于借鉴，首先强调"应该学习"日本人国民性④。像这样，关注中国内部问题的鲁迅，对他来说朝鲜问题也可归结为属于朝鲜的内部问题，因此对于日本侵略朝鲜没有积极予以表态或加以贬斥。到了1930年代，作为对内部问题批判的延续，从所谓的"奴隶观"或"亡国奴"哲学观点出发而由此想到了"朝鲜"。

总之，鲁迅按现代民族国家的观念，尽管"朝鲜"是在日帝统治下，

---

① 《"日本研究"之外》，《集外集拾遗补编》，《鲁迅全集》第八卷，第321页。
② 《"日本研究"之外》，《集外集拾遗补编》，《鲁迅全集》第八卷，第320页。
③ 《今春的两种感想》，《集外集拾遗》，《鲁迅全集》第七卷，第386页。
④ 鲁迅也许是担心直接攻击日本帝国主义，稍有不慎，说不定会在所谓爱国主义的美名下，通过操纵国民的情绪，引发盲目的带有排他性的民族主义。

却对朝鲜作为一个民族国家予以了积极的认同，并对朝鲜抱有"新生的希望"。只是鲁迅鉴于自己的文学任务和战略方法的不同，由此将重心放在更为当务之急的中国国内问题上罢了。敦促自己不断对自身进行反省和批评，面对非正当的权威和民族等级进行抗争——为实现未来共存的东亚，人们可以将鲁迅的这种精神，看作宝贵的精神资源。

（韩国梨花女子大学中文系教授）

鲁迅与作为近代体验的故乡丧失[①]

全炯俊

在鲁迅的小说中，归乡主题占有相当重要的比重。虽然以归乡主题为中心的作品只有《故乡》（1921）、《祝福》（1924）、《在酒楼上》（1924）三篇，但这一主题与鲁迅小说世界的深层深邃地连接在一起，为我们到达那一深层提供了有效路径。此外，归乡主题是东西古今共有的普遍性主题，进入近代以后，更具有了独到而突出的近代性特征，成为文学中最频繁登场的主题。因此，在该主题的一般论的地平上对鲁迅小说的归乡主题进行分析，有望更明了地把握鲁迅小说的文学史意义。

归乡这一概念的成立首先以故乡的存在为前提。什么是故乡？查一下韩国语词典，其释义为：故乡是"1）出生并成长的地方；2）从祖辈起世代生活的地方。乡村。乡里"（东亚出版社出版《新国语大词典》）。以上解释中，1）是较为中性的说明，2）是很明显的社会历史性的说明。就2）而言，其"故乡"狭隘地理解的话是一种农业社会性质的存在，宽泛而论则可视为一种前近代的存在。社会变动少、农业共同体是生产的主体的时候，2）的故乡概念就成立。虽然1）是比较中性的说明，然而深加追究的话也会发现它和2）有密切的关系。一般来说，一个人在某

[①] 本文最初发表于《黄海文化》季刊（韩国仁川 SaeEol 文化财团发行）1999 年夏季号，并收录于《从东亚视角看中国文学》（首尔大学出版社，2004）。本文的中文版曾刊登于《上海鲁迅研究》（上海鲁迅纪念馆发行）2012 年秋季号。

个地方出生并在该地长大，这在2）的情况下才有可能。但从逻辑上来说，有离乡才有归乡。对一个生于某地并在该处度过平生的人来说，归乡不是一个必需的概念。只有对生于故乡并在那里成长，然后又因某种原因离开了故乡的人来说，归乡的概念才变得有效。在传统社会中，离乡与归乡主要和士大夫阶级的普遍或理想的生活构图相关，即长大后离开故乡进入中央官僚社会，隐退后回乡度过余生。而大多数民众，则是在故乡出生，长大，生活，然后去世。大致说来，在社会混乱时期，离乡才会成为民众生活的一般性契机。所以，民众的离乡——归乡体验与士大夫阶级的可以说完全不同。一方是自发的，而另一方则相反，是被迫的。

离乡——归乡成为全社会的一般性体验的现象是和近代化一起开始出现的。随着城市化——产业化的发展，农业共同体日渐崩溃。在这种巨大的社会变动趋势中，从农村向城市的移住广泛展开，从而造成离乡体验的社会普遍化。但是这里有一个世代的问题。长辈们留在故乡，晚辈们离乡，而再下一辈则在城市中长大或者一开始就生在城市。由此，归乡就和故乡的丧失体验连接起来了。故乡的丧失以两种方式出现。一种是，离乡的一代返乡时，故乡已面目全非。这是因为近代化并不局限于城市，还延伸至乡村，破坏了那里的传统景观。另一种是，对在城市出生并长大的后辈们来说，从个别的存在的层面来看，一开始他们就没有可返之乡。在本文的脉络中，离开故乡生活这种状态本身并不是故乡丧失。有可返之乡，回去后能重新发现故乡并与之同化的话，就不被视为故乡丧失。

鲁迅的归乡是以作为近代体验的故乡丧失为内容的归乡。在鲁迅小说中，与《狂人日记》（1918）和《阿Q正传》（1921—1922）齐名的《故乡》就极为鲜明地体现了这一点。《故乡》的第一人称叙述者从两千余里之外的异地回到了阔别二十余年的故乡。这个直接采用作者的笔名、在小说里被称为"我"和"迅"的第一人称叙述者似乎也是个在北京那样的大城市里生活的知识人。他的这次回乡就是为了离乡的回乡。他要卖掉故乡的房子，并将住在故乡的老母和侄儿（侄儿的父母等其他家族成员完全没有登场）接往自己在大城市的新家，彻底迁居。这次回乡，他以几种不同的方式体验了故乡的丧失，对此大致可做如下整理：

1）二十多年后重新映入眼帘的故乡已经面目全非。"苍黄的天底下，远近横着几个萧索的荒村，没有一些活气"的故乡现貌与记忆中的好得多的故乡差别巨大，已不再是他二十余年间时常想念的故乡。

2）由于卖掉故乡的房子并将过去留在故乡的其他家族成员全部带往城市，故乡就不再剩有什么可据以为根的东西了。以后重新返乡生活的事似乎不会发生，再归乡的事似乎也不会发生。因此，在驶离故乡的船上，当侄儿问"大伯！我们什么时候回来"时，回答是："回来？你怎么还没有走就想回来了。"

3）虽然重新见到了小时候的朋友闰土，但他也已经完全变了。第一人称叙述者虽然一眼就认出了闰土，但面前的闰土已不再是记忆中的闰土了。过去第一人称叙述者与闰土之间存在过的一体感消失了，代之而起的是不可逾越的隔膜感。

向来《故乡》阐释的主流都把焦点放在上述三者中的3）上。《故乡》发表后，当时正以批评家身份活动在文坛的茅盾先生率先尝试了这种阐释。根据茅盾的看法，《故乡》的主题思想是哀痛人与人之间的隔膜。这种阐释与将小说的叙述者"迅"等同于作家鲁迅的看法衔接在一起，形成了《故乡》阐释中的一个顽强模式。但是，在这一模式中隐藏着深刻的问题。如果只聚焦于与闰土的隔膜，归乡或故乡丧失主题就会仅被视为闰土的等价物或者使闰土成为可能的背景甚至条件，不会再被探究；如果将小说的叙述者"迅"等同于作家鲁迅，虚构与事实之间是否一致的问题就成为只为了依照事实来解释虚构才有意义的问题了。作家鲁迅少年时代确实有过可以使我们联想到闰土的朋友。据鲁迅的弟弟周作人回忆，这个人的名字叫章运水。因为在绍兴方言中"运"和"闰"发音相同，所以将"运"换为"闰"，又将"水"换为"土"，"运水"就成了"闰土"。章运水的父亲章福庆是绍兴市东北的道墟乡杜

鲁迅与作为近代体验的故乡丧失

蒲村人,在海边沙地上干农活,编竹器,在鲁迅家做"忙月"(章运水的孙子章贵曾任绍兴鲁迅纪念馆副馆长)。1919年12月,鲁迅为卖掉绍兴的房子迁居北京而回到故乡,再次见到了章运水。此前,他们共见过三次面。第一次是1893年在绍兴鲁迅家里,当时鲁迅13岁,章运水15岁。第二次是1900年,鲁迅和章运水等几个朋友一起去陶二峰处。第三次推测是在1912年,这时章运水已经34岁了。在小说中,叙述者"迅"和闰土只见过两次面。对照作家鲁迅与章运水的实际见面情况,小说里写的应该是第一次和第四次见面,也就是说,可以将此看作是实际情形的小说化。周作人说迁居时的人员包括鲁迅在内共有7人,其中没有和宏儿年龄相当的孩子,说这是小说化了的部分。但是不能不说这是一种无论怎样都要在事实和虚构中更侧重于事实的态度。对我们来说,更重要的是虚构的自律性。在小说中,叙述者"迅"和闰土之所以只见过两次面,是因为只有这样安排小说才能成立。如果像在实情中那样20岁时见一面,32岁时又见一面的话,闰土的变化就丝毫不能造成冲击了。如果该小说是以人与人之间的隔膜为中心主题的话,较之冲击性的变化,考察渐进式的变化过程会更为适当。但是鲁迅选择了冲击性的变化,这是因为它更适合故乡丧失的主题。一句话,小说中的闰土这一人物形象是在故乡丧失这一意义网中才有了存在的意义,而不是相反。因此,正确的理解应该是,在故乡丧失这一意义网中,实有的人物章运水才变成了闰土(多说一句的话,把《故乡》当做散文来读是不对的。因为它的第一人称叙述虽然和散文文体不无相似之处,但更重要的是它所具有的虚构的自律性)。

　　如前所述,小说中人物迅的故乡丧失可整理为三个层面,而重要的项目就夹在1)和2)之间。"迅"在做了1)的陈述之后接着又否定了它。

> 故乡本也如此,——虽然没有进步,也未必有如我所感的悲凉

在这个否定之后,"迅"又接着陈述到,

这只是我自己心情的改变罢了，因为我这次回乡，本没有什么好心绪。

接下去，是对2）的事情的详细说明。

我这次是专为了别他而来的。我们多年聚族而居的老屋，已经公同卖给别姓了，交屋的期限，只在本年，所以必须赶在正月初一以前，永别了熟识的老屋，而且远离了熟识的故乡，搬家到我在谋食的异地去。

因此，在与老屋的永别即永远的故乡丧失已经预定了的情况下，"迅"对见到与二十年来的想象完全不同的故乡面貌是有心理准备的。进一步说，这里隐含着这样一种心理活动：我曾向往的记忆中的故乡已经不存在了，所以这次离乡没有什么好悲哀的。这一心理活动既是一种自我安慰，同时也将"迅"的地理的空间的故乡转化成了心理上的故乡。地理空间上的故乡只是价值中立的东西，是"我"的心赋予了它意味或情绪。这样一来，故乡就成了存在于"我"心里故乡。"迅"的故乡探索便由此开始。

"迅"的故乡探索的线索在1）和2）之间就已经显现出来了。

我所记得的故乡全不如此。我的故乡好得多了。但要我记起他的美丽，说出他的佳处来，却又没有影像，没有言辞了。

已经记不起影像也无法用语言描述的"记忆中的故乡"是心理的故乡。通过闰土这一契机，心理故乡的影像才得以用语言描述。一听母亲提起闰土，"迅"的脑中就突然闪现出一幅神异的图画来。

深蓝的天空中挂着一轮金黄的圆月，下面是海边的沙地，都种着一望无际的碧绿的西瓜，其间有一个十一二岁的少年，项带银圈，手捏一柄钢叉，向一匹猹尽力的刺去，那猹却将身一扭，反从他的胯下逃走了。

鲁迅与作为近代体验的故乡丧失

　　这幅神奇画面里的少年正是闰土，海边的沙地和瓜田就是闰土住的村子的景观。这里我们必须注意到两点。第一点，从地理和空间上来看，闰土的故乡不是"迅"的故乡。"迅"出生成长在一个地方小城市里（小说中没有出现这个城市的名字。如果对照鲁迅自己的履历来看，这个城市应该是绍兴市）。在这个小城市里度过的幼年生活是"只看见院子里高墙上的四角的天空"的生活，是对西瓜的了解限于"先前单知道他在水果店里出卖"的生活。对儿时的"迅"来说，这种小城市的生活只是日常生活的演进，而闰土村子里的生活却新鲜而神秘。"迅"的心理故乡不是自己地理空间上的故乡，而是植根于此外的其他地方（虽然《社戏》（1922）仅限于对幼年时节的单纯回想，但其中也出现了与此相似的构图。小说的叙述者"我"十一二岁时去外婆家，在那里获得了幸福的体验。外婆家所在的村子是一个"离海边不远，极偏僻的，临河的小村庄"。"我"和那些"没有一个不会凫水，而且两三个还是弄潮的好手"的村庄少年们一起游玩，看戏，偷罗汉豆吃。叙述者这样写到："真的，一直到现在，我实在再没有吃到那夜似的好豆，——也不再看到那夜似的好戏了"）。第二点，"迅"实际上从未去过闰土住的村子。"迅"只是从闰土那里听到一些这样那样关于村子的描述，那幅神异的图画并不是"迅"直接目击的事实，而是他听了闰土的话之后自己想象出来的情景。如果看重以上这两点的话，就不能不说"迅"的心理故乡和地理空间上的故乡没有任何关联（反而倒说得上有些违背），而且也和事实没有什么关联，它的真正内容是在想象中实现的神秘、和解及幸福的原体验。

　　但这篇小说并没有终结于揭示出心理故乡，而是把这里作为开始。随着与分别近三十年的闰土的再次相见，"迅"的心理故乡的图景被转瞬间破坏掉了。在这里，小说对前面提到的3）展开了全面刻画。一见到"先前的紫色的圆脸，已经变作灰黄，而且加上了很深的皱纹；眼睛也像他父亲一样，周围都肿得通红"、和一般在海边种地的人没什么两样的闰土，"迅"的那些关于"角鸡，跳鱼儿，贝壳，猹"等等的话便像"被什么挡着似的，单在脑里面回旋，吐不出口外去。"当闰土对"迅"以

"老爷"相称的时候,"迅""似乎打了一个寒噤",意识到"我们之间已经隔了一层可悲的厚障壁了"。最后的致命一击发生在驶离故乡的船上,即"迅"从母亲那里听说了闰土曾将十多个碗碟偷偷埋在灰堆里准备一起运回家的事。(对究竟是谁偷偷将碗碟埋在了灰堆里这件事一直存在着争议。有人认为不是闰土做了这件事,而是杨二嫂诬陷闰土。这种看法是从阶级论出发的,即认为农民阶级不会进行这样的犯罪,而为了自己的利益诬陷他人则正与杨二嫂的小市民阶级属性相符。但是,如果考虑到闰土的节操在神异的图画被破坏的过程中承担着某种高潮作用的话,诬陷说就无法不被视为一种无理的固执。)"迅"虽然没有说什么,但是陷入了深沉的想念之中。

> 老屋离我愈远了;故乡的山水也都渐渐远离了我,但我却并不感到怎样的留恋。我只觉得我四面有看不见的高墙,将我隔成孤身,使我非常气闷;那西瓜地上的银项圈的小英雄的影像,我本来十分清楚,现在却忽地模糊了,又使我非常的悲哀。

虽然和闰土之间的一体感如今变成了隔膜感这一点也可以成为上述引文的重要意义单元,但它的真正结构性功能在于破坏心理故乡的图景。这一图景的破坏正是真正的故乡丧失。

在上面引文的后面两个段落里,"迅"思考着自己的侄子宏儿和闰土的儿子水生之间的关系,希望宏儿和水生等后辈们能过上大家不再相互隔膜的新生活。该部分是将这篇小说解读为哀痛人与人之间的隔膜并希望克服它的作品的决定性根据。但这只是看到了表面。如果从深层对该部分加以探查的话,就会发现其实并非这么简单。宏儿和水生的关系正如当年"迅"和闰土的关系。宏儿问迅"大伯!我们什么时候回来",是因为水生约他到自己家去玩。为什么宏儿希望去水生家玩呢?因为像当年的"迅"一样,宏儿从水生那里听说了一些神奇的事情,被吸引住了。也就是说,宏儿也像当年的"迅"一样形成了心理故乡,而"迅"正是希望这个心理故乡不会被破坏(多说一句的话,小说只是从"迅"

或者宏儿的单方面立场来把握"迅"和闰土以及宏儿和水生的关系,这一点可以看作是这篇小说的弱点)。而且,与这一希望相关联,"迅"说了一句引人注目的话。

现在我所谓希望,不也是我自己手制的偶像么?

再向下跳过两行,又对希望做出了下面的著名陈述。

我想:希望本是无所谓有,无所谓无的。这正如地上的路;其实地上本没有路,走的人多了,也便成了路。

从"是否偶像"的怀疑转移到"希望也和地上的路一样"的认识,其根据在哪里呢?我们从夹在这两个陈述之间的如下描写中发现了这一根据。

我在朦胧中,眼前展开一片海边碧绿的沙地来,上面深蓝的天空中挂着一轮金黄的圆月。

这一想象性画面是因与闰土的重逢而破坏了的心理故乡图景的再建。两者的区别是画面中少年闰土的有无(是李旭渊尖锐地指出了这一问题。他的《鲁迅的小说创作与记忆的叙事》为本文提供了出发点)。"迅"的神秘、和解及幸福的原体验并未因与闰土的隔膜而完全被破坏掉。画面中只是消失了闰土的身影,而神秘和解及幸福的原体验的图景,在承受了现实的冲击后,经过自我调整而存活了下来。这种存活就是"希望也和地上的路一样"这种认识得以成立的根据。前后文脉的连接使人联想到,有闰土身影的画面连接着过去,而没有闰土身影的画面也许就连接着未来。这样看的话,前面的心理故乡是以乐园为内容的,而后面的心理故乡则是以乌托邦为内容的。但是眼下还没有充分证据断言这一点。

鲁迅的《故乡》不仅讲述了一个故乡丧失的故事,同时也讲述了一个故乡探索的故事。试想,如果没有故乡丧失,故乡探索不是也就没有必要了吗?可以说,鲁迅的《故乡》正是一篇描绘了从地理空间上的故乡的丧失到心理故乡的发现、再经过心理故乡丧失的体验到心理故乡图景经过自我调整后存活下来这样一个过程的作品。而且这一过程可以看作是近代性的。

前近代的故乡虽然可以是离乡和归乡的对象，但从根本上说，它没有作为丧失的对象存在过。在那里，故乡是极其当然而自然的存在。在那里，地理的空间的故乡和心理的故乡不是分裂而是合一的。但是，伴随着近代化，地理的空间的故乡和心理故乡之间发生了分裂。这种分裂是否定性的吗？大概是这样。那么前近代的故乡是肯定性的吗？并不一定。前近代故乡中无分裂的合一是在地理的空间的故乡的主导下实现的。这种主导反而具有阻碍对心理故乡进行探索的一面。如果真正的故乡属于心理故乡的话，那么就可以说，在自动化了的对故乡的认识中，真正的故乡探索反而受到了压制，而与近代化一起出现的分裂，反而使对真正故乡的探索成为了可能。由于地理的空间的故乡的丧失，心理故乡的意义就变得明了起来。从鲁迅的时代开始，到现在，分裂的进程一直在持续。实际上，这一过程是否仅只是一个过渡期也说不定。城市化——产业化的发展持续推进的话，社会的大多数成员就会过上以地理的空间的故乡的不在为存在条件的生活。这样，对心理故乡的探索就会成为重要的人文课题。鲁迅早在1921年就已直观地面对了这一重要的未来性课题，只是在其后继作品中，鲁迅中断了这一故乡探索，这令人感到遗憾。同是以归乡主题为中心写成的《祝福》（1924）和《在酒楼上》（1924），就都止于对故乡丧失的确认，没有进一步进行故乡探索。《祝福》中，"虽说故乡，然而已没有家，所以只得暂寓在鲁四老爷的宅子里"的第一人称叙述者只是对可怜的祥林嫂的死感到负罪，而《在酒楼上》里，为给夭折的兄弟迁坟而回到故乡的吕纬甫也只是接受了棺木中什么也没有剩下的事实以及昔日邻家的女儿阿顺已经死去了的事实。

从冷静的现实主义者的立场来看，作为神秘和解及幸福的原体验的心理故乡只不过是一个虚像。事实上，它不是现实地存在的东西。但是，它对现实产生作用。故乡探索所梦想的是神秘和解及幸福的原体验。如果没有它，借用金玄（韩国的文学批评家，1990年逝世）的话来说，痛苦的现实"只能成为过于动物性的东西。""在严正的语义上，动物性的生活不能算作是生活。人性的生活存在于将动物性的生活转向人性的生活的过程中。"故乡探索正是作用于这个过程。在此意义上，心理故乡即使是虚像也是肯定性的虚像。至于否定性的虚像，它的现实根据已经被消灭了，只有企图将心理故乡还原为地理的空间的故乡的形式主义以及搞错时代的保守主义还会生产它。

（韩国国立首尔大学中文系教授）

鲁迅的小说创作与记忆的叙事

——以《故乡》为例

李旭渊

一、序：在《故乡》解析上的几个问题

说鲁迅的小说《故乡》（1921）凭借文尾处的一句关于"希望"的名言而变得更加有名一点也不为过。"希望是本无所谓有，无所谓无的。这正如地上的路；其实地上本没有路，走的人多了，也便成了路。"这一小节已经比小说本身更加有名了。但是，当我们看至今为止对小说《故乡》的种种解析时，可以发现这一小节同时也是造成对《故乡》的意义分析产生分歧的直接原因。就这一小节在全文叙事中所起到的作用，以及所具有的意义，从叙事的角度和主题的角度出发而进行的分析之间一直存在着各样差异。

例如司马长风将文尾的那一小节视为"可有可无"的部分，因为他认为那"与小说的主题不大相干"。① 综合分析司马长风这一说法的上下文即可知道，司马长风认为这篇小说的主题是"冷酷的现实戳破美丽的回忆，悲喜剧的转折"，作品的主题既然是为了展现这样的一个悲剧，当在确认了与闰土的关系已经产生了无法逾越的隔膜，昔日的美好的故乡

---

① 司马长风：《中国新文学史》（上），昭明出版社1983年版，第107页。

已经被破坏后的话者"我"选择离开了故乡，小说的叙事也在此终结。因此最后一小节关于希望的提及因此也就成了与主题毫无相关的不必要部分。

与司马长风的见解不同，中国内地的大部分学者主张《故乡》的真正的价值在于小说的结尾处。即"作者把在现实隔膜中产生的悲哀，化成了对理想追求的决心和力量，这便是鲁迅的伟大之处。"① 甚至是"作品的中心不在于怀念过去，而是在于挑战现实"，最后一小节更是被赋予了能够"带领人们相信前途"的积极意义。②此种解析认为，《故乡》可分为两个部分，即反映了对"人与人之间的隔膜的悲哀"的部分，以及"对人与人之间平等关系的渴望"③ 的部分。而作品的真正主题及鲁迅思想的核心也都凝结于对希望的陈述部分。《故乡》不仅如实地描述了现实的悲剧，还承载了对超越悲剧的现实、开启一个新时代的希望及确信的展望，从这一点来看，《故乡》可以说是"现实主义可以达到的最高的艺术境界"④。

对此，中国学者汪晖认为"这里（关于希望的那一节）表达的恰恰不是如许多评论所说的是对'希望'的肯定"，"相反，正是对'希望'的否定，对"绝望"的反抗，而超然于这两种主观感觉之上的则是一种真实的生命形式——'走'"。从此处可以看出，他对"把这段描写理解为对'希望'的抽象肯定，不啻是把鲁迅一再证实了的现实的严酷转换

---

① 周音：《也谈"故乡"的主题思想》，《中国现代文学研究丛刊》1985年1期，211页。

② 唐弢主编：《中国现代文学史》1卷（人民文学出版社，1979），118页。

③ 安永兴：《故乡的思想和艺术特色》，《中国现代文学研究丛刊》1982年1期，355页。

④ 安永兴：《故乡的思想和艺术特色》，《中国现代文学研究丛刊》1982年1期，357页。

为毫无客观依据的轻率的乐观"① 是持批判态度的。由于汪晖将鲁迅的人生哲学定义为"反抗绝望",所以他在书中将《故乡》的结尾部分看做是超越并反抗令人绝望的现实的表现,而文尾处话者的"走"正是反抗的具体实践行为。

这样看来,依据如何看待小说的最后部分,小说的整体意义及其价值评价会产生很大的不同。但是,这两者之间存在着一个共同的地方,那就是这两种主张都认为那句关于希望的名言将小说的叙事分为先后两个部分,并且这两个部分之间存在着一定的裂痕。与将关于希望的名言视为叙事终结后不必要部分的司马长风不同,社会主义现实主义式的读法认为,这句名言一方面展示了对现实的悲哀,一方面表达了对未来的希望。而汪晖的观点也将这句名言看做是既包含了令人绝望的现实,同时也包含了对这种绝望的反抗这样的两部分的观点也是如此的。司马长风将作品的核心放置在前面部分,社会主义现实主义式读法及汪晖却与此恰恰相反。

但是以往的各种解析中存在着如下几个问题。首先,司马长风式的解读过分地将作品的重点放在了闰土身上,用古典的叙事方法,即依据语素之间的连接而展开叙事的方法,来阅读作品。因此,当看到美丽的闰土的模样,以及美丽的故乡被破坏后,叙述者选择了离开故乡,重新踏上了回归现实的旅程,用小说原本可以使用的核心主题,即还乡旅程的终结来结束了本篇小说。因此,之后的内容自然而然就成了脱离小说叙事文法上的"蛇足"。而且虽然最后对希望有所提及,作品大部分的基调还是悲观并令人绝望的。对于这一点,李欧梵的解析也是大同小异。即他们都认为作品的主基调是悲观的,他们不赞同赋予作品最后出现的

---

① 汪晖:《反抗绝望——鲁迅的精神结构与〈呐喊〉〈彷徨〉研究》,上海人民出版社 1991 年版,第 275 页。

那句关于希望名言以过度的意义。①

但是问题在于，闰土的悲剧以及由此而造成的"我"和闰土之间悲剧的隔膜这一点真的是《故乡》作品世界的全部吗？《故乡》在表达着一种悲剧的现实，这一点是毋庸置疑的。我们也应该充分尊重此类分析结果以及与此相关的《故乡》的各类研究成就。但是仅仅依据上面的观点就说"《故乡》所描述的世界是这样的是那样的"，那么《故乡》也就成了平凡无奇的作品了。事实上，从一般的角度来看的时候，近现代小说中描写游子丧失故乡、享有共同的幼年世界长大后相互之间却存在着无尽陌生感的朋友间友情分裂的故事情节非常普遍，并无新意。但是《故乡》的珍贵之处就在于，在查明美好故乡的丧失、闰土的悲剧及由此引发的闰土与"我"之间的隔膜的原因时，作品并没有从现实角度出发，而是从封建体制的悲剧这一社会角度去解构作品；并体现了试图用自我的悲痛去安抚闰土悲剧的那种珍贵的生活姿态；以及面对令人绝望的现实时话者的思考。但是，仅以此来说明《故乡》的真正价值并与其他还乡小说作区分还略显不足。《故乡》的真正价值一定要在超越此类单纯的解析后去寻找。

这时，我们需要重点考虑的就是此篇作品的题目并不是"闰土"，而是"故乡"了，这是一个富有新意的事实。将闰土视为作品的中心来阅读的司马长风式读法认为，伴随着与美丽的故乡等价的闰土的美丽样子消失后，美丽的故乡自然也就消失了，叙事也因此而终结，作品的整个基调是充满绝望的。这样的读法将闰土视为中心，即并非以"我——故乡"为轴来解读作品，而是以"我——闰土"为轴来解读作品。因此，后面的部分自然就成了画蛇添足的部分（司马长风），关于希望的提及也带有牵强附会的感觉（李欧梵）。结果就是，对作品的后半部分做不出任何妥当的解析，其主要原因就在于他们都以闰土为中心，按照古典叙事

---

① Leo Ou-fan Lee, "Voices from the Iron House-A study of Lu Xun" (Indiana Univ. Press, 1987), p.81.

学的读法来解读了作品。

接下来，社会主义现实主义式读法认为作品由两个核心，即描写现实悲剧以及抒发对未来的信心这两个核心构成，这是社会主义现实主义式读法的特征。但是，这两个核心却并非是等价的。作品的核心位于后半部分。即《故乡》凭借着作品结尾处对于"希望"的展望，因而才成为了一部作品，才成为了一部优秀的作品。将对未来的展望性视为作品的必备要素是典型的社会主义现实主义式读法。但为了使这样的解析更具合理性，作者从令人绝望的现实中所感受到的悲哀和苦痛转换成对追求理想的信心，这种转换的契机和过程是一定要明确的。作品中，话者"我"在客观现实中并没有找到任何带有希望的征兆，即便是这样，对两者间转化的契机和过程不做任何合理性的阐释，置着关于希望的名言于不顾，却将作者鲁迅拉进来，将作品解析成鲁迅脚踏令人绝望的现实抒发对希望的乐观和信心，即使与作品的前半部分主要采用的对客观现实进行描述的方式不同，这一部分主要是通过极具主观性与思辨性的独白方式完成的。这样的一种解析方法，不仅是在《故乡》的解读中，在鲁迅小说的解读中，更进一步在鲁迅的解读中都不可避免地成为一个重大的误读。为什么会出现此类的情况呢？因为，如果按照这种解读，鲁迅就不是在客观的现实中寻找希望或者希望的征兆，而成了在主观观念的必要性角度捕捉希望了。那样的话，鲁迅及其小说就将如大部分的社会主义现实主义作家及作品一般，在客观的党派性被主观的党派性所替代的情形下，只能抒发一些没有现实根基抽象的当为角度的展望，抑或是空虚的展望。但是，鲁迅的小说，鲁迅其人，确真是如此吗？

汪晖比中国的其他任何讨论者都重视文本的阅读，这一点是毋庸置疑的。但是他的解析与其说是从文本的内部结构出发透彻地探讨最后一小节所带有的意义及其与前面部分的叙事有着怎样的关联，不如说是他通过推演鲁迅的人生哲学、生活态度来解析了最后一部分。汪晖认为"反抗绝望"这一鲁迅的人生哲学构成了《故乡》整个作品的叙事结构。但是，汪晖的读法不管到哪里都是对小说的一种歪曲解读。"反抗绝望"

这样的一个人生哲学当被使用为一种小说读法时，它是需要经过一个美学的转换的。如果不经过这个转换的过程，小说就会被误当做只是一种思想或者意识的表白。汪晖之所以将鲁迅小说中的第一人称主人公视为鲁迅本人，即所谓"反抗绝望"的鲁迅人生哲学的体验者，也是出于这个原因。那么更加稳妥的方法不是用"反抗绝望论"去反映鲁迅的小说，而是相反的，通过鲁迅的作品来反观"反抗绝望论"。

同时，汪晖也从与社会主义现实主义读法不同的角度分析，认为作品是由"绝望"的部分及"反抗绝望"这两个核心一起构成的。与前面提及的社会主义现实主义读法相同，这两个核心在此也并非是等价的。"反抗绝望"的部分处于中心地位，而"绝望"部分是从属反抗绝望的一种存在。这种解析法超越了对《故乡》的解析，而是用"反抗绝望"这样一个关键词去解析鲁迅及其文学，这是汪晖一贯的解析方法。汪晖不把"绝望"及"反抗绝望"视为相互制约、相互排斥的两个核心，而是从反抗绝望的鲁迅那里看鲁迅的真正意义及伟大之处，或者进一步说看中国知识分子的一个表象。①

对于汪晖对鲁迅以及鲁迅文学的解读，我们有如下的疑问。即所谓的绝望，一定要通过去反抗才能使其有意义吗？绝望本身就不能是有意义、有价值的吗？一般情况下，在生活中经历的关于绝望的体验与关于希望的体验是同等重要的。相信一定能够实现的价值即使是切切实实的，也会由于某种阻碍而在我的生活或者这个世界里实现不了，而此时绝望的契机就开始站稳脚跟。这样看来，真正的绝望与真正的勇气和愿望是不相上下的，它来自于对生活的强烈热情，它本身已经是一种自我的肯定，甚至成为了一种在朴素的乐观主义中将对无法期待的现实的深刻透视变为可能的精神**下降**的体验。永远而又绝对的绝望是无法生产出任何

---

① 这是汪晖鲁迅论的最大特点，也是其最大的问题所在。这同时也是汪晖的鲁迅论与其受了较多影响的竹内好的鲁迅论相互区别的地方。汪晖与竹内好不同，他将鲁迅及其文学中可见的相互矛盾的内容不看成是相互对抗、相互排斥的两个对等的中心。

价值的。但是,如果没有什么都不怕的探索精神的话,对于真正意义上的绝望的反抗也好,希望也罢,想要实现都是很困难的。这样看来,在解析鲁迅及其文学时,与其说将鲁迅由于黑暗的现实而产生的绝望解析为对现实的正义对抗;与其将"绝望"与对"绝望"的反抗解析为倒向一方,或者是两者互相斗争、互相对抗,鲁迅的小说世界,更近一步,鲁迅的世界,从此开启了无尽的紧张模式,不如说我们需要更加细腻的读法和阐明。尤其是,与鲁迅的杂文世界不尽相同,不能简单地定义说鲁迅的小说因着一方,另一方就被整齐地划一了。①

　　本稿的写作目的在于,通过讨论各种既有研究,并以这些既有为基础,提出如下的几个问题。首先是小说《故乡》为什么不能简单地被当做一般的"故乡"小说来读这一点。即为什么不能从物理的、现实的故乡出发,并走出话者内在的形而上学上的故乡,来将作品解读为话者"我"的"精神故乡"的作品这一点。这样的想法来源于对之前的解析都过分地依赖从闰土及闰土引发的问题来解读作品的不满。另一个与上面相关的问题就是《故乡》能不能将"我—客观现实"为中心来展开的叙事部分视为一个中心的同时,也将以这样的现实意识为基础而进行的"我"的内心的斗争部分,即"我—我"为中心展开的叙事部分设定为另一个中心来阅读作品的一点。这一点来源于《故乡》以及类似的鲁迅的多篇小说都将对客观现实的描写和对于这般现实话者抑或是主人公的感受、意识视为非常复杂地错综在一起这一点。打一个比方来说,当我们读鲁迅小说时,我们不仅需要去阐明"作为小说描述对象的现实和我"的努力,同时也需要一个双眼的读法,去阐明这样的"观察作为小说描述对象的现实和我的我"。

---

　　①　将鲁迅的小说世界与杂文世界混为一谈来谈论是需要慎重对待的。虽然有时候两个世界是一致的,但是两个世界不一致的情况其实更多。那种不一致主要来自鲁迅的杂文世界属于意识世界、战略世界,而鲁迅的小说世界属于意识与无意识的错综世界、真实的世界。

本稿认为，通过解析《故乡》，表明对于话者"我""故乡"的意义为何，又是如何存在的，向那些遗失了精神归属和精神标杆，正处于悲剧时代的每个个体，展示了如何使与这样的悲剧时代的斗争成为可能，和所谓的可能的生活选择到底是什么，这使《故乡》的深意更上一层楼。这种解释可以说是一种以世界现代文学史这一普遍的角度来探讨其意义的。

二、两个故乡

正如题目上说的那样，鲁迅的小说《故乡》是一篇关于去故乡旅行，即还乡的作品。从狭义上说，这是一篇还乡小说，从广义上说，这是一篇旅行小说。这样说并非单纯的因为它的主题。从更广的角度上来说，是因为这篇小说的意义在于通过还乡（旅行）去发现新的现实及新的"我"。

小说以"我"冒着严寒重新回到了阔别20余年的故乡开始。更进一步讲，这次的还乡并非单纯的还乡，而是为了与故乡作别并搬到异地的一次还乡。在这样一条还乡的路上，话者眼前所浮现的故乡的模样是如此的荒凉与萧索。这与冬天这样一个背景相得益彰，而"我的心禁不住悲凉起来了"。那么，话者的故乡原本就是这样荒凉与萧索吗？答案是否定的。他"二十年来时时记得的故乡""全不如此"，他的"故乡好得多了"，他"记起故乡的美丽"。正因如此，"我"才"二十年来时时记得"故乡的模样。

他说自己二十年来时时记得故乡，对他来说，并非是故乡在他的清晰的记忆中留下了深刻的印象。那美好的故乡的模样，至少在作品开始之前对于"我"来说还是很模糊的。"但要我记起他的美丽，说出他的佳处来，却又没有影像，没有言辞了。"

从此可知，即使身处异地美丽的故乡还是一刻不停歇地停留在话者的无意识中。从作品的开头处可以推测出话者现在过得并不顺遂，但是

这样的不顺遂虽能勾起话者对于过去美丽故乡的记忆，但是当要给那美好的故乡赋予一个实实在在的肉体，让它能够展现于眼前，话者却未能找到一个具体的符号，美丽的故乡也仅能存在于话者的无意识中罢了。所以当话者想"运用语言"，给美丽的故乡赋予一个特定的符号时，即动用符号，将潜藏在无意识中的故乡转换到意识的表面时，故乡却没有了影像，而话者也没有了言辞，这也是出于此种原因。意识是差异的意识，而符号正是那差异中所产生的，鉴于此，故乡没有了影像，话者没有了言辞也就可以理解了。

但是，当母亲提起了闰土的那一刻起，情况就变得不同了。关于自始至终存留在记忆中的美丽的故乡的回忆，凭借着"母亲的话"这样一个外部的契机，开始全面展现在我的眼前了。闰土开始浮现在我的眼前，故乡的美丽模样也跟着闰土开始浮现在我的眼前。虽然故乡的"美丽"一直保存在"我"的记忆之中，但"说出他的佳处来，却又没有影像，没有言辞了。"但是，就在母亲提起闰土的那一瞬间，记忆中故乡的美丽的模样一下子就被赋予了实实在在的肉体，真真切切地浮现在眼前了。还乡路上紧紧抓着我不放的那种悲哀也自然开始发生了变化。"现在我的母亲提起了他，我这儿时的记忆，忽而全都闪电似的苏生过来，似乎看到了我的美丽的故乡了。""我的脑里忽然闪出一幅神异的图画来"。总结来说，闰土就是那个引领话者拾回记忆中的故乡的一个中心人物。

如今，"我"从没有言辞中完全恢复过来，与闰土相关的种种美好回忆也开始被记起。母亲"提起了他，我这儿时的记忆，忽而全都闪电似的苏生过来"。"我""似乎看到了我的美丽的故乡了"。故乡的美丽模样就这样展现无遗了。

深蓝的天空中挂着一轮金黄的圆月，下面是海边的沙地，都种着一望无际的碧绿的西瓜，其间有一个十一二岁的少年，项带银圈，手捏一柄钢叉，向一匹猹尽力的刺去，那猹却将身一扭，反从他的

胯下逃走了。①

接着这个,话者开始介绍了闰土是如何来自己家帮忙,与闰土相关的记忆过了30余年却又被重新记起了。正如上面提及过的,小说中对与闰土相关的美丽故乡的描述是非常诗化并浪漫的。同时也是充满幻想和静态的。这些记忆复活以后,"我"回到了梦的空间、记忆的空间。换一句话讲,凭借着极致静态并又诗化的描写,现实时间的潮流开始静止,记忆的空间被赋予了共时性并开始展现于眼前了。至此,记忆不再是过去时间中的那个记忆,它已经渗透到现实中,位于现实的水平线之上了。

记忆中既神秘又美丽的故乡的模样,即"记忆中的故乡"的模样被赋予实实在在的肉体并展现在眼前。而与这相反的是,全然不美丽、全然不神秘的"现实中的故乡"也自然而然地开始外化了。同理,在作品的开头"阿!这不是我二十年来时时记得的故乡?我所记得的故乡全不如此"这一段落中,回到"现实的故乡"中的"我"感到"孤寂"的瞬间,却想起与现实完全相反的故乡的美丽模样。

如此,作品就在"记忆中的故乡"与"现实中的故乡"间的对立与斗争中展开了,这种对立与斗争伴随着杨二嫂的出现更加具体化了。杨二嫂出现之前,"我"还一直沉浸在对美丽的故乡的记忆中,而杨二嫂的出现却给了我巨大的冲击。小说中杨二嫂的登场前后不过4行,而"我"的反应却是"吃了一吓,赶忙抬起头",又"愕然了",接着"愈加愕然了"。这种冲击是沉浸在"记忆中的故乡"的话者接触到活生生的现实后受到的冲击,而它的作用就是将活在"记忆中的故乡"的话者拉回到了现实世界。杨二嫂是现实中故乡的代表人物。但即便看到了杨二嫂毁损的模样后,"我"也没有对现实中的故乡感到绝望。因为杨二嫂本是被"我""完全忘却"的人物,虽然母亲的话勾起了"我"的回忆,但是她本来就是一直活在"我"美丽的故乡的记忆之外的人物。也就是说,在

---

① 《鲁迅全集》(第一卷),人民文学出版社1981年版,第477页。以下简称为《全集》,只注明卷数和页数。

话者对故乡美丽的记忆中,不曾有过杨二嫂这个人物。但是,杨二嫂的出现却是一个伏笔,暗示着"我"的"记忆中的故乡"将会被"现实的故乡"驱逐、排挤。

对"我"来说,"现实中的故乡"的实体渐渐展现并不是因为杨二嫂的出现引起的,更确切地说,是那个与"记忆中的闰土"完全不同的"现实中的闰土"的登场而开始的。现实中闰土的模样"不是我这记忆上的闰土了"。

> 他身材增加了一倍;先前的紫色的圆脸,已经变作灰黄,而且加上了很深的皱纹;眼睛也像他父亲一样,周围都肿得通红,这我知道,在海边种地的人,终日吹着海风,大抵是这样的。他头上是一顶破毡帽,身上只一件极薄的棉衣,浑身瑟索着;手里提着一个纸包和一支长烟管,那手也不是我所记得的红活圆实的手,却又粗又笨而且开裂,像是松树皮了。①

看到闰土的此种模样的"我""不知道怎么说才好,只是说:'阿!闰土哥,——你来了?……'",那之后,

> 我接着便有许多话,想要连珠一般涌出:角鸡,跳鱼儿,贝壳,猹……但又总觉得被什么挡着似的,单在脑里面回旋,吐不出口外去。②

见到闰土的样子后,记忆中的闰土,即关于神秘而美好的闰土的记忆与站在眼前的现实中的闰土相互斗争着,但闰土叫出的"老爷"的那一瞬间,给这种斗争状态以深深一击。听到那话的一瞬间,

> 我就知道,我们之间已经隔了一层可悲的厚障壁了。我也说不

---

① 《鲁迅全集》第一卷,481页。
② 《鲁迅全集》第一卷,482页。

鲁迅的小说创作与记忆的叙事

出话。①

于是，我感到我们两个人"之间已经隔了一层可悲的厚障壁了"，我和闰土已经不能再很好地沟通了。闰土也不再是我记忆中那个神秘而又美好的样子了。"脸上虽然刻着许多皱纹，却全然不动，仿佛石像一般。"而象征着我们两个之间的厚障壁、断绝与隔膜的就是从闰土口中叫出的那声"老爷"了。这样的隔膜，这样让人伤心的厚障壁是如何形成的呢？

又不太平……什么地方都要钱，没有定规……收成又坏。种出东西来，挑去卖，总要捐几回钱，折了本；不去卖，又只能烂掉……②

仔细分析闰土的描述可以知道，"我"与闰土之间的隔膜，换一种说法来说，即"记忆中的故乡"与"现实中的故乡"之间的隔膜，其实是由现实体制的矛盾造成的。正因如此，《故乡》这部小说才成为了一部描写由于现实的矛盾而造成的一个淳朴人的毁灭的故事，一部由于现实的矛盾而造成的人与人之间产生了不可跨越的隔膜的故事。同时在这里，《故乡》也成为了一部展现鲁迅现实主义特征的作品，即揭露了现实的黑暗的作品。《故乡》成为了展现鲁迅现实主义精神的一部代表作。由于现实体制的矛盾，纯真被慢慢破坏，最终像事物一样被麻痹的现实体制的模样开始展现，因此而造成的人与人之间的隔膜也正在浮出水面。

但是，仅仅这样来分析《故乡》，那我们对这部作品的理解也就只有一半而已。上面的见解都是将闰土作为作品的中心来分析而得出的。这是以闰土的悲剧，以及由这个悲剧而造成的关于美丽的故乡的记忆的破坏为中心来解析作品的，这是从现实详细再现的角度解读小说中对现实的各种描述的一种立场。从这个立场来看，所谓的"记忆中的故乡"与"记忆中的闰土"现在虽然由于悲剧式的现实而被破坏，但他们在过去的

---

① 《鲁迅全集》第一卷，482页。
② 《鲁迅全集》第一卷，483页。

现实中一定是存在过的。如果不是这样，那么上面的种种对作品的分析与评价都无法成立。

但是，问题在于那"记忆中的故乡"真的是存在于过去现实中的那个故乡吗？为了找到这个答案，让我们重新回到最初让话者"我"想起既神秘又浪漫的"记忆中的故乡"的场面来看一下。值得注意的是之前故乡那神秘又充满梦幻的模样并非是通过我的体验而得来的这一点。与其说故乡那神秘而又充满梦幻的模样是我用自己的眼睛去看去体验然后去构造的，不如说是我从闰土那里听来了故事，听完那些故事后少年时代的"我"在自己的头脑里想象并描画了那些美好的景象。① 至今"还在我记忆上的"就是闰土曾向我讲的那些新奇的事，也正因如此，我才会想认为"阿！闰土的心里有无穷无尽的希奇的事。"

那么问题就来了。为什么在听了闰土的各种故事之后"我"会觉得"闰土的心里有无穷无尽的希奇的事"呢？从现实的角度来看，闰土是长工的儿子②，闰土所讲的那些故事在像闰土一样生活在农村的孩子们的日常生活中是极其平常无奇的一种体验。这样看来，在"我"的记忆中闰土以及闰土的各种体验都是充满幻想与新奇的原因应该是因为在这样的"我"的记忆深处潜伏着一个其他的东西。

阿！闰土的心里有无穷无尽的希奇的事，都是我往常的朋友所不知道的。他们不知道一些事，闰土在海边时，他们都和我一样只

---

① 尾崎文昭，《故乡的二重性及希望的二重性（上）》，《鲁迅研究月刊》1990年6期，27页；周音，同上论文、书，205页。

② 闰土是实际存在的一个人物。本名叫章闰水，生于1878年比鲁迅年长两岁，与鲁迅同年去世（1936年）。他的父亲（章福庆）是一个竹匠。生活在离绍兴10余里的地方，忙的时候来鲁迅家帮忙。闰土的父亲去世以后，闰土就开始顶替他的父亲。闰土的母亲还做过鲁迅的奶妈。鲁迅与闰土第一次见面是在1898年，当时闰土15岁，鲁迅13岁。现在在绍兴鲁迅纪念馆担任副馆长的章贵是水生（本名章启生）的父亲，也就是闰土的孙子。参考赵永彬，《闰土及其家庭》，《北京晚报》，1993年2月20日。

看见院子里高墙上的四角的天空。①

那潜伏在记忆深处的这个东西到底是什么，在上面这一段描述中这个东西的样子变得越来越清晰。那是来自一个生活在只能看到四角天空的高墙下士大夫家子女的视线。正因为是以一个士大夫家子女的视线看闰土，闰土的体验才是充满幻想和新奇的。如果不考虑身份上的差异带来的不同生长环境，那么就不能完全理解"我"为什么会对闰土以及闰土的故事感觉如此的神秘。如果闰土和"我"是同样身份的孩子，假设一下那样的情形，会更容易理解。②

如此一来，我们便可以确认以下两点了。第一点是闰土的神秘与闰土所讲的那些既充满幻想又浪漫的故事都是从"我"单方面主观的视角中被编纂出来，是"我"的主观的产物。少年闰土以及与他相关的故乡的样子一定不是对现实中少年闰土模样的一个客观描写。那只不过是投射了"我"的主观之后变得更加梦幻、更加神秘地活在我主观中的一个形象而已。这一点在作品中闰土从始至终被非常平常地放在了"我"的视角、"我"的叙述体系中也可以得到证实。"我"的视线与闰土的视线始终没有交叉。③

另一点就是"我"与闰土之间在身份上的差距·隔膜从话者还是幼年的时候就已经存在了。只是这一点一直没有被真切地意识到而已。孩子世界的特殊性、醉心于闰土所讲的那个梦幻的世界并急切地想要进入那个梦幻世界的"我"的恳切的心，都使那种对身份上的意识无法浮出

---

① 《鲁迅全集》第一卷，479 页。

② 尾崎文锐利地将《故乡》全篇所流淌的一种知识分子的视角去除掉了。尾崎文昭，上同。

③ 与此相对的是新加坡的鲁迅研究者王润华，将闰土视为是闰土的父亲与闰土的结合体，通过考证《故乡》的真实性与作者的自传性证明了"记忆中的故乡"就是现实中的那个故乡。王润华，《论鲁迅〈故乡〉的自传性与对比结构》，《鲁迅小说新论》（东大图书公司，1992）155—190 页参考。

水面，只是单纯地停留在水面之下了。但这种意识在两个人再次见面后从闰土口中叫出"老爷"那一句后全面浮出来了。这正如"记忆中的故乡"被"现实中的故乡"驱逐一样，两个人之间的隔膜也驱逐了那充满幻想与神秘的世界而全面彻底地显露出来了。若不这样解析的话，在得知闰土过着非常悲惨的生活后"我"让闰土随自己去拣择这样的施惠意识便不能正确理解。

在意识到隔膜已经全面浮上这件事上，时间果然就起到了非常重要的作用。主人公是在阔别故乡20余年重新回来的，而与闰土相关的事也都过去30年有余了。现在，不管是"我"还是闰土，我们都已经长大成人。再不是生活在孩子世界中的人了。他们已经步入了通过他者来认识自己的成人世界。所以当话者的母亲说"你怎的这样客气起来。你们先前不是哥弟称呼么？还是照旧：迅哥儿"，闰土却回答以"阿呀，老太太真是……这成什么规矩。那时是孩子，不懂事……"，这正是这个道理。这样的解析与在"我"与闰土见面前，我们还同属一个世界，但当从闰土那里听到那句"老爷"之后这个世界开始分裂，这个分裂与由于不合理的现实而引发了闰土的破损，而闰土的破损又引发了这个世界的分裂这样的立场完全不同。两个人之间的隔膜与"记忆中故乡"的破灭是诸如此类各种原因综合作用最后产生的结果。

在这种隔膜感中，关于闰土的种种记忆，当闰土在灰堆里偷偷藏碗碟的事实被揭发时，变得再也无法恢复了。因此，"我"离开了故乡，而心境也是"不感到怎样的留恋"。

> 那西瓜地上的银项圈的小英雄的影像，我本来十分清楚，现在却忽地模糊了，又使我非常的悲哀。①

如今，在话者"记忆中的故乡"中闰土开始变得模糊了。而"我"也离开了故乡。展现在眼前的故乡的现实是令人绝望的。"我"感受到了

---

① 《鲁迅全集》第一卷，485页。

那种绝望选择离开。并希望着在水生和宏儿之间不要重复我和闰土的故事。

三、记忆的意义

这样说来，伴随着闰土的消失，记忆中的故乡也一起消失了，小说的叙事也基本告一段落。如果将《故乡》看做是一部承载了闰土的悲剧及由此而引发的两个人之间的隔膜、记忆中美丽的故乡的丧失的作品的话，我们是可以这样说的。但是，如果假设那一部分是《故乡》的一个中心，还有另一个中心支配着作品的话，整个故事就变得不同了。即如果将作品视为是以悲剧的现实为基础而展开的"我"的内心的心理活动，在那样的现实中一直在变化着的作为话者"我"的意识为作品的另一个中心来看的话，我们还需要其他的例证。那么，在这种情况下，当离开故乡的部分越来越近时，作品也就慢慢接近了一个转折点。当然，从这部分在整个作品的分量上来看，它占据的分量是非常少的。但是，这并不是一个物理上分量的问题。

通过还乡而看到的"现实中的故乡"是令人绝望的。在看到了那种绝望后，话者选择了离开。内心希望水生和宏儿之间能够不再重复那样的悲剧，从这里开始，小说都是以话者的内心独白展开的。跟着话者，作品的结构自然也是跟着变化着。在这以前叙事都是以一种灾难性的结构展开着，从这里开始叙事开始转换为一种讽刺性的结构。通常，小说中破局性结构都将问题与贡献、追求与挫折视为结构的两个核心。灾难性作品的主人公常常是忽略生活的多样性和两面性，始终追求至高无上，或者是终极的东西。相比较而言，讽刺性结构是一种紧张的结构。在讽刺性结构中所反对的东西无论在哪里都无法占据优势。它所反对的东西在绝对的矛盾和暂时和解的统一的中间地带相互作用着。灾难性情节以自觉为基础展开，而作为紧张的结构的讽刺性小说的构成却以反省为基础展开①。以'我——客观现实'为轴展开的叙事依据"现实中的故乡"遭遇了灾难,现在在以'我—我'为中心的话者的内心世界里相互矛盾的东西形成了紧张。在话者的内心里相互矛盾相互抗衡的各种感情的搏斗中,叙事展开了。这些感情包括对未来恳切的盼望,以及对于盼望本身的一种自我怀疑等等。总结来说,话者虽然通过离开家乡完成了现实中的还乡,但是伴随着还乡完成的那一瞬间,话者开始了一个针对自己的全新的还乡。虽然从分量上来看,这部分未占据多大的比例,但是说它开启了作品中的另一个中心也是基于此点的。

话者"我"并不希望水生和宏儿之间重复相同的悲剧。按照汪晖的说法这并非大部分社会主义现实主义读法中主张的对未来的信念的阐释。比起那个,我们更需要将它视为在绝对希望实现的一种当为价值与现实之间无法填补的距离中所产生的恳切的祈求,好比是能让人联想到宗教层面的那种祈求。但是熟稔那种祈求的特征,知道实现那个祈求有多难的人又是话者自己。自己相信的所谓的希望不仅有距离远近的差别,独自怀疑自己所谓的希望与闰土崇拜的偶像有无区别。

因为那个希望并不是以现实为基础而推导出来的,因此怀疑那是不是"我自己手制的偶像"。自己恳切的祈求果然也是如此的渺茫与虚妄,很难在现实中得以实现。在这里话者"我"将自己变身为内心世界中的"我",以另一个"我"的视角来观察和反思。

但是悲剧的是正如认为闰土崇拜偶像也不会使他的悲剧有所改善一样,话者自己梦想着的希望,却也不能给予现实的悲剧任何保障。面对悲剧式的现实,那个"我"自己编制的恳切的希望却根据我自己而被怀疑,如今的"我"看起来也是陷入到无可救药的绝望之中去了。事实上,真正意义上的绝望是在于认识到绝望的现实是绝望的这一主题的意识问题。如今,令人绝望的现实与话者对于令人绝望的现实的绝望的意识结

---

① 金仁焕:《如何阅读小说》,《文学之地平》,高丽大学出版社1984年版,第70—73页。

合到了一起，作品貌似走向了一种无比悲观而又令人绝望的结局。但是与此相反，作品以话者关于希望的一段独白而落下帷幕。

  希望是本无所谓有，无所谓无的。这正如地上的路；其实地上本没有路，走的人多了，也便成了路。①

  这之前，多数的研究将这一节视为脱离了作品的一贯叙事，因此只被看做是作家在最后表达自己的观念而已。事实上，将这一节与之前我们探讨过的话者"我"的令人绝望的意识相比较的话，认为这个结局比较突然也是情有可原的。但是，这样的观点都是太过于从小说的叙事角度和叙事的一贯性角度来分析作品的一种结果。值得再次引起我们注意的是，在话者离开故乡的那个地点，话者重新开启了一个通往自我的新的还乡旅程，小说从这时也开始跟着"我"的内心的独白而慢慢开展而来了的这一点。那开展的核心是"我"内心中泛起的那复杂的、几乎接近相互矛盾的心理活动，即"我——我"之间的搏斗。因此，想要正确理解这最后的一节，单纯从小说的叙事句法角度或者是鲁迅的人生观角度来尝试分析是不足够的，需要从话者"我"内心中产生的那激烈的心理斗争的角度来解析才可以。

  那么在这个时候关于希望的那最后一小节之前的回忆部分就变得尤为重要了。在这段回忆中话者满怀绝望，而浮现在满怀绝望的话者朦胧眼前的是另一个"新的记忆中的故乡"，而解析这个"新的记忆中的故乡"就变成必不可缺的了。如不对这一部分话者内心的调整以及净化工作做出详细的解析，却直接将前面的令人绝望的回忆与最后的希望章节相联系起来来解读作品，这就必使得作品的结尾部分或成为可有可无的部分，或被过度赋予外在的意义。

  我在朦胧中，眼前展开一片海边碧绿的沙地来，上面深蓝的天

---

  ① 《鲁迅全集》第一卷，483页。

空中挂着一轮金黄的圆月。①

这与作品的前面部分中话者将闰土作为一个引子，脑海中联想起故乡美丽而又神秘的画面十分相像。

深蓝的天空中挂着一轮金黄的圆月，下面是海边的沙地，都种着一望无际的碧绿的西瓜，其间有一个十一二岁的少年，项带银圈，手捏一柄钢叉，向一匹猹尽力的刺去，那猹却将身一扭，反从他的胯下逃走了。②

但是比较两者可以知道，两者的区别在于前者中那个"项带银圈"的"十一二岁的少年"，也就是闰土是不存在的。这样的一个区别却是十分重要的。闰土的消失是因为之前"那西瓜地上的银项圈的小英雄的影像"对于将要离开故乡的话者"我"来说已经变得非常的模糊了。而模糊的后果就是闰土消失了。但是关于美丽的故乡的记忆却还依然保留着。有一部分分析认为随着对于闰土的美好回忆的消失，记忆中美丽的故乡也自然跟着一同消失了，因此，作品的结尾是充满悲剧的。与此种观点不同，本稿认为虽然离开故乡的话者的内心深处对于闰土的美好记忆消失了，但记忆中美丽的故乡并没有随之消失，依然存在。

事实上，正如我们之前论证过的，从最初开始，闰土与记忆中故乡的关系就不是那种必要充分不可分的。话者通过闰土这样一个引子将记忆中美丽的故乡的具体样子展现在我们眼前这是事实。但是，那所谓的美丽的"记忆中的故乡"是以从闰土那里听来的故事为基础，通过"我"的主观加工而成的记忆，不能把它视为是现实中真真切切的一种存在。从这个角度来看，说随着记忆中闰土形象的破坏，美丽的故乡也随之被破坏或者变为无有的逻辑从一开始就是无法立足的。

---

① 《鲁迅全集》第一卷，483页。

② 《鲁迅全集》第一卷，477页。

那么我们要做的是就是阐明对于话者"我"来说那个被记起的故乡是怎样的故乡，它对于"我"又有着怎样的意义这两个问题。话者脑海中记起的那个所谓的故乡一定不是话者最初回到故乡时那个模糊的故乡，也不是那个以闰土为引子开展而来的充满幻想与神秘的故乡。那个故乡是"我与闰土隔绝"，离开故乡，向着生活的新家园前进的话者，"在走我的路"的那样的"我"所记起的故乡。没有闰土的那个故乡再也不用依托着闰土被表现出来，抑或关于闰土的所有记忆再也不与它的存亡相关联。这个故乡依托的不是闰土这样一个外在的依据，而是仅仅依托"我"内在的依据。也就是说，依托的是"我"的记忆的生命力而已。只要"我"这样的一个存在去记住它，那么这个故乡对于"我"来说就永远都不会消失。不凭借着其他的任何东西，单单凭借着记忆的主体，凭借着主体对故乡的记忆，故乡就是存在的了。从活在"我"的记忆中这个意义上来看，故乡确确实实是"记忆中的故乡"。这不是那个认为闰土被破坏了，就也即将被破坏了的那个美丽的故乡。

这样的故乡看起来好似是一个与世界绝缘、存在于世界之外的极其概念化、极其抽象的东西。这与之前"记忆的故乡"中拥有一个现实的具体媒介——闰土有所不同，因为现在闰土这个媒介已经消失不见了。那么我们就需要考虑这一点，即话者在作品的结尾处离开故乡时所记起的那个故乡的样子并非是为了掩盖绝望而是在观念中自发地构建起来的那个故乡的样子。是原本记忆中美丽的故乡被现实中的故乡所排挤、破坏后，话者重新翻新调整的产物。这样的调整是一种辩证法式的摒弃。作品结尾处被话者"我"记起的那个故乡，作为以现实中的充满悲剧的故乡为媒介而被抛弃的那个最初充满幻想与神秘的记忆中的故乡的结果，重新诞生成为了"新的记忆中的故乡"。已经被充满悲剧、充满绝望的现实充分洗礼并升华的新的记忆中的故乡，如今再也不会因为充满悲剧的现实而被破坏或者变成无有。那个故乡的消失只会因为"我"的忘却而发生。能够左右那个故乡生命力的，能够让那个故乡发出灿烂光芒的，都不再会是现实，抑或是闰土，而是"我"，更确切来说，是"我"的记忆。①

由于话者的记忆中故乡一直是一种美丽的存在，在那种美丽存在的对比下，话者眼中的现实就显得更加破旧不堪、寒酸并充满绝望。"我"也就开始无休止地确认并体验现实与记忆之间的间隙了。那么，现实中真正有价值的生活是什么，我们要去创造的世界的本来模样和应有的生活的模样是什么，这些就开始无止境地引起我们的注意。那记忆中美丽的故乡，虽在现实中不存在，却由于这种不存在使得它总是从记忆中向现实中转换。而使话者"我"由于存在（现实）与观念（记忆中美丽的故乡）之间无休止的斗争而向前进的也并非他物，也是那个记忆。

带着此种意义的故乡和记忆在鲁迅的其他作品中也可以被发现，这一点是我们跨过《故乡》去阐明解析鲁迅文学的过程中需要重点考虑的。例如，同样是在还乡类小说《在酒楼上》（1924）里，虽然可以从吕纬甫的样子感到绝望和虚无，但是话者"我"却对此是一种冷眼观察的态度。能够觉着"爽快"走向自己的道路也是因为对于过去美好瞬间有着记忆的关系。② 同时，在散文《好的故事》（1925）中可以发现与《故乡》中更加相似的情形。"我"在梦中不断地向彼岸追寻而去。那所谓的彼岸就是"许多美的人和美的事，错综起来像一天云锦"。但是当想要仔细去看的时候，那美丽的模样和事却慢慢开始瓦解消失。"几点虹霓色的碎影"还剩下了几块。于是想要赶紧去"追回他、完成他、留下他"，他却毫无痕迹地消失不见了。但是"我"却如此说。"但总记得见过这一篇好的故事，在昏沉的夜……"③ 在"美的事"与"昏沉的夜"的对立中，

---

① 将闰土视为民众的象征来解读作品本身就是一种超越了"故乡"来解读作品的做法。但是仅看《故乡》的时候，我们需要注意的是，汪晖所阐释的反抗绝望能够得以进行的基础并非是外部层次的东西，而是一种来自内部层次的东西。借用鲁迅自己的话来说就是，反抗那与"空虚中的暗夜"斗争的绝望的基石与动力不是来自"身体之外"的外部，而在于自己的内部。

② 《在酒楼上》，参照《鲁迅全集》第一卷，24—34页。

③ 《好的故事》，参照《鲁迅全集》第一卷，185—186页。

话者通过与"昏沉的夜"搏斗引发出的不是他物,正是对美的事的"回忆"。

但是,对于《故乡》的话者来说,现实与记忆中美丽的故乡之间的空隙,存在与观念之间的空隙就好似是无论如何都无法跨越的深渊。从他把自己的希望与偶像相提并论即可看出此点。话者不可避免地要面对那混乱不堪的选择。那个时候,首先能够想到的选择就是或者跨越现实逃到彼岸,或者加入这个世界向它妥协。但是对于话者"我"这两个选择都是不可能的选择。从根本上否定世界,并生活在彼岸的世界本身就是将世界视为一个不可能发生变化的、封闭的单一体。这与毫无保留地接受一个不合理并充满悲剧的世界并无区别。这不是对于美丽的故乡保有记忆的"我"可以选择的道路。同时,向这个世界妥协也仅仅是"我"在放弃了对故乡记忆时可能发生的事。

因此,"我"就被放置在一个极其混乱的境地了。眼前的世界虽令人感到无比的绝望,但是假如不通过眼前的这个世界,却是无法通往那个美丽的故乡的。对于这样的他来说,可以做的唯一选择就是要么否定这个世界,要么为了否定而进入到这个世界。他生活在这个世界,并他在这个世界里所做的一起都是为了否定这个世界而做的。他的否定大业直至"我"放弃记忆的那一瞬间会一直持续着。这样一种持续不断的否定工作能够得以继续,原因在于存在于记忆中所谓的故乡是带着某种可能性的。从基督教的观点来看,若神一次诞生,那么神就是永在的了。虽然神是根本的,又是绝对被需要的一种价值,但神同时却又是一种无法实现的可能性。记忆中存在的故乡就好像是那个"隐藏起来的神"。记忆中的故乡是以关于希望的体验为基础的,然后话者"我"铭记了它存在的那个事实,记住了关于它的体验(无论是现实的角度,抑或是形而上学的角度),这时故乡对于"我"就变成了一个今在并永在的存在了。现在的记忆中的故乡不过是没能在现实中得以实现,一直藏在暗处罢了。但是即便一直被藏于暗处,记忆中的故乡也会是一个积极努力地想要实现自己的一种存在。这样看来,"我"这样的一个选择仿佛是一种宗教冲动。

《故乡》结尾处关于希望的名言以"希望本是无所谓有，无所谓无的"开始。而将希望变得有可能存在的正是依赖着被关于故乡的记忆所带领而迈出的那一步，那是迈向可能性的一步。希望存在于那可能性的世界中，而赋予那可能性以生命力的正是由记忆和"走"所象征的具体的实践。这个实践也可以说是意识的具体实践。这里的意识是指虽然这个世界令人绝望到极点，但不通过这个世界，我们就没有其他办法抵达希望彼岸。诚然，在这个令人绝望的世界中所迈出的那样一步不一定会通向"路"或者希望。那一步虽然可以说是因着可能性被推动但是可能性无论到哪里都还只是可能性而已。更进一步，一个人走是不能创造出一条路的，按照话者精准的认识来说，走的人要多才能成为路。但是，对于现在的"我"来说，自己所迈出的那一步，不管它是否通向与"路"抑或是希望都不重要。他所迈出的那一步对他来说是唯一的有可能性的选择，因为使"我"迈出这一步的动力并非是出自任何外力，而是出自"我"，出自"我"的内心。从这个意义上来看，作品结尾处话者的"走"已经超越了汪晖将"走"视为对绝望的反抗式的解读，而拥有更加深远的意义。那是"我"这样一个存在的意义，是"我"这样一个存在的真实性的唯一表达。因此，"我"才无从选择走上了最后的路。对他而言，并无其他选择。正如《过客》（1925）中写道的，明知道走的路前面是坟墓，可是依然会说"我只得走了"，终究还是如"过客"一般。①

四、结语

本文主要将《故乡》作品里的故乡视为一种精神的形而上学的故乡而来解读其含义，因此分析的焦点并没在"我"与润土，而是放在"我

---

① 《过客》，参照《鲁迅全集》二卷，188—194页。

与我之间的对话"上了。从此意义上,作品里的故乡既是作者的真实故乡,又是精神上的归宿。本文还指出《故乡》可以让读者们充分明白了一个人失去了某种精神上的归宿,并在处于失乡的绝望时,应该用怎样的精神姿态面对现实,以及在其过程中记忆有何意义。我觉得《故乡》之所以具有超越中国语境的普遍性,并成为世界现代文学史上不朽的名篇,因为就在于此。

(韩国西江大学中文系教授)

阿Q和叙述者的角色履行
——再读《阿Q正传》*

李宝暻

一、绪论

《阿Q正传》自从1920年代问世以来就被不可胜数的读者、批评家和研究者不断解读，所以似乎很难对其再提出新的看法和观点。因此，目前学术界对有关《阿Q正传》所形成的最普遍的共识仍然是"对国民的劣根性的解剖"或"对辛亥革命/旧民主主义革命的批判"等。虽然如此，所谓"伟大的作品"永远会被一读再读。即使目前这些解释跟《阿Q正传》的主要思想具有明确的关系，可笔者觉得需要再讨论，因为其前提是叙述者（或作者）跟小说中人物相比要站在更高的位置去俯视笔下的主人公，而无法解释鲁迅思想和写作的特征，也就是说多纬度的思想之间的"挣扎"，不足以思想的矛盾为概括。

晚年的鲁迅在透露说话和写作的困难的文章里曾经以很客观化的声音说："十二年前，鲁迅作的一篇《阿Q正传》，大约是想暴露国民的弱点的，虽然没有说明自己是否也包含在里面。然而到得今年，有几个人就用'阿Q'来称他自己了，这就是现世的恶报。"①当然鲁迅的这番话

---

* 这篇文章的底稿刊登在韩国《中国语文学论集》第48号，这次重新补充修改了。

① 《再谈保留》，《鲁迅全集》第五卷，人民文学出版社2005年版，第154页。

可能是从对把自己称为"阿Q"的荒唐的情况而来的,可笔者越衡量这番话,越觉得不是那么简单。因为在他所说的"现世的恶报"这话里,散发着对他与看客们(也许阿Q)同谋的忏悔之情。笔者当然对已存的解释抱有共鸣,然而再读《阿Q正传》便会强烈地感觉到叙述者跟阿Q之间具有某种共通之处,甚至两者之间的地位关系发生颠倒,特别是从叙述者和阿Q的角色履行(role performance)来看,两者之间的关系表现得颇不寻常。

二、"正名"或角色履行

叙述者在《阿Q正传》第一章便以第一人称身份告诉读者一些重要的信息。首先是有关叙述者自身的。他说自身"不是一个'立言'的人",因此没有资格写"不朽",而要写"速朽的文章"。虽然决定写"速朽的文章",可叙述者不能马上下笔而颇犹豫了。为什么呢?因为他碰到命名的问题:

> 然而要做这一篇速朽的文章,才下笔,便感到万分的困难了。第一是文章的名目。孔子曰,"名不正则言不顺"。这原是应该极注意的。传的名目很繁多:列传,自传,内传,外传,别传,家传,小传……而可惜都不合。①

叙述者引用《论语·子路》里孔子的话而强调"正名"的重要性。缠绵于正名思想的叙述者在寻索切合自己故事的名字。有关一个人生平的文学体裁已有列传、自传、内传、外传、别传、家传和小传等,可怎么想也不太适合。叙述者在说明这几个体裁都不太适合的原因后接着说:

---

① 《阿Q正传》,《鲁迅全集》第一卷,第512页。

便从不入三教九流的小说家的所谓"闲话休题言归正传"这一句套话里,取出"正传"两个字来,作为名目。①

在传统时代"小说家"虽然也是文人的一种,却是不入流的,被排除在"三教九流"的职业圈子之外。叙述者从同样是文人却不被看作文人的"小说家"的套话里发现较适合的词汇。之所以他从小说家的套语中找到题目,是因为自己的文章是"因为文体卑下,是'引车卖浆者流'所用的话"②。既然是卑劣的文体和低级的语言,也就不敢僭称三教九流的写作。他要写的人物是最底层的人,所以就传统观念来看,借"小说家"的套语作为题目可以说切合于孔子的正名思想。

众所周知,反语和讽刺贯穿于《阿Q正传》通篇,鲁迅在上面引用的文章里也尝试对"闲谈"和"正传"进行讽刺性扭曲(ironic twist),文人向来写的"正传"只不过是"闲谈",则不能登台的"闲谈"才是"正传"。这可以说是对正名思想的扭曲,尽管如此,笔者觉得叙述者对命名仍然持有着格外敏感的态度。第一章的内容可以概括为叙述者对自己命名的辩解,因为他相信自己的命名应该要说服读者。

然而,就名字的敏感性来说,阿Q不亚于叙述者:

> 他又很鄙薄城里人,譬如用三尺长三寸宽的木板做成的凳子,未庄叫"长凳",他也叫"长凳",城里人却叫"条凳",他想:这是错的,可笑!油煎大头鱼,未庄都加上半寸长的葱叶,城里却加上切细的葱丝,他想:这也是错的,可笑!然而未庄人真是不见世面的可笑的乡下人呵,他们没有见过城里的煎鱼!③

阿Q不像其他的未庄人,去过好几次城里,是一个有见识的人。从信息获得的角度来说,阿Q算是持有一些所谓"知识权力"的。因此他

---

① 《阿Q正传》,《鲁迅全集》第一卷,第513页。
② 《阿Q正传》,《鲁迅全集》第一卷,第513页。
③ 《阿Q正传》,《鲁迅全集》第一卷,第516页。

嘲笑乡下人,甚至又"鄙薄"城里人,因为他们常用不恰当的名字。凡事须得谨慎地取"正名",城里人把"长凳"叫做"条凳"便不能不说是"错"和"可笑"的。

从阿Q对某种语言的禁忌也可看出他对名字的敏感性。阿Q一向把自己看作"完人",可是对自己头皮上的"癞疮疤",却有着歇斯底里的反应:

> 这"癞疮疤"虽然也在他身上,而看阿Q的意思,倒也似乎以为不足贵的,因为他讳说"癞"以及一切近于"赖"的音,后来推而广之,"光"也讳,"亮"也讳,再后来,连"灯""烛"都讳了。①

阿Q因有癞疮疤而经常被耍弄,所以除了"癞"这词语,"一切近于'赖'的音"和甚至"光"、"亮"、"灯"、"烛"等也都讳。上文所说的"讳"让我们联想到中国传统时代的"忌讳"。传统时代最有代表性的忌讳是对皇帝或尊长不能直接称呼或书写其名。《阿Q正传》的叙述者也把赵秀才称为"茂才",以避东汉光武帝"刘秀"的讳。对此,黄卫总(Martin Weizong Huang)曾解释道:"叙述者和阿Q都被传统的担子积压。虽然叙述者戏弄地嘲笑阿Q的痴迷于忌讳传统,可他本身[从忌讳的习俗]不是自由,不像对自己的假设。"② 这里值得关注的一点是提出了阿Q和叙述者的类似性。忌讳不是与合理的理性有关,而是要求无条件性和绝对性的履行,因此阿Q碰到庄人"一犯讳,不问有心与无心,阿Q便全疤通红的发起怒来,估量了对手,口讷的他便骂,气力小的他便打"③。

---

① 《阿Q正传》,《鲁迅全集》第一卷,第516页。

② Martin Weizong Huang, The Inescapable Predicament: The Narrator and His Discourse in "The True Story of Ah Q", Modern China, Vol.16, No.4, Oct., 1990, p.440.

③ 《阿Q正传》,《鲁迅全集》第一卷,第516页。

阿Q对名字的敏感性也表现为其对钱太爷的大儿子"假洋鬼子"的敌意。假洋鬼子曾就读洋学堂并留学东洋多年，回到未庄后，"腿也直了，辫子也不见了"。对此，阿Q的反应如下：

"阿Q"偏称他"假洋鬼子"，也叫作"里通外国的人"，一见他，一定在肚子里暗暗的咒骂。

阿Q尤其"深恶而痛绝之"的，是他的一条假辫子。辫子而至于假，就是没有了做人的资格。①

鲁迅曾对自己当年剪辫子的行为解释过："归根结蒂，只为了不便：一不便于脱帽，二不便于体操，三盘在囟门上，令人很气闷。"②就这解释的字面来看，我们可以得知，辫子与其说是激起跟随民族主义热情的反感的，不如说是不适合现代生活的"羞愧的身体"。鲁迅曾说因有辫子才知道"满汉的界限"③，可是，笔者认为鲁迅知道的倒是"中西的界限"，而不是"满汉的界限"。因为他的内心里的确有西方人的视觉。他实在以他者的眼睛看着中国人的身体。接触现代文明的鲁迅将自己的身体看成羞愧的④。钱太爷的大儿子或许也持有如鲁迅一样的想法，剪了辫子以后，走路时腿的姿势也从弯变直了。即使他的外貌和穿着多少有点像西方人，可终究不是西方人，最多也只不过是效仿而已，所以阿Q给他命名为"假洋鬼子"、"里通外国的人"。最让阿Q难以忍受的是他居然还戴着假辫子。在阿Q的眼里，钱太爷的大儿子只是个"假"冒。因此一看见他，阿Q便会不知不觉地说出来"秃儿。驴……"。这辱骂是"阿Q历来本只在肚子里骂，没有出过声，这回因为正气忿，因为要报仇，

---

① 《阿Q正传》，《鲁迅全集》第一卷，第522页。
② 《因太炎先生想起的二三事》，《鲁迅全集》第六卷，第579页。
③ 《病后杂谈之余》，《鲁迅全集》第六卷，第193页。
④ 可以参见拙稿：《鲁迅的文明批评和身体话语》，韩国《中国语文学》第56辑，第127页。

便不由的轻轻的说出来了"①。"秃儿，驴"是阿Q的内心的"真"话，而"假洋鬼子"、"里通外国的人"则是阿Q取给他的"真"名。

阿Q对名字具有敏感性，可是叙述者对名字却显得怀疑乃至带有几分否定，其曾经以"正传"和"闲谈"来尝试对名字进行扭曲。下面是叙述者介绍阿Q籍贯时的一段文字：

> 倘他姓赵，则据现在好称郡望的老例，可以照《郡名百家姓》上的注解，说是"陇西天水人也"，但可惜这姓是不甚可靠的，因此籍贯也就有些决不定。他虽然多住未庄，然而也常常宿在别处，不能说是未庄人，即使说是"未庄人也"，也仍然有乖史法的。②

不能把阿Q的籍贯说成"陇西天水"或"未庄"，因为这姓赵本不可靠，而且住所也并不固定。然而未庄这名字却颇耐人寻味，字面上的意思是"不曾是村庄的村庄"。阿Q多年居住的村庄其实并不曾是村庄，如同韩国学者Kim EnHwa的解释，这意味着在这村庄里从来没有出现过《狂人日记》中的狂人盼望的所谓"真的人"③。"未庄"是迄今为止没有存在过的村庄，所以不能为其名。可以说《阿Q正传》不是在叫做"未庄"的村庄里发生的故事，而是在某个不能命名的场地里发生的故事。

此外，叙述者给自己故事里的主人公命名的方式也值得研究。叙述者曾听过庄人叫阿Q的名字，可却不知道怎么去写。叙述者也问过"博

---

① 《阿Q正传》，《鲁迅全集》第一卷，第522页。
② 《阿Q正传》，《鲁迅全集》第一卷，第514页。
③ Kim EnHwa在《〈阿Q正传〉：作为一种狂人的世人形象》的结尾提出"我们到底从阿Q住的'未庄'有多远的地方住呢"这疑问。这意味着我们或者仍然住在"未庄"。而他将"未庄"解释为"这名字里含蓄着的是如下：据中文发音是'伪装'（以假装活着的人住的村庄），而据其意思是'不像村庄的村庄'"（韩国《中国现代文学》第39号，第269页）。笔者认为"不像村庄的村庄"这解释也是妥当，可如果我们注意在第9章大团圆里有阿Q觉醒的刹那（这一点笔者下面讨论），可以解释为"不曾是村庄而将来或者会有的村庄"。

雅"的赵秀才,得到的解释"是因为陈独秀办了《新青年》提倡洋字,所以国粹沦亡,无可查考了"①。既然是"秀才",听到便该会写出,因此就赵秀才来说,这个"秀才"的名头也是名不副实。于是叙述者便只好用"洋字"为"阿Q"命名:

> 只好用了"洋字",照英国流行的拼法写他为Quei,略作阿Q。这近于盲从《新青年》,自己也很抱歉,但茂才公〔秀才〕尚且不知,我还有什么好办法呢。②

如上所述,叙述者给自己的主人公命名时在意的是在同时代文坛所盛行的两种代表性的潮流:一是从文体改革出发主张废弃汉字而采用"洋字"的《新青年》一派,二是批判《新青年》的"有'历史癖与考据癖'的胡适之先生的门人们"③。叙述者明确地表明用罗马字母为阿Q命名是"只好"的选择,也是为了有意地与《新青年》保持一定的距离,虽然说"这近于盲从《新青年》"。另一方面叙述者说等不及"国故整理"派的结论,是因为他们为有关阿Q的名字"寻出许多端绪来"的时候,《阿Q正传》"怕早经消灭了"④,此话是为了表明他要跟"国故整理"派也保持一定的距离。叙述者的这种"距离的保持"也流露出对于"正名思想"的批判性态度。叙述者意在说明无论是《新青年》派还是国故整理派,他们都只不过是主张"正名"而已。表面上叙述者显得煞费苦心地给自己的主人公命名,可是实际上命名只是取一个名字而已,因此不如干脆就把主人公叫做"阿Q"。

从小说的每章的题目来看,与每一章的故事内容也并不一致。除了第五章"生计问题"以外,第二章"优胜记略"、第三章"续优胜记

---

① 《阿Q正传》,《鲁迅全集》第一卷,第514页。
② 《阿Q正传》,《鲁迅全集》第一卷,第514页。
③ 《阿Q正传》,《鲁迅全集》第一卷,第515页。
④ 《阿Q正传》,《鲁迅全集》第一卷,第515页。

略"、第四章"恋爱的悲剧"、第六章"从中兴到末路"、第七章"革命"、第八章"不准革命"和第九章"大团圆"都是文不对题。"优胜记略"其实是失败记略,"恋爱"和"中兴"这样的事件也并没有发生过,不但"革命"不像革命,而且阿Q实际上并没有参加过革命,更别说"大团圆"其实就是以阿Q被处死为结局的"大离散"。

从这一点来看,"阿Q"的名字显得颇耐人寻味,因为在"阿Q"这名字中叙述者唯一能确定的便是"阿"这一个字:

> 我所聊以自慰的,是还有一个"阿"字非常正确,绝无附会假借的缺点,颇可以就正于通人。①

就"阿"这字,叙述者不怕"通人",可是,众所周知,无论男女老少、身份高低贵贱,"阿"仅仅是附着在名字前面的一个助词而已。也就是说,"阿"跟某一个人的身份特指其实毫无关系。"Q"无论是来自于罗马字母中模样接近于留辫子的中国人的发式②,还是跟阿拉伯数字"0"这模样最相似③,都不能特指某一个人。正如"未庄"不是特指一个村庄一样,只要是中国人,便可以称其为阿Q,因此"阿Q"可以说是一个不是名字的名字。叙述者选定"阿Q"为主人公命名想要表达的思想是:在名不副实的这个世界里宁可取"虚空的名字"反倒是"正名"。

"阿Q"这名字不是特指某一个人,出乎意料,阿Q竟充满了履行自己所被赋予的角色的意志。儒家的正名思想是强调语言的"遂行行为(performative act)的层次"。韩国学者Jeung JaeHyun说:"名字不只是简

---

① 《阿Q正传》,《鲁迅全集》第一卷,第515页。
② 杜圣修:《论〈阿Q正传〉的文体特征及其解读方法》,《鲁迅研究月刊》1999年第8期,第27页。
③ 李峰峰:《闲话休题言归正传——论〈阿Q正传〉序》,《鲁迅研究月刊》2004年第9期,第25页。

单的语言，而是跟实际的行为有等价的关系，因为它是包含价值，引起行为，而且乃至可以与行为看作为等同的。就正名的名分论（将名字解释为沾染于名字的名分、职责和义务，不是简单的语言）是从这名字的遂行行为的层次看更显得明白。"① 这意味着在儒家思想里"名字"是以赋予自身的角色履行的义务为前提的。可是，《阿Q正传》的叙述者正是认识到在现实生活里名分与实际之间的背离而批评名字本身的无价值性，则阿Q更要忠实地完成自己的角色履行。

可以说，《阿Q正传》从第二章到第九章都是阿Q对其角色履行的不断尝试及其失败的历程。第四章"恋爱的悲剧"是关于通过婚姻来生产后代并延续种族这角色履行的故事。阿Q的恋爱事件是导致其接踵而来的第五章"生计问题"的根本原因。阿Q敢于大胆向吴妈示爱是在受到小尼姑"断子绝孙的阿Q"的辱骂后而想到"不错，应该有一个女人，断子绝孙便没有人供一碗饭"②。关于阿Q此时的心境，叙述者做了如下解释：

> 夫"不孝有三无后为大"，而"若敖之鬼馁而"，也是一件人生的大哀，所以他那思想，其实是样样合于圣经贤传的。③

关于阿Q的恋爱，叙述者以"样样合于圣经贤传的"角色履行为其

---

① ［韩］Jeung JaeHyun：《从正名思想看儒家的道德语言观念》，韩国《季刊科学思想》2000年冬季，第22页。他对于语言的"遂行行为的层次"以《孟子·梁惠王下》的故事为例子，就是："齐宣王问曰：'汤放桀，武王伐纣，有诸？'孟子对曰：'于传有之。'曰：'臣弑其君可乎？'曰：'贼仁者谓之贼，贼义者谓之残，残贼之人，谓之一夫。闻诛一夫纣矣，未闻弑君也'"。他将这对话解释为："为了辩护杀死以邪恶的君子著称的纣王的行为，孟子把他称作'一夫'，而不称'君子'。'一夫'或'君子'，这名字的选择将革命的合法性要么能证明，要么不能证明。从将他称作'一夫'而不是'君子'的这一刻开始，我们也共同参加杀死纣王的革命。"第21—22页。

② 《阿Q正传》，《鲁迅全集》第一卷，第524页。

③ 《阿Q正传》，《鲁迅全集》第一卷，第524页。

解释。就阿Q来说，恋爱也是在践行儒家教训，而不仅仅是一种满足人类天生的欲望的行为。鲁迅在另一篇文章里说："人类因为无后，绝了将来的生命，虽然不幸，但若用不正当的方法手段，苟延生命而害及人群，便该比一人无后，尤其'不孝'。"① 而且他警告了"孝"这角色履行行为倒会导致更为可怕的"毁到他人"。然而在叙述者的眼里，阿Q只是在忠实的履行儒家圣训而已。

不仅"恋爱"，"革命"这《阿Q正传》的核心话题也是跟作为革命家的角色履行分不开的：

> 他近来很容易闹脾气了；其实他的生活，倒也并不比造反之前反艰难，人见他也客气，店铺也不说要现钱。而阿Q总觉得自己太失意：既然革了命，不应该只是这样的。②

> 要革命，单说投降，是不行的；盘上辫子，也不行的；第一着仍然要和革命党去结识。③

革命党进城后，有了传闻他们动手剪掉人家的辫子，就把辫子盘在头上的庄人也增加起来了，阿Q也是随大溜了。见到盘着革命家发式的阿Q，庄人的态度开始变为"客气"了。然而阿Q"总觉得自己太失意：既然革了命，不应该只是这样的"，而终于他下了"和革命党去结识"的决心。因为就阿Q来说，参与革命党是为了成为一个名副其实的革命家的"第一着"。

阿Q对名字患有强迫性神经症（obsession）。按照拉康（Lacan），强迫症病人"一句话，他是履行自身所被赋予的角色的演员，好像自身已

---

① 《我们现在怎样做父亲》，《鲁迅全集》第一卷，第144页。
② 《阿Q正传》，《鲁迅全集》第一卷，第543页。
③ 《阿Q正传》，《鲁迅全集》第一卷，第544页。

死亡（或装作死亡），牢牢地履行一定数量的行为"①。阿Q对角色履行的这种强迫症在第九章"大团圆"中表现得最富有戏剧性。阿Q被冠以打劫赵家的罪名而被捕，他不能签字画押，便只好画个圆圈代替，但阿Q却连圆圈都不能画得圆，只画成"瓜子模样了"②。阿Q感到"羞愧自己画得不圆"③。阿Q的"羞愧"可以说是来自于自己不能完成作为犯人地角色履行。因为作为犯人，不会签字，但至少该会画成圆圈。阿Q对角色履行的意志甚至到了临刑之际也没有发生任何的变化：

阿Q忽然很羞愧自己没志气：竟没有唱几句戏。他的思想仿佛旋风似的在脑里一回旋：《小孤孀上坟》欠堂皇，《龙虎斗》里的"悔不该……"也太乏，还是"手执钢鞭将你打"罢。④

犯人在游街示众的时候有一个任务，就是要以精彩的唱段来娱乐看客。何况阿Q曾经追求过的吴妈也在围观的人群中，他一定要表现如同好汉一般的骨气。阿Q打算唱"我手执钢鞭将你打"，因为这不是"欠堂皇"，又不是"太乏"。对此，Kim EnHwa 解释为"可怕的权力意志，强烈的统治欲望"⑤。但是笔者认为与其解释为所谓"权力意志"，不如解释为对革命家的角色履行的模仿。既然是革命家，即使面对死亡，也要不为所动地履行自身所被赋予的任务。所以，上面可以看成临刑前的犯人要在生命的最后时刻充足看客的期待，也看成最后要完成革命家的角色履行。也就是说，游街时的阿Q既是一个犯人，更是一个革命家。

---

① ［韩］Hong ZunGi：《黑格儿（Hegel）的主人——奴隶辩证法和拉康（Lacan）：强迫性神经症临床》，韩国《拉康和现代精神分析》第九卷第二号，2007年12月，第138页。

② 《阿Q正传》，《鲁迅全集》第一卷，第549页。

③ 《阿Q正传》，《鲁迅全集》第一卷，第549页。

④ 《阿Q正传》，《鲁迅全集》第一卷，第551页。

⑤ ［韩］Kim EnHwa，第255页。

阿Q和叙述者的角色履行

不幸的是，尽管阿Q要拼命地履行自身所被赋予的角色，可无一例外地均以失败而告终。恋爱还没开始就遭到失败，参加革命从一开始就被禁止，连一个圆圈都不能画得圆满，最后"竟没有唱几句戏"①，便走向了死亡。总之，阿Q对角色履行的尝试只不过是最终导致自己走向毁灭而已。

三、阿Q和叙述者之间的地位颠倒

正名思想作为儒家的意识形态，正像鲁迅所说的一样，"这就是我们古代的聪明人，即所谓圣贤，将人们分为十等，说是高下各不相同"②，目的是让人们忠诚地履行自己所被赋予的角色而其终极目标则是稳定社会等级秩序。《阿Q正传》的叙述者让读者一一目睹发生在阿Q身上的一连串的悲剧，说明即使是社会底层也被灌输了这种导致自己毁灭的角色履行的伦理意识。值得注意的是，叙述者自身对角色履行的强迫性神经症与阿Q并没有多大的差异。在这里，我们需要追溯叙述者创作小说的契机：

> 而终于归结到传阿Q，仿佛思想里有鬼似的。③

叙述者起初不太了解为什么自己没有能力写一篇小说而偏偏要写，最后想到或者自己"思想里有鬼似的"而操纵自己的写作。之所以他想到"鬼"，是因为对此不能给予合理的解释。也许他所说的"鬼"是在辛亥革命的旋涡中冤屈而死的阿Q的鬼魂，阿Q的鬼魂是在被处死十多年后才借叙述者的口洗去自己的冤屈。则不是阿Q，或者是让叙述者替

---

① 《阿Q正传》，《鲁迅全集》第一卷，第551页。
② 《俄文译本〈阿Q正传〉序及著者自叙传略》，《鲁迅全集》第七卷，第83页。
③ 《阿Q正传》，《鲁迅全集》第一卷，第512页。

阿Q们说出其冤屈的革命的"将令"①，或者是"要画出这样沉默的国民的魂灵来"②的作者内心的声音。

鲁迅把《阿Q正传》的作者比喻为"疲牛"，做了非常有趣的吐露。下面是《〈阿Q正传〉的成因》的一段：

> 但有一种自害的脾气，是有时不免呐喊几声，想给人们去添点热闹。譬如一匹疲牛罢，明知不堪大用的了，但废物何妨利用呢，所以张家要我耕一弓地，可以的；李家要我挨一转磨，也可以的；赵家要我在他店前站一刻，在我背上帖出广告道：敝店备有肥牛，出售上等消毒滋养牛乳。我虽然深知道自己是怎么瘦，又是公的，并没有乳，然而想到他们为张罗生意起见，情有可原，只要出售的不是毒药，也就不说什么了。③

鲁迅说借自己的名义只要不卖毒药，什么事都可以默认，甚至即使自己只不过是一个瘦公牛，也心甘情愿按照主人的命令挤出乳去卖。对这样的态度，鲁迅说自己"有一种自害的脾气"。这意味着鲁迅自身的写作和顺从外面命令的伦理观有着密切的关系。《阿Q正传》的叙述者虽然古文熟练，但是他仍然要以"'引车卖浆者流'所用的话"④来书写，也是和"疲牛"对角色履行的强迫症有关，因为他要尽力将阿Q的话语原原本本地传递给其他中国人。

然而，鲁迅虽然吐露自己是以"疲牛"的态度来写文章，可是《阿Q正传》的叙述者却不像"疲牛"一样驯顺地听从主人的话，而要跟主人保持着一定的距离。叙述者介绍自己的主人公是如下：

---

① 可以参见鲁迅的告白："至于我的喊声是勇猛或是悲哀，是可憎或是可笑，那倒是不暇顾及的；但既然是呐喊，则当然须听将令的了。"《〈呐喊〉自序》，《鲁迅全集》第一卷，第441页。

② 《俄文译本〈阿Q正传〉序及著者自序传略》，第84页。

③ 《〈阿Q正传〉的成因》，《鲁迅全集》第三卷，第394—395页。

④ 《阿Q正传》，《鲁迅全集》第一卷，第513页。

> 而我并不知道阿 Q 姓什么。有一回,他似乎是姓赵,第二日便模糊了。
>
> 我又不知道阿 Q 的名字是怎么写的。
>
> 但可惜这姓是不甚可靠的,因此籍贯也就有些决不定。①

作为叙述者的"我"告白自己几乎没有关于自己要讲的人的姓、名字和籍贯的知识。然而,实际上他已持有不少的有关阿 Q 的信息。他不但目睹阿 Q 因自己宣扬姓"赵"而时常处于困境,而且常听庄人叫他的名字,还知道阿 Q 居住在未庄已经颇久。这些说明叙述者确实对阿 Q 很熟悉,在不远之处经常注视着阿 Q。尽管如此,他还是费力地装作自己并不认识阿 Q。

叙述者在各个方面均处处显示出自己对阿 Q 的优越感。他列举有关历史写作的各种知识来吹嘘自己对古文规范的熟稔,提及《新青年》和"国故整理"派来宣扬自己对时下代表性潮流的了解,用罗马字母给自己笔下的人物命名来明确地表明在阶级和文化上与阿 Q 的不同。那么,可以说第一章"序"表面上是关于小说的题目和人物的名字的辩解,但是字里行间,却是拉开叙述者跟笔下人物之间距离的一个布置。

叙述者以跟阿 Q 保持距离,来获得操纵阿 Q 的整个故事的权力。在小说中,值得注意的还有叙述视角的转变。在第一章以第一人称上场的叙述者到了第二章则转变为全知全能视角。这样的转变,让读者觉得叙述者的话语里具有足够的客观性。其实说到"客观性",也就意味着匿伏的叙述者能够全面地操纵整个故事。作者以采用全知视角获得的好处在下面介绍的场合中表现得尤为明显,也就是阿 Q 在跟"闲人们"打架次次"在形式上打败"后的一段:

> 阿 Q 站了一刻,心里想,"我总算被儿子打了,现在的世界真不像样……"于是也心满意足的得胜的走了。

---

① 《阿 Q 正传》,《鲁迅全集》第一卷,第 513、514、514 页。

阿 Q 想在心里的,后来每每说出口来,所以凡有和阿 Q 玩笑的人们,几乎全知道他有这一种精神上的胜利法。①

全知的叙述者不但会解读出阿 Q 内心的话,而且还能借未庄人的口将阿 Q 的思想命名为所谓"精神上的胜利法"。黄卫总说叙述者的"含有嘲弄的语调是为影响于'保持距离'的手段"②。以创造地位比人物还高的全知叙述者,可以将阿 Q 的问题解决方式命名为"精神上的胜利法"。就命名权力来说,全知叙述者确实跟第一人称叙述者不同,几乎不受任何限制。

然而,笔者认为在上文应该注意的还是这"精神上的胜利法"的命名主体。其主体既是未庄人,又是叙述者。这意味着叙述者也是未庄居民中的一个,起码在对阿 Q 的评价上两者之间没有任何差异。从下面一段可以看到全知叙述者如同看客的态度:

未庄本不是大村镇,不多时便走尽了。村外多是水田,满眼是新秧的嫩绿,夹着几个圆形的活动的黑点,便是耕田的农夫。阿 Q 并不赏鉴这田家乐,却只是走,因为他直觉的知道这与他的"求食"之道是很辽远的。③

阿 Q 因恋爱问题陷入困境而找不到活儿,为了解决生计问题只好离开未庄。村外的水田在叙述者的眼里本该是格外美丽的"田家乐",可是阿 Q 已"直觉的知道"能"赏鉴"的高等人和要"求食"的自己的处境的截然不同。按照柄谷行人的观点,所谓"风景的发现"主体是与风

---

① 《阿 Q 正传》,《鲁迅全集》第一卷,第 517 页。

② 《阿 Q 正传》, Martin Weizong Hang, The Inescapable Pred;cament: The Narrator and His Discourse in "The True Story of Anq", Moden China, Vol. 16, No. 4, Oct, 1990, p. 434. 第 434 页。

③ 《阿 Q 正传》,《鲁迅全集》第一卷,第 531 页。

景疏离（alienated）的现代人①。全知叙述者好像自身站在风景的外面而赏鉴阿Q们的水田生活，他对周围环境漠不关心，因而可以玩赏作为"审美化的日常空间"②的田家乐。在这一点，《阿Q正传》的全知叙述者是一个作为"内在的人（inner man）"的现代性主体。之所以叙述者对阿Q保持着讽刺的态度，是因为有"赏鉴（appreciate）"的态度，而不是"同情"。在这一点上，戴维丝（Gloria Davis）所说的"鲁迅的叙事与其说是关于围绕1911年的事件的'写实'的记录，不如说是以'现代'这镜子看'传统'中国社会问题的解释"③，这种批评可以说是准确妥当。

而且，阿Q是被叙述者命名的。叙述者是将阿Q的故事代为传达的人，同时是给阿Q定名的人，笔者认为，这一点是值得考虑的问题。文盲的阿Q没有手段向公众发言，所以只能被他者定名。在这里不深入探讨斯皮瓦克（Spivak）所说的"底层人能说话吗？"这话题，可明显的是叙述者感觉到自己很难转述阿Q的故事：

> 说也奇怪，从此之后，果然大家也仿佛格外尊敬他。
> 这或者也是中国精神文明冠于全球的一个证据了。
> 不知怎么一来，忽而似乎革命党便是自己，未庄人却都是他的

---

① 我们可以参见柄谷行人的如下的话："这小说里很明显地露出'风景'与孤独、内面的状态有着非常紧密的联系……也就是说，被没有关心周围的外面东西的'内在的人（inner man）'第一次发现风景的"，"现代文学的现实主义的确在风景树立了。因为现实主义描绘的是风景或作为风景的人（凡人），可这风景不是原来存在于外面，而是该发现为'作为与人类疏离的风景的风景'。"［日］柄谷行人：《日本现代文学的起源》，［韩］Park YuHa 译，韩国：民音社1997年版，分别第37页，41页。

② 程世波：《丢失的时间楔子——以〈风波〉为例谈鲁迅的时空体验》，《社会科学研究》2006年第4期，第192页。

③ Gloria Davis, The Problematic Modernity of Ah Q, Chinese Literature: Essays, Articles, Reviews, Vol. 13, Dec., 1991, p. 64.

俘虏了。①

无论翻到《阿Q正传》的哪一页，我们都很容易看到"仿佛"、"或者"、"似乎"等模糊性的表述。按照杜圣修对《阿Q正传》里的模糊性词语的调查，"大量使用某些模糊性词语来表现不确定性。有些词使用频率很高，如：似乎23次；有些19次；仿佛13次；大约8次；几乎6次。另外还有：大抵、大概、大半、茫然、渺茫、有一些、差不多、不甚了然等等。小说还常用假设句、并列选择句、或然句等表示不确定性"②。杜圣修说作者用这些模糊性词语来"描写阿Q的心态，借此可以反映阿Q的精神世界的麻木，以及他用蒙昧主义的态度来感受、认知世界，这就从更深的层次上暴露出国民的共同精神痼疾"③。

杜圣修的解释也有道理，但是如果从叙述者的角度来看，这种模糊性描述可以说源自于叙述者作为"赏鉴者"，自身已认识到替阿Q发言的局限性。因为，虽然从第一人称叙述视角到全知叙述者视角的转变给叙述者赋予作为代言人的无限权力的，但是在叙事开头的第一人称叙述者的局限性持续影响到叙事的最后④。最明显的是叙述者也如同未庄人不知道阿Q在城里的行径。而且，文中到处频繁出现的圣贤话语也表明了叙述者代阿Q发言的不可能性。鲁迅也对自己的处境如是说："我虽然竭力想摸索人们的魂灵，但时时总自憾有些隔膜。在将来，围在高墙里面的一切人众，该会自己觉醒，走出，都来开口的罢，而现在还少见，

---

① 《阿Q正传》，《鲁迅全集》第一卷，分别第519、524、538页。

② 杜圣修：《论〈阿Q正传〉的文体特征及解读法》，《鲁迅研究月刊》1999年第8期，第30页。

③ 杜圣修：《论〈阿Q正传〉的文体特征及解读法》，《鲁迅研究月刊》1999年第8期，第30页。

④ 黄卫总说如下："以第一人称辩解式的声音开始，这的确削弱通常从第三人称叙述者看到的'好像神一样'的权威——在小说里叙述者妥当的享受的。"Martin Wei-zong Huang, pp. 435 – 436.

阿Q和叙述者的角色履行

所以我也只得依了自己的觉察，孤寂地姑且将这些写出，作为在我的眼里所经过的中国的人生。"①

叙述者虽然感到替阿Q发言并不容易，但却以讽刺性的描绘来显示自己跟阿Q相比在文化和精神上占有的优越地位。然而，出乎意料，与叙述者的意图不同，故事的发展也许归结为阿Q的胜利。下面是在第九章"大团圆"中最富有戏剧性的一个场面：

> 这刹那中，他的思想又仿佛旋风似的在脑里一回旋了。四年之前，他曾在山脚下遇见一只饿狼，永是不近不远的跟定他，要吃他的肉。他那时吓得几乎要死，幸而手里有一柄斫柴刀，才得仗这壮了胆，支持到未庄；可是永远记得那狼眼睛，又凶又怯，闪闪的像两颗鬼火，似乎远远的来穿透了他的皮肉。而这回他又看见从来没有见过的更可怕的眼睛了，又钝又锋利，不但已经咀嚼了他的话，并且还要咀嚼他皮肉以外的东西，永是不远不近的跟他走。②

阿Q从赏玩犯人最后表演的看客们的眼睛中看到几年前"在山脚下遇见一只饿狼"的"眼睛"。看客们的眼睛其实比"不近不远的跟定他，要吃他的肉"的饿狼还要凶恶。他们"又钝又锋利"的眼睛"不但已经咀嚼了他的话，并且还要咀嚼他皮肉以外东西"。看客们"吃人"的欲望远远超过饿狼的本能，甚至要咀嚼人的语言和灵魂。在"这刹那中"，阿Q彻底地与群众疏远而感觉到恐怖和绝望了。看客们"赏鉴"着一个作为"风景"的阿Q，好像在《复仇》里路人们从"他们俩（两个战士）裸着全身，捏着利刃，对立于广漠的旷野之上""要赏鉴这拥抱或杀戮"③。可是，其疏远和绝望产生意外的力量，即"具有能力崩溃不忍文明的欺骗性和谐"，而且引起"产生孤独性真实这类似于生产性混沌力量

---

① 《俄文译本〈阿Q正传〉序及著者自叙传略》，《鲁迅全集》第七卷，第84页。
② 《阿Q正传》，《鲁迅全集》第一卷，第551—552页。
③ 《复仇》，《鲁迅全集》第二卷，第176页。

的不安（Angst）"来①。阿Q在这一刹那中或者像战士"赏鉴这路人们的干枯，无血的大戮，而永远沉浸于生命的飞扬的极致的大欢喜中"②。上文中的看客们里除了观看阿Q的示众取乐的庄人，还有叙述者以保持距离并站在优越的地位上对阿Q冷笑和侮谑。叙述者冷笑阿Q仍持有"精神上的胜利法"，可这一刹那，阿Q却明察叙述者的性质，他是一个比饿狼还凶狠的咀嚼自己的灵魂和语言的吃人，不只是如同黄卫总所说，在阿Q的眼里叙述者跟假洋鬼子不是两样③。在"大团圆"这一章，发生了阿Q和叙述者之间的地位颠倒，叙述者跟阿Q保持距离的结果与其说使他能看透阿Q的性质，不如说，相反，叙述者却被阿Q暴露出了他的性质。

总之，上文可以说阿Q的最后"一觉"和其思想的飞跃刹那，虽然连"救命"都叫不出来。在这一点上，笔者认为《阿Q正传》的大团圆不是像传统小说里常见以"圆圈"象征的宿命论式的循环。虽然阿Q失败画成圆圈，而获得"瓜子"，这"瓜子"显示的就是脱位（dislocation）和解构（deconstruction）的征候。④

四、结语

本文从角色履行的角度来解读阿Q和叙述者之间的关系。《阿Q正传》的叙述者描绘阿Q的悲惨人生，阿Q对"名字"患有强迫性神经症而沉溺于角色履行。叙述者即使对阿Q持有讽刺性的态度，他自身也是沉溺于作为代言人的角色履行而要替没有发言手段的阿Q们发言。可是叙述者的角色履行如同笔下的主人公一样归于失败。因为叙述者作为

---

① Gloria Davis，p. 272.

② 《复仇》，《鲁迅全集》第二卷，第177页。

③ Martin Weizong Huang，p. 435.

④ 可以参见拙稿《雪的飞行——从罗网脱走》，韩国《中国语文学论集》第19号。

文人本来不可能成为阿Q的代言人，而且他自身要以距离的保持来显示与阿Q的不同。由于这种叙述者的背离性态度，最后反而被阿Q赤裸裸地暴露出自身作为"看客"的性质，而发生两者之间的地位颠倒。笔者认为，在阿Q觉醒的刹那，鲁迅毫无保留地解剖着作为代言人的作者自身。而且，让在第一章上当了的读者也开始跟着阿Q怀疑叙述者，甚至怀疑作者。就在这一点，可以说《阿Q正传》是一部可以进入世界文学行列的小说。作者鲁迅写《阿Q正传》意在揭露民众的劣根性和假革命家的虚伪，这不必再说，但笔者要强调的是，鲁迅在《阿Q正传》字里行间所隐藏的是对一个只不过是"看客"而已的作者自身的解剖和暴露。总而言之，鲁迅一边写阿Q的故事，一边在"挣扎"，也就是说，他在《阿Q正传》里的抵抗表面上显得与他者（中国人）的战斗，可实际上也与自身战斗着。

（韩国国立江原大学中文系教授）

鲁迅的《狂人日记》与丹斋的《梦天》比较研究
——以作者精神再生为中心

金彦河

一、《狂人日记》（1918）与《梦天》（1916）

鲁迅（1881—1936）的成名作短篇小说《狂人日记》是一部在多种意义上有名的作品。第一、在文学史意义上它被评为是引导五四新文化运动这一时代潮流并最鲜明地打起反封建旗帜的中国最早的现代小说。鲁迅在这部作品中批判了中国的封建社会是"吃人"社会，而一举获得有思想的小说家这一名声和地位。第二、它被评为是中国现代文学史上独一无二的最令人费解的小说。《狂人日记》难以诠释的意义让很多研究者都感到困惑，即使到了发表 90 多年后的今天，也仍像谜语一样，不断地引起围绕它所具意义的各种解释的争论。这种难解的关键可能在于疯狂所具有的反讽性象征意义。第三、对作者本身来说，它也是具有重大意义的作品。反过来想，这在逻辑上是理所当然的事情。若它是在思想文化领域上担任废除封建社会并建立现代社会这一时代转型使命的作品，则理应首先在作者内心里发生这种思想转型。再者，如果作者本身没有经历这种精神再生过程的话，就无法写出呼吁中国社会的精神再生这一作品。不过，这种意义一直很少得到研究者的关注。

丹斋（1880—1936）的遗稿中篇小说《梦天》是一部在创作之时，甚至作者去世以后好久也未被认知的未完成的作品。《梦天》创作于流亡地中国，过了 48 年后的 1964 年才第一次跟朝鲜的读者见面。丹斋流亡于中国写出这一作品之前，已是韩国"三一"运动的时代精神民族主义的先导，作为一位有思想的史家、文人、爱国启蒙运动家、独立运动家的代表人物而驰名于全韩国。因此，《梦天》的创作能给丹斋带来的声誉和地位本是很有限的，而且实际上也没有机会跟读者见面，根本不能获得社会影响力或文坛评论。这样看来，可知丹斋在《梦天》里探索的"真的爱国"之路所具的意义在很长时间内只能局限于丹斋的个人层次。丹斋像是预感到了这种命运，在"序文"里就《梦天》的创作动机说是只愿意像作者主人公"一民"一样愚蠢而掉下眼泪的另一个"一民"能够看。再说，这意味着这一作品也许只有一个人能理解其意义，甚至可以解释为读者只有作者本身。

如上所述，可知鲁迅的短篇小说《狂人日记》与丹斋的中篇小说《梦天》虽然在社会上的遭遇迥然不同，但从作者本身层次看则两者同是具有深长意味的作品。这一深长的意味，简单地说，是作者通过作品记录了自己精神的再生过程，即公布确立了作为作家的思想本色（认同）。具有这种意义的作品，从作者的立场上看，像丹斋的《梦天》一样，无论能否发表、有无读者都不能不写出来；像鲁迅的《狂人日记》一样不管是读者是否了解、评估高不高也不得不写出来。如果有时代、社会的帮助，像《狂人日记》一样，就会获得很多读者和很高的文学史地位，如果没有这些帮助，像《梦天》一样，没有得到当时读者的认同，就只能满足于未来的再评价。总之，这些命运的有幸和不幸也绝不能抹杀掉于某一特定的时期某一特定的作家确立了自己思想本色的这一事实。所以，以研究者的立场上看，这些能看出作者精神再生这一秘密过程的作品，在了解该作家的思想和整个文学世界上具有关键性意义。

鲁迅在《狂人日记》里通过象征性写作摸索不吃人的"真的人"之路；丹斋在《梦天》中透过魔幻性写作探索除了国家以外别无爱情的"真的爱国者"之路。在《狂人日记》与《梦天》里显示了主人翁"狂人"和"一民"分别为了成为真的人与真的爱国者而经历的过程。相比

之下,前者注重于个人和个人之关系,即根据真的人之路探索现代性个人的诞生;后者注重于个人和国家之关系,即根据真的爱国者之路探索现代性国民的诞生。尽管如此,可以发现两部作品显现了结构上、思想上的相同性质。

二、最初觉悟:吃人欲望与残酷斗争

鲁迅在同时确立了他思想家地位和中国现代文学诞生的成名作《狂人日记》(1918)里,将人们活在"吃人"社会而感到的莫大痛苦描述为病态的恐怖——"迫害狂"。

《狂人日记》的主人公"狂人"有一天夜晚借助疯狂而产生了非同凡响的觉悟。这是以反讽性象征而表现出的狂人的第一次觉悟,即最初觉悟。通过这次觉悟,狂人所发现的是周边人物的可怖的吃人欲望。丹斋在同时确立了他的思想家地位和韩国现代史学创始人面貌的魔幻性自传小说《梦天》(1916)里,将面对"宇宙的残酷"而感到的极大痛苦表现为闭上眼睛。《梦天》的主人公"一民"有一天借助无穷花花朵产生了不同凡响的觉悟。这是一民的第一次觉悟,即最初觉悟。通过这一觉悟,一民所发现的是只有残酷斗争的人世。

这些觉悟都是超过一般凡人所能容纳限度的不祥又可怖的东西。所以,一般人不会有这种觉悟,也不想知道这种觉悟。实际上,在小说里主人公狂人和一民为了达到这一觉悟不得不依靠类似疯狂或天官的超常力量的理由也在此。狂人依靠疯狂才能看透可怕的吃人欲望;一民借助天官的教导和无穷花花朵的劝告才能睁开眼睛而直视人世的残酷斗争。《狂人日记》里狂人在周边一切人物那里发现的,想吃自己的吃入欲望可能不用再作说明,可是《梦天》里一民感悟的不忍睁着眼看的残酷斗争,也许需要补充说明。

刀和刀作战,弓和弓作战,火和火搏斗,然后打中人,被打的人如掉了头就用手搏斗,掉了手就用腿搏斗,非要所有的肌肉除掉、一切骨头尽碎，不可告终的战斗。不到几时几分，尸体覆盖千里，血腥漫无边际，几乎不能呼吸，鲜血无限浇泼，甚至染红天上。

在这样"残酷的场地"中不合上眼睛坚持挣扎，这的确是万分艰难的。如果没有天官和无穷花花朵的帮助，一民也不能克服人的软弱并像别人一样对残酷的"宇宙的本面目"装作不知。那么，《狂人日记》的狂人发现的吃人欲望与《梦天》的一民发现的残酷斗争，都是没有机会借助疯狂或天官、无穷花花朵的一般人永远无法觉察的骇人听闻的超常真理。在这一点上，两者性质完全相同。一般人永远无法觉察的真理，这大概无妨认为是无意识欲望、无意识真理。两者的差别只在于，吃人欲望是个人层次的无意识，而残酷斗争是国家层次的无意识。这种真理是不祥的、可怕的、残酷的，所以觉察到它的人再也无法跟周围的人一起过太平生活。狂人在周边人物那里发现想吃自己的残酷吃人欲望，于是再也不可容忍他们、不能像他们太平地照样地过生活；一民觉察到国家和国家之间只有残酷斗争这一"宇宙的本面目"，所以他再也不能像周围的人一样太平地过日子，而为了不放弃自己的责任只好参加战斗。

两者的另一个差别在于，狂人的觉悟是本着个人和个人的关系而获得的，是针对周边人物的；一民的觉悟是靠着国家和国家的关系而获得的，是针对自己的。达到第一次觉悟或最初觉悟之前，狂人没有觉察到周边的人有吃人欲望这一事实；一民装作不知，人世上只有残酷斗争，因此不参加战斗就是违背了神的命令并放弃了自己的责任这一事实。换句话说，最初觉悟要求狂人重新建立自己跟别人的关系，要求一民重新建立自己跟国家的关系。在这方面，狂人所关注的首先是个人和个人的关系；一民所着眼的首先是国家（集体）和国家（集体）的关系。

个人和国家（集体）的关系是互相纠缠的，不过重点在哪里是有着明显区别的。狂人所关注的吃人欲望首先被发现于个人层次上；一民所着眼的残酷斗争首先被发现于国家（集体）的层次上。因此，可以说，《狂人日记》所注重的是真的个人（真的人）的发现；《梦天》所关注的是真的国民（真的爱国者、作为一个国家成员的个人）的发现。

平等、自由的个人与自主、独立的国家的诞生，这一主题是突出现代特点的最重要的两个方面。在这个意义上，可以说《狂人日记》与《梦天》的主题是互补的。具有吃人欲望的个人怎样动员国家（集体），或者进行残酷斗争的国家（集体）如何吸纳个人，这些问题是以后需要进一步讨论的。

三、挫折与监禁：启蒙与参战的失败

狂人在周边人物那里和中国社会历史中发现了普遍、无一例外的又永久的丑恶可怖的吃人欲望。这一发现的逻辑归结是终于达到了甚至在最亲密的家族关系里都发生的吃人行为，自己的父亲也想吃自己的儿子这类最有悲剧性的"大发现"。《狂人日记》里狂人的"大哥"，他在小说里担当家长的代理角色，其隐含意义不外是父亲。狂人为了阻止父亲吃儿子、儿子被父亲吃这种悲剧，发掘到了自己觉察的可怕的吃人欲望、狡猾的吃人方法、吃人习惯的持续原因和对策，从而进行改革吃人习惯的实践。

他把"吃人"习惯持续的原因假定为两种：一、"历来惯了，不以为非"，这是无意识性犯罪；二、"丧了良心，明知故犯"，这是意识性犯罪。他还决定对两种性质不同的犯罪分别采取不同的解数即"劝转"和"诅咒"，而且无论用哪种办法，总是先从"最可怜"的"大哥"开始。

不过，这种劝告和诅咒终于被大哥也认其为是疯子的疯话，没有任何成果，愿望落空。狂人第二次被监禁而关在黑屋。这里的黑屋当然是监狱的隐喻。狂人的启蒙受到挫折，无法摆脱再度被监禁的遭遇。

一民从乙支文德先辈那里彻底觉察到只有残酷斗争的宇宙的真面目后，为了尽到自己的责任去找"我国人都去的战场"。在这过程中，一民借助无穷花花朵而长出了翅膀并得到了六个跟一民一模一样的"一民"同赴战场。听到花朵说跟朋友一起去时，一直感到刺骨孤独的一民不知不觉地落下眼泪。这意味着很少有人像一民一样彻底觉察到只有残酷斗争的宇宙的真面目,为了尽到自己的责任愿意毅然决然地参战。随着小说的开展这被证实为事实。总之,这六个一民的名字是二民、三民、四民、五民、六民和七民。这些人不外乎都是通过同样的过程获得觉悟而为了尽到自己责任去找战场的战友们。不过,这六个一民在正式参战之前依次脱离作战队伍。

四个一民在还未到达战场之前一个个的逃离,一个是因为打不赢痛苦、一个是因为陷入黄金的诱惑、两个是由于猜忌和嫉妒厮杀战友并处以死刑。他们面临的障碍分别是劳苦原、黄金山、忌妒川。其余两个一民好不容易到达战场,可是看到神与魔战斗而神国的形势十分不利,都感到绝望,一个说放弃战斗去隐居,带着包袱离去了,另一个说不如当个奴隶而投降敌阵。他们本来是战友,而事实上却跟帮助敌人的卖国贼没有两样。最后一个主人公"一民"也跟丰臣秀吉比武,一瞬间迷惑于丰臣秀吉变成的美女而忘却了战斗,不免突然落入地狱。这里的地狱也是监狱的隐喻。一民的参战受到挫折,摆脱不了关在地狱的命运。

狂人坚决不能容忍世人不放弃吃人欲望而沉浸于吃人习惯,对他们有恐怖和敌意、怜悯和愤怒,而劝告和诅咒他们。这一过程中,狂人发现了自己最亲近的血肉大哥(父亲)都沉浸于吃人习惯之中,不接受自己的说服,反而想跟世人合伙吃儿子自己这一令人震惊的事实,这让他陷入绝望。在这个意义上,狂人的绝望是起因于绝对孤独,即自己的父亲都想吃自己的儿子。

一民在只有残酷斗争的人世里彻底觉察宇宙的真面目,不能放弃自己爱祖国的责任而坚决去找战场。在这个过程中,获得同样觉悟而毅然发誓的六个战友荡然无存,只剩他独自一人战斗。一民单独作战,但由于一瞬间的失误终究自己也脱离战场而掉入地狱。在这个意义上,一民的苦恼也是因千万孤独而引起的,即自己的战友也是自己的敌人。

四、最后觉悟：真的人与真的爱国者

自己的父亲或战友也是自己的敌人，这种觉悟属于一种被禁止的、不祥的觉悟。不过，若狂人和一民的觉悟停留于此，则这可能还不是真正的觉悟。狂人暴露自己的大哥（父亲）是吃人的人，所以他被监禁；一民失去所有战友单独跟丰臣秀吉作战，但他放走敌将，结果等于帮助敌人，所以他陷入地狱。狂人与一民被从社会和战场（宇宙的秩序）中隔开、监禁，最终他们在黑屋和地狱里开始反思自己的罪恶。

结果，狂人通过认真的反思恢复了一段小妹小时死去的这一被压抑的记忆，终于发现自己也可能做过无意识的吃人行为、自己的血管里也像血液一样流着四千年的吃人履历、在具有吃人欲望这一点上他自己也并不例外，所以显示出了他也不是真的人这一事实。一民听到巡狱使者姜邯赞训导，觉察"除了国家以外别无爱情"这才是"真的爱国"、自己也因美女瞬间忘记过国家，也有别的爱情，在这一点上自己也并不例外，所以他也不是真的爱国者。

狂人解放于疯狂、一民摆脱于地狱的原因，都是因为狂人与一民都有这种第二次觉悟或最后觉悟。狂人还未发现自己的吃人欲望时，认为自己是跟世人完全不同的人，即世人是迷惑于吃人欲望而且还在吃人的丑恶的吃人的人，自己早就变为放弃吃人欲望而且已不吃人的真的人。再说，狂人与世人处于绝对性对立关系，狂人比世人占领极端优越地位。不过，狂人看透自己的吃人欲望后，觉察到自己与世人本质上是相同的人，恢复与世人的和谐并收回优越感。这是因为狂人到达了自己与世人的唯一差别不在于有无吃人欲望，而在于是否觉察到自己的吃人欲望这一觉悟。能够觉察自己的吃人欲望的人有可能控制得住吃人欲望，但没有这种自觉的人不得不俘虏于吃人欲望而不时地做吃人行为。

一民在发现自己也有"国家以外别的爱情"之前，认为自己是跟别的战友完全不同的人，即战友们是还俘虏于痛苦、诱惑、嫉妒、绝望、投降等心理而放弃战斗的软弱又不负责任的卖国贼,自己是能克服任何困难、独自一人也不放弃救国战斗的真的爱国者。换句话说,一民与战友们处于绝对性对立关系,一民比战友们占据极端优越地位。不过,一民发现自己的"国家以外别的爱情"之后,觉察自己与战友们本质上是相同的人,恢复与战友们的和谐并收回优越感。这是因为一民到达了自己与战友们的唯一差别不在于有无别的爱情,而在于是否觉察自己的别的爱情这一觉悟。能够觉察自己的别的爱情的人有可能控制得住别的爱情,但没有这种自觉的人不得不迷惑于别的爱情而不时地做卖国行为。

狂人解放于疯狂后,为了建立人不吃人的"人国",关注于中华民族的未来觉悟意识、即孩子,呼吁"救救孩子!"。然而,如何救济"孩子"呢?鲁迅在《狂人日记》里并未回答这个问题。鲁迅认为,"吃人"习惯是得改革的,"孩子"也是得救救的,但这目标不能依靠未来的救星来实现,而得依靠彻底觉悟了因袭的不当性和黑暗性的觉醒者来实现,他们帮助民众的觉悟,并且在每个时段里寻找与民众的觉醒水平相应的方法斗争。然而鲁迅的原则和现实之间的矛盾是永远不能解决的,他总是不可不一面抵抗黑暗一面保卫自己,这不仅是使《狂人日记》产生的动力,而且是使鲁迅的整个写作不断地运动在抵抗与困惑的张力之间的动力。

一民摆脱于地狱而到达"天国"后,下定决心到天上恢复蓝天为止消除一切旧恶,探索真的爱国之路。当然,这一天国是在残酷的人世中通过爱国行为提前实现的未来。所以,如果没有这样的爱国行为,人世会随时变为地狱。丹斋在《梦天》里提出的建立天国的方略,大概是以高句丽的"先人"、百济的"苏涂"、新罗的"花郎"为代表,从檀君神祖传承下来的宗教性尚武精神的恢复。

> 名号随时代变化,但精神一直不变,以尚武、歌舞、学识、爱情、团结、真诚、勇敢互相劝导,古代时候,借此成立宗教性尚武精神,守必得胜、攻必败退,大大发挥国光。

这样，丹斋本着宗教性尚武精神，一路走上恢复国权的爱国之路，到去世为止而一直坚持着"惨绝壮绝"的斗争。

五、精神再生的意义

《狂人日记》与《梦天》里共同出现的作者精神再生或思想认同的确立过程可以如此概括：首先，通过第一次觉悟或最初觉悟，主人公们都在最亲近的关系里发现人世的罪恶。这种罪恶是与当事人无法知道而不得不否认的致命的无意识欲望或无意识真理有关系的。狂人在父亲（大哥）那里发现对儿子（自己）的"吃人欲望"；一民在战友（和一民长得一模一样的另一些一民们）那里发现要放弃救国战斗的"国家以外别的爱情"。主人公们发现了人世的罪恶，以各自不同的方式来批判这个罪恶，但最终均受到挫折并被监禁。狂人进行启蒙、劝父亲放弃吃人欲望，最终被父亲认为疯子并关在黑屋；一民毫不犹豫的参战，坚持战友们所放弃的战斗，最终被敌将赶走并落入地狱。通过这些挫折和监禁，主人公们反省自己、发现自己的罪恶，达到第二次觉悟或最后觉悟，因此，他们终于能就释放于当初莫名其妙地陷入的疯狂和地狱。狂人觉察到自己也不是解脱于吃人欲望的真的人，他产生了这一觉悟后，才能解脱于疯狂；一民觉察到自己也不是"除了国家以外别无爱情"的真的爱国者，他获得这一觉悟后，才能摆脱于地狱。这样，《狂人日记》与《梦天》是在结构上、思想上具有相同性质的作品，这可能起因于鲁迅与丹斋具有的思想上的相同性。

在这里，我想补充一下，从前的《狂人日记》研究者不大注意作者的精神再生或思想认同的确立所具有的深刻意义，主要认为狂人通过第二次觉悟或最后觉悟解放于疯狂并获得康复是等于放弃启蒙或投降于吃人社会。中国具有代表性的鲁迅研究者王富仁如此说："如若他是一个反封建战士，他病愈后理所当然地会更清醒地投入反封建斗争，但鲁迅明明说他已'赴某地候补矣'去做官僚了，这说明他病愈后便不是有理智的反封建战士。"另一个有代表性的鲁迅研究者钱理群如此说："更何况狂人自己也最终成为常人世界之一员：在狂人喊出'救救孩子'的呼声之后，日记在时间上与小序相衔接。狂人被吃的幻觉在经过整个疯狂过程的延宕之后，终究未化为事实，狂人康复了，最后选择的是'赴某地候补'。这样，狂人对吃人的集体无意识的发现与关于食人民族自我毁灭的末日审判式预言都被康复后的行为所否定。"在这里没有充分的篇幅，无法详细讨论中国有代表性的鲁迅研究者都为何如此认为，首先我想提出两个原因。第一、可能是陷入了发疯等于觉悟、康复（复归社会）等于放弃或收回觉悟这一简单逻辑。经过发狂的康复理应认为是觉悟的深化，尤其可看为解脱于疯狂的原因。第二、《狂人日记》序文的说明带着彻底的反讽性，原则上它的一切说明只能被以否定的形式参考，不过他们不大注意这一事实而轻信文言小序的说明，因此达到上述结论。

在这方面，我们需要参考金永文对《狂人日记》的如是评论："觉察到自己也是鬼族的成员，自己的血管里也流着吃人的血时，它就获得最本质的、最完整的灵验性质。不仅把外部的恶鬼，还把自己内部的鬼性拿出来作为新的'鬼画符'的辟邪对象，这不外是鲁迅文学的原型。过去的洋务运动论者、变法维新论者、共和革命论者最终都未觉察到自己血管里的鬼性并被恶鬼的魔力征服，鲁迅的《狂人日记》具有对这些的批判和反思意义。"这样，不如在记录了作者精神再生过程的作品里发现"鲁迅文学的原型"更为顺理成章。

参考书目

[1] 申采浩：《丹斋申采浩全集》（上），首尔，萤雪出版社，1972。

[2] 申采浩：《丹斋申采浩全集》（下），首尔，萤雪出版社，1975。

[3] 申采浩：《丹斋申采浩全集》（别集），首尔，萤雪出版社，1977。

[4] 丹斋申采浩全集编撰委员会：《丹斋申采浩全集》，大田，独立纪念馆，2007。

[5] 任重彬:《丹斋申采浩一代记》,首尔,凡友社,1987。

[6] 金三雄:《丹斋申采浩评传》,首尔,时代之窗出版社,2005。

[7] 鲁迅:《鲁迅全集》,北京,人民文学出版社,1981。

[8] 马克思、恩格斯:《德意志意识形态》,《马克思恩格斯选集》,北京,人民出版社,1972。

[9] 王富仁:《〈狂人日记〉细读》,《中国现代文学》第6号,首尔,中国现代文学学会,1992。

[10] 薛毅、钱理群:《〈狂人日记〉细读》,《鲁迅研究月刊》1994年第11期,北京,鲁迅博物馆。

[11] 金永文:《再画鬼画符:关于〈狂人日记〉的另一个视角》,《中国语文学》第32集,大邱,岭南中国语文学会,1998,12。

[12] 金彦河:《论〈狂人日记〉:寻找"父亲"》,《鲁迅研究月刊》2001年第7期,北京,鲁迅博物馆。

[13] 金彦河:《鲁迅的文学世界与疯狂主题》,《中语中文学》第35集,首尔,韩国中语中文学会,2004,12。

[14] 金彦河:《丹斋与鲁迅的思想比较:韩国"三一"与中国五四的代表思想》,《中国学》第34集,釜山,大韩中国学会,2009,12。

(韩国东西大学中文系教授)

怪诞·恐怖·死亡

——再读《呐喊》、《彷徨》

徐 榛

一、绪论

鲁迅作为20世纪中国最伟大的文学巨匠而被大家所熟知。他是中国最早用西式新体写小说的人之一，也是最为推崇新文化运动的代表人物之一。他所创作的小说、散文、杂文等等至今都是从事中国文学研究学者们的必读作品。因此，鲁迅已不再只是中国的鲁迅，而是跨越了国界，成为中国文学在国际文学研究学界的指向性人物。

关于鲁迅，我们也都不陌生。鲁迅，本名周树人，在1881年生长于浙江绍兴一个没落的家庭。父亲的病故造成他对中医产生了严重的怀疑，他选择学习现代医学。他于南京求学，学习洋务，在南京求学的过程中，他认识到西方文明而体会到国民的愚昧，并且从译出的历史上，知道日本维新是大半发端于西方医学的事实。因此，鲁迅从南京留学日本，继续学医。而改变鲁迅一生的事件就是在日本学医的课堂上，他看到老师放映的画片上，一个替俄国做间谍的中国人，正被日军砍下头颅示众，而周边围观的国人却好像在参加赏鉴的盛会一般。这使鲁迅尤为震惊，因此，他在《呐喊》的〈自序〉中写道："因为从那一回以后，我便觉得医学并非一件紧要事，凡是愚弱的国民，即使体格如何健全，如何茁壮，也只能做毫无意义的示众材料和看客，病死多少是不必以为不幸的。

所以我们的第一要著，是在改变他们的精神，而善于改变精神的是，我那时以为当然要推文艺，于是想提倡文艺运动了。"①

《鲁迅全集》在他逝世不久就被立即出版，而鲁迅最成功的小说被收集于《呐喊》（1923）和《彷徨》（1926）这两篇集子中。美国著名学者夏志清先生在其巨作《中国现代小说史》一书中，对《呐喊》和《彷徨》两部集子中的重要名篇进行了内容上的赏析，尤其是对作品中反封建反传统的部分进行了比较详细的讲解。此外，鲁迅小说的名篇《狂人日记》和《阿Q正传》也成为学者们广泛讨论的对象，从主题、内容、创作手法、修辞等角度，都有比较精辟的说明。除了中国内地学者，韩国的朴宰雨、刘世钟、李永求等；日本的伊藤虎丸、丸山升、竹内好等著名学者都着有有关鲁迅的作品或是论文。主要从事介绍作品，剖析内容，考察思想等方面的工作。纵观总体的研究成果，对鲁迅小说的研究多是从民族独立，反封建反传统的视角切入进去；抑或是更多的重视其中的几部名篇。如：《狂人日记》、《阿Q正传》、《药》、《祝福》等。笔者重读《呐喊》和《彷徨》二集时，发现鲁迅在小说创作的时候，非常青睐于死亡、丑恶、讽刺、恐怖、嗜血这样的叙述母题，并且这样的母题出现在大部分的小说创作中。因此，笔者试图从审美意识的角度，重新阅读鲁迅的两部小说集，来考察鲁迅创作的社会意识。

怪诞艺术作品常以丑陋、讽刺、滑稽、血腥、暴力等形式出现。并且张德林在《现代小说美学》一书中，指出怪诞的审美同艺术的夸张、变形、幻想和讽刺密不可分，表现为反常规的。② 显然，怪诞艺术中出现的审美概念和鲁迅创作中的一些叙述母题有着重合的部分。因此，笔者将引用怪诞艺术的审美意识，试图分析鲁迅作品中所体现的社会意识。

---

① 鲁迅：《呐喊·自序》，《鲁迅全集》第一卷，北京：人民文学出版社，1981年，第417页。

② 转引自蒋丽：《怪诞艺术的审美形态特征研究》，硕士论文，2011年，第3页。

二、怪诞艺术

怪诞艺术的渊源。怪诞艺术最早出现在古罗马时期的装饰绘画图案中，其中尤显怪诞的是动物与植物、人与怪兽的共生，而鉴于这些装饰画是在洞穴中被人们发现的，所以人们在"grotto"（洞穴）的基础上创造了一个新的名词"grottesco"来给这种绘画命名，于是就出现了"怪诞"一词。随着人们对"怪诞"的深入探讨与研究，最终由维克多·雨果提出了对怪诞艺术的开创性的见解，认为怪诞是一种新型而又独特的艺术审美形态。

而较之国外来说，中国虽不是怪诞艺术的开创者，但对于怪诞却很早就有所记载。《山海经》中就曾记载过许多怪诞的人怪鸟兽，可谓是中国艺术史中较早的怪诞形象。怪诞艺术的语义内涵与审美性"美"是美学中重要的语词和概念之一。美学对美有两种分类，除了按存在领域的不同，将美分为自然美、社会美和艺术美之外，就是按照形态特征上的差别，将美分为优美、崇高、悲剧、滑稽和怪诞。[①]

要考察怪诞艺术，必须先要了解怪诞一词的具体指向。英国批评家罗斯金在《威尼斯之石》中，对怪诞做了这样的说明："怪诞之作都由两种成分组成：一是荒唐；二是恐怖。当这两者中有一个占主导，便出现两种情况，可笑的怪诞或可怕的怪诞。"[②] 凯泽尔在《美人与野兽：文学艺术中的怪诞》中认为："怪诞是有滑稽可笑与丑恶恐怖两种相矛盾因素共同构成，更重于强调恐怖方面。"[③] 英国菲力普·汤姆森在《怪诞》认为怪诞都有滑稽与恐怖的成分，是两者以某种形式混合。[④] 雨果在《克伦

---

① 刘法民：《怪诞艺术美学》，2005年。
② 转引自蒋丽：《怪诞艺术的审美形态特征研究》，第2页。
③ 沃尔夫冈·凯泽尔：《美人与野兽：文学艺术中的怪诞》，华岳文艺出版社，1987年。
④ 菲力普·汤姆森：《怪诞》，哈尔滨：北方文艺出版社，1988年。

威尔·序》中指出，怪诞是由滑稽可笑与恐怖可怕两种因素构成的。他认为滑稽、可笑只是怪诞的一方面，它还包含丑陋恐怖的。他明确指出："怪诞，一方面，它创造了畸形与可怕；另一方面，它创造了可笑与滑稽。"① 可见，在审美形式上，怪诞是一反常态的平静表现，更接近于极端的表现；在审美感受上，一反循序渐进的正统感受，更追求于阴森冷漠的，或是血性刺激的极端感受。表面上看来，怪诞艺术的结局是悲剧，或是喜剧悲剧的混杂，在我看来，其结局更接近于"闹剧"，含有恐怖的感官刺激之后，遗留下的滑稽感，而这种滑稽感却笼罩于更深刻的恐怖氛围之中。总而言之，是一种迫于窒息环境中发生的艺术。

任何一门艺术都是具有其审美形态的，那怪诞艺术也是如此，它也具有怪诞的审美形态。怪诞艺术在其审美形态的影响下，当然表现为"怪"和"诞"两个部分。"怪"显然是奇怪，怪异，惊奇的意思；"诞"在《汉语大辞典》中被解释为虚妄，欺诈的意思。由此，我们可以解释"怪诞"是包含丑恶和滑稽两大成分的。"丑恶"一般是指丑陋恶劣。很明显"丑"指代不好看的，影响视觉感官的；"恶"指代坏的行为方式，凶恶，凶狠的。"滑稽"一般指言语、动作或事态令人发笑的。但是，他是包含丑的因素的，它是通过一种反常的方式，或者是扭曲的载体来反映丑的样态。所以，仔细考察怪诞现象之后，我们不难发现，怪诞现象中的两大成分是紧密结合在一起的：一边是笑声，一边是恐惧。这种恐惧的感受，或是厌恶的内容是通过滑稽的方式呈现出来，而内容和形式的表达却是冲突的，相悖谬的。正如雨果说怪诞："一方面，它创造了畸形与可怕；另一方面，创造了可笑与滑稽。"②

我认为鲁迅的这两本集子具有哥特风格比较明显。"哥特"被用于文学流派主要因为这种流派的主题探讨这种极端感情及一些黑色话题。③ 而

---

① 《雨果论文学》，上海：上海译文出版社，1980 年。

② 《雨果论文学》，上海：上海译文出版社，1980 年。

③ 韩加明：《简论哥特小说的产生和发展》，《国外文学》，2000。

怪诞是哥特小说的主要的艺术手法，也是现代派文学最显著的美学特征。怪诞体现为人与物的变形和解体，语言和行动的怪诞反常，环境的杂乱无章不合常情。"哥特小说"技巧，抒写恐怖离奇的故事，描绘阴森的背景，渲染怪诞的氛围，刻画身体畸形、精神变态的人物，勾勒出一个"哥特式世界"。怪诞的传统使作家创造出无数怪诞的群体，展示历史进程中痛苦的心灵和悲剧人生。①

由上述分析可以认定，怪诞艺术是以一种反常态的，非主流的方式进行审美活动的。那怪诞艺术的审美价值又何在呢？怪诞艺术具有多方面的审美价值，主要指向于："抗恶、益智、震撼和威慑"② 等方面的审美价值。

所谓抗恶，即抵抗丑恶，那如何抵御，自然先是唤起对丑恶的注意。怪诞艺术表现丑恶的方式是直接的，以丑显丑，直接以丑恶的形象或是行为动作来揭示丑恶的内容，进而达到抵抗的意识，显然其重点是在揭露丑。益智价值即是从常规思维的反方向思考问题，从而提高人行为活动的成功率。从文学艺术的角度出发，从人们对丑恶的正常反应的反方向出发，以非正常的方式重新刺激人们的认识感官。震撼一般是表达对人的心灵上的影响比较大。在包含丑恶与滑稽的怪诞艺术中，它是以一种极为恐怖的环境，或是扭曲的形象，或是夸张的行为动作对人产生一种惊骇的作用，强迫人对其产生记忆。威慑表面看来和震慑价值并无区分，实际上是有很大差别的，震撼主要是强迫人对恐怖的现象产生记忆，但是威慑价值重在指向于驱赶邪恶，并且凶恶本体越是强大，驱赶邪恶的能力也随之强大起来。我认为威慑价值凌驾于其他审美价值之上，是因为它将所有的价值集中于驱赶上，即对怪诞做出相对应的动作行为。

---

① 王晶蕊：《论南方文学的哥特式怪诞》，《北方文学（下半月）》，2010 年第二期。

② 参见 http://wenku.baidu.com/view/20208dc508a1284ac85043fc.html

综上所述，怪诞艺术以丑恶为内容，以滑稽为形式（当然，滑稽的本质具有丑的因素，滑稽也并非单纯是搞笑），旨在以丑显丑的功效，让读者产生一种即可笑又可怕的心理，在表现丑恶的行为动作，抑或是扭曲的形象之后，又寄希望于旁观者给予对丑恶的反映，而最终的反映是驱赶丑恶。怪诞艺术在美术领域常被启用，在文学作品中也是有涉猎的，在了解怪诞艺术是什么之后，以鲁迅《呐喊》和《彷徨》二集为例，考察鲁迅作品中涉及的怪诞现象，并揣摩鲁迅通过怪诞艺术所体现的社会意识。

三、死亡的怪诞表现（审美视域下的焦虑）

对于创造死亡意象的艺术家来说，死亡是"怀着乡愁的行动返回精神的家园"，心理本能中存在着对它的强大迷恋。那么，在自然法则之外，死对于它的创造者，是生命的超越还是退求其次的审美成全？但这个问题显然脱离不了艺术家身处的时代。常态的生活环境，没有专制、暴力和精神压迫，对死亡的选择可被理解成为对于领悟终极意义和最高幸福的追求。① 而鲁迅对死亡的认识却不是在常态的生活环境中形成的，所以对于死亡的认知是不一样的，而死亡的表现形式也就自然不同了。

在鲁迅的《呐喊》和《彷徨》二集中，我发现在一些篇章中他热衷于制造一种窒息的、恐怖的氛围，在几篇作品中毫不避讳血腥的场面，如《药》中沾血的馒头；《白光》中挖出的白骨；《狂人日记》中吃人前凶狠的眼光等等。另外，在表现这些场面的时候，鲁迅多从行为动作的主体，或是旁观主体的非正常反应来表现，如把砍头当作一个盛举，面露笑容；挖出白骨之后，却无动于衷等等。这些正和怪诞艺术的表现内容和表现形式相契合。那么，鲁迅是如何体现怪诞的呢？我觉得，他是通过营造一种恐怖的、窒息的氛围，并在这种氛围中注入可笑的、讽刺

---

① 颜翔林：《死亡美学》，上海人民出版社，2008年。

的因素,这种因素又是通过行为主体,或是客体表现出来。那又是如何营造恐怖的氛围呢?我认为多是利用死亡这个叙述母题。死亡一般是指生命迹象的消失,其本身就是一种恐怖,并且是恐怖的终极表现。所以,鲁迅以死亡的母题作为载体表现恐怖,又通过恐怖来展现其文学作品中的怪诞艺术。下面将以怪诞艺术的审美意识,对《呐喊》、《彷徨》二集中有关死亡母题的作品进行说明。

(一)死亡母题之恐怖的征兆——"月光"

在两部小说集中,有关将"月光"作为影响人物行为活动意象的作品是《呐喊》集中的《狂人日记》(1918)和《白光》(1922)。"月光"在这两部作品中所承载的意义是比较特殊的,并且两股"月光"走向了相悖的两个方向。

《狂人日记》一共有十三章,是以日记体的形式进行创作的,有日本学者曾说:"勉强地说,可以称之为一种观念小说。"① 它是鲁迅创作的第一个短篇白话小说,也是中国第一部现代白话文小说。在小学的第一章就写道:

> 今天晚上,很好的月光。
>
> 我不见他,已是三十多年;今天见了,精神分外爽快。才知道以前的三十多年,全是发昏;然而须十分小心。不然,那赵家的狗,何以看我两眼呢?
>
> 我怕得有理。②

从这一段的叙述,我们可以推断,在之前的三十多年中,"我"是很沉闷,是一直在发昏的,即是非正常的。而三十多年后,"我"之所以"清醒"过来,是因为晚上看到了很好的"月光"。这样的"月光"使"我"产生了恐怖和不安,回想起过去的昏沉,进而"发狂"了。发狂

---

① 九山升:《鲁迅》,平凡社《东洋文库》,1967年。
② 鲁迅:《狂人日记》,《鲁迅全集》第一卷,北京:人民文学出版社,1981年。

有很多种解释：(1) 表现出狂放、狂妄和狂热；(2) 疯癫，受到某种刺激而精神失常；(3) 形容猛烈等，在这里发狂的指向性偏向于第一种和第二种解释的中和（更偏向于第一种）。"狂人"的发狂趋向于一种自我狂放。鲁迅给读者们预先设定的视点就是，所谓的"狂人"其实是正常人，而周边的"正常人"才是处在狂躁的状态。而之后，"月光"就成为了"狂人"对自我处境判断的一个对象。在第二章中，鲁迅直接写道：

今天全没月光，我知道不妙。早上小心出门，赵贵翁的眼色便怪：似乎怕我，似乎想害我。还有七八个人，交头接耳的议论我，张着嘴，对我笑了一笑；我便从头直冷到脚跟，晓得他们布置，都已妥当了。①

"狂人"之所以觉得不妙，是因为"月光"消失了，而赵贵翁怪怪的眼色和乡里之间诡秘的议论也及时证明了"狂人"的猜测，从而使"狂人"陷入到恐怖和不安之中。可见"月光"和"狂人"的发狂症状是有些许联系的。"月光"成为"狂人"发狂最直接的契机，可以认为，鲁迅赋予了"月光"某种超现实的意义，因为这种超现实的意义，使"狂人"从现实环境中跳脱出来，而步入超现实的（或是脱离主流的）想象空间中。"狂人"所反映出来的恐怖和不安，是现实环境附加于其身之后形成的结果，而非是导致其发狂的动因。

与《狂人日记》不同，于1922年创作的《白光》将恐怖的气氛推至新的境界。全篇都充满着诡异的色彩，不仅在视觉效果上制造突兀感，还在听觉感观上挑战读者的神经。主人公陈士成是屡次参加科举考试，却屡屡落第。小说的开篇就有一段极为矛盾的叙述："凉风虽然拂拂的吹动他斑白的短发，初冬的太阳却还是很温和的来晒他。但他似乎被太阳晒得头晕了……"② 明显故事发生的时间是在冬天，即使是初冬的凉风也

---

① 鲁迅：《狂人日记》，《鲁迅全集》第一卷，北京：人民文学出版社，1981年。
② 鲁迅：《白光》，《鲁迅全集》第一卷，北京：人民文学出版社，1981年。

是较冷的,那太阳又怎会温和?初冬的太阳,又怎会被将他晒得头晕?这一段描写就已经有些许的突兀了,而更严重的还在下文。且先不管鲁迅给读者听觉感观上带来的刺激,直接进入对"月光"的描述。鲁迅写道:

> 最先就绝了人声,接着是陆续的熄了灯火,独有月亮,却缓缓的出现在寒夜的空中(省略)月亮对着陈士成注下寒冷的光波来,(省略)就在他身上映出铁的月亮的影。①

已经是处于夜晚了,月亮射下的寒冷的光波,即"月光",并且在他的身上映出了铁的影,可见,这个影子是不会离开陈士成的,颇有诡秘、恐怖的气氛。然而,还不仅仅于此,陈士成在落第之后,想到祖上留下的银子,并寄希望于能够挖到银子,富甲一方。而白光,即"月光",成为引导他寻宝的线索。

> 但今天铁的光罩住了陈士成,又软软的来劝他了(省略)又加上阴森的催逼,使他不得不又向自己的房里转过眼光去。
> 白光如一柄百团扇,摇摇摆摆的闪起在他房里了。(省略)
> 土坑深到两尺多了,并不见有瓮口(省略)他又聚精会神的挖起那东西来,谨慎的撮着,就灯光下仔细的看时,那东西斑斑剥剥的像是烂骨头,上面还带着一排零落不全的牙齿。他已经悟到这许是下巴骨了,而那下巴骨也便在他手里索索的动弹起来,而且笑吟吟的显出笑影。
> 这回又完了。②

这一段的描写是很诡异的。首先,"铁的光"在前面已经知道,就是"月光",指引陈士成到房间去挖宝,这里的措词是"阴森的催逼",可见此处的月光不仅是寒冷,而且是带有阴森感、恐怖气息的。这样的恐

---

① 鲁迅:《白光》,《鲁迅全集》第一卷,北京:人民文学出版社,1981年。
② 鲁迅:《白光》,《鲁迅全集》第一卷,北京:人民文学出版社,1981年。

怖气氛使得主人公失去了左右自我的能力,或是说反抗的能力,而不得不走向房间。然而,恐怖与诡异并没有就此结束,陈士成挖宝的结果却是挖到了一个下巴骨,而更为惊奇的是,下巴骨还显出了笑影。尸体是死亡后的残留,挖到尸体,也就隐隐象征着"挖到了"死亡。而最终,"月光"将陈士成引向了生命的末路。在第二天,有人在湖里发现了一个浮尸,而这个人正是陈士成。

"白光"即是月光,而月光既是自然之光影,又有其深刻的含义,即寓意为"死亡之光"。月光在陈士成身上的反映是在这样的:笼罩在他的身上——阴森的催逼——引导其挖到白骨——诱引其到山里去——溺水而亡。这些行为和结果都受"月光"的诱引,而所有的行为也都和阴森、死亡、恐怖扯上了关系。

《狂人日记》和《白光》中都牵扯出了"月光"的意象,但是很明显是两种截然不同的效果。在《狂人日记》中,"月光"是振奋人心,催人清醒的"良药",是引导"狂人"处于世人皆醉我独醒境地的直接动因。它创设的恐怖和不安,不是过程,而是结果。与之相反的是,《白光》中的"月光"却是"死亡之光",其制造的恐怖、阴森的气氛不仅贯穿全过程之中,而且催人走向了恐怖的极端——死亡。白骨的出现是极为怪诞的,不仅表明弥漫着死亡的气氛,也预示着死亡即将到来。"狂人"在恐怖中寻得了自我,驱赶了丑恶,这正是鲁迅所希望看到的,他希望能出现更多的"狂人"。鲁迅在《白光》中表现的怪诞,营造的阴森恐怖,以至于以陈士成的死为结局,足以体现了对旧知识分子精神失根的悲哀,而造成精神失根的源头就在于科举制度的不合理性。而对科举制度不合理性的控诉,鲁迅采取这么极端的方式,也体现他内心的狂热。此外,值得注意的是,在《狂人日记》中的"狂人"和《白光》中的陈士成成为丑恶内容表现的载体,无论是"狂人"还是陈士成,都是滑稽的,但并非是搞笑的。"狂人"观察别人的神态和思想,陈士成追逐月光时莫名的兴奋,无不体现出滑稽的表象,这种表象正是沉在着丑恶的尸体的外壳。

(二) 死亡母题之嗜血的本性——"食人"

"食人",即"吃人"。在《呐喊》和《彷徨》两个集子中,对于"食人"母题的叙述可以说是没有间断过。即使没有"食人"的字眼,大多也是叙述"食人"概念的具体行为。很明显的是,《狂人日记》直接点出"吃人"二字,以日记的形式描述了"吃人"与"被吃"的转换和焦虑。有学者指出,《狂人日记》给读者造成最具冲击力的阅读体验,便是"食人"意象的创造。"食人"这个意象令主人公"狂人"恐惧,也强烈震撼着读者。"吃人"一词出现28次,平均每170字出现一词,其作为核心语词支撑和统领了全篇,成为表达作品主题的关键。[①] "狂人"无时无刻都担心自己被吃,这样的担心使他夜不能寐,而去寻找为何要吃人,鲁迅写道:

> 凡事总须研究,才会明白。古来时常吃人,我也还记得,可是不甚清楚。我翻开历史一查,这历史没有年代,歪歪斜斜的每叶上都写着"仁义道德"几个字。我横竖睡不着,仔细看了半夜,才从字缝里看出字来,满书都写着两个字是"吃人"![②]

"狂人"知道古来的吃人传统,而在此刻,他更加笃定中国的传统历史就是一部"吃人"的历史,因为所有"仁义道德"的背后,都是"吃人"的把戏。很明显这是对传统的批判和挑战。然而,更值得注意的是,鲁迅以"狂人"为出发点,"狂人"担心的是"被吃",所以,鲁迅的思想是以"被吃"的恐怖感为出发点的。"被吃"的结局是"死亡",而不是杀人,可见,恐怖的基点又是建立在死亡——"被杀"的基础上的。这与直白的以"吃人"来讽刺社会或是传统,又更来的尖酸刻薄了。

然而,如果此刻已是让人为之震惊的话,那更为怪诞的现象紧接而

---

① 李冬木:《明治时代"食人"言说与鲁迅的〈狂人日记〉》,《文学评论》,2012年第1期,第116页。

② 鲁迅:《狂人日记》,《鲁迅全集》第一卷,北京:人民文学出版社,1981年。

来。"狂人"由自己感受到的"被吃"的恐怖走向了另一个极端,他突然发现,自己是否也参与过吃人,即也吃过自己的妹妹。这样的觉悟是很可怕的,因为"狂人"由"担心肉体死亡"的恐怖感,跨入到"精神已死"的绝境。这个思想行为的转变是极为怪诞的,甚至会赢来几分笑声,这就如一个担心变为小丑的演员,其实就在进行小丑的表演一样。有学者说道:"这种死,已经不再是生物生命的完结的死了,而是一种社会的、人格的死了。……从单纯的本能的恐怖,变成了社会的、人格的恐怖。"①《狂人日记》中的"狂人"在"吃人"与"被吃"之间困惑,在"吃人"和"被吃"之间形成了断裂。然而,先生也许正要以这样怪诞的恐怖来解释"吃人",将"吃人"由现实上升至精神层面,不管是"吃人"还是"被吃","吃"本身的"大恐惧"正在占据这个社会,并且渗透到"孩子",也许鲁迅在最后"救救孩子"的呼喊,是对"吃"恐惧感的驱赶和杜绝。而鲁迅就是通过"狂人"对"吃"前后的意识反映将恐惧感透析给读者。

具体涉及"食人"主题的还有名篇《药》,写于《狂人日记》的后一年,如果说《狂人日记》中的"吃"是啃噬国民精神的话,那《药》就是将精神上的缺失赋予现实的意义,由精神的断裂转向了肉体的分离。

在《药》中,华老栓为了给儿子华小栓治痨病,就去刑场买蘸血的馒头,认为只要吃了蘸血的馒头就可以痊愈。然而更为恐怖的是,竟然还有以卖馒头来榨取钱财的"商人"。这样的书写充满了滑稽和讽刺,这些"商人"无疑就是死神,因为只有人死才会有血馒头可以卖。小说开篇就已经营造了一篇阴森恐怖的气氛。而这种滑稽和恐怖并没有就此打住,鲁迅在描写"吃"这个动作时写道:

> 小栓撮起这黑东西,看了一会,似乎拿着自己的性命一般,心里说不出的奇怪。十分小心的拗开了,焦皮里面窜出一道白气,白

---

① [日]伊藤虎丸:《〈狂人日记〉——"狂人康复的记录"》》,乐黛云编《国外鲁迅研究论集(1960—1980)》,北京大学出版社,1981年9月,第477页。

气散了,是两半个白面的馒头。——不多工夫,已经全在肚里了,却全忘了什么味;面前只剩下一张空盘。①

"蘸血的馒头"经过这样的过程:蘸血——黑色——白面。馒头原先是蘸血的,被烤焦后准备被食用,而最后发现,除了皮焦了之外,它只是白面馒头而已。馒头由恐怖的意象转变成了滑稽的意象。华老栓买来的所谓"包治"痨病的"药",其最终就只是一个焦了皮的馒头,其本质就是白面馒头。在滑稽讽刺的话语之下,我们还必须知道,这个白面馒头的恐怖之处,就是买它需要一个生命走向死亡,顿时滑稽感就变成了恐惧感,充满了怪诞的气氛。

华小栓患痨病意味着"病患意识"和"死亡意识",而"病患意识"的终极便是死亡。可见这又是一篇表现死亡过程的演剧。而最终华小栓并没有因为蘸血的馒头而存活下来,还是默默地走向了死亡的坟墓。鲁迅通过"痨病"这个丑恶的病原载体,以"蘸血馒头"这个既滑稽又恐怖的纽带,描述了死亡的轨迹,何等的怪诞。

从《狂人日记》精神上的"吃人"到《药》现实中的"嗜血",鲁迅鲁迅以怪诞的美学意识传达出死亡的恐怖感以及窒息感。死亡意识成为了鲁迅极力阐释的主题意识,而死亡的过程充满了讥讽和恐怖,其实是鲁迅在审美上的焦虑,这种的焦虑迅速的传达了鲁迅的社会意识,在对传统社会批判的同时,指出了国民的愚昧和卑劣,而在所有的一切都被埋没于怪诞恐怖的气息中,精神和现实的双重世界里,充满了"吃人"的血腥。

(三) 死亡母题之死亡的末路——"断头"

"断头",即砍头。显然是以死亡作为终结点,而实现的方式采取的是肉体的断裂。鲁迅描写"砍头"场景是由一张幻灯片开始的。一群中国人围观日本士兵砍杀一位中国间谍,围观者的麻木不仁确实使鲁迅为之一惊,但是值得注意的是鲁迅对"断头"事件本身的认识和看法。著

---

① 鲁迅:《药》,《鲁迅全集》第一卷,北京:人民文学出版社,1981年。

名学者王德威教授认为："在身首异处的中国人的身体上看到了心与身、身体与语言、文化的重整与国家的重建之间环环相扣的象征意义。"① 可见，这里通过身体的断裂，强调了文化重整和国家重建的必要性，不仅再是肉体的分离，更是精神上的断裂，最终会是文化的断裂。

首先，考察鲁迅有关"断头"情节的叙述。在《呐喊》、《彷徨》两集中，直接或是间接的表达"砍头"情节的作品涉及三篇——《药》、《示众》和《阿Q正传》。这三篇小说都没有很具体的点名砍头的情境，基本是间接的表现出来。

《药》这一篇小说是以革命党人秋瑾女士为人物创作模型的，以砍头为契机，以蘸血馒头为纽带，一方面体现了革命党人牺牲的徒劳、国民的麻木愚昧；另一方面也是表现了对血腥、死亡的恐怖和迷恋。在前文也已经详细的阐释了有关恐怖氛围的设计，和极端的表现手法，这里无需赘言。故事以"砍头"事件开始，无疑已经将小说气氛的主调设计为阴森、血腥、恐怖和死亡。鲁迅对死亡的执著和迷恋，同时又表达了国民的无可救药性，使得鲁迅处在极为矛盾的境地，而这种矛盾有似乎无从解决。一方面要揭露丑恶，驱赶丑恶；一方面又无从下手，以至于近乎绝望的感受。以一种怪诞的表现形式来重创读者的审美神经，在两难的矛盾中，使得读者进行更深刻的思考。

以"砍头"为创作主题的还有名作《阿Q正传》。对于阿Q和乡里人来说，砍头是一个盛举，是"好看"的表演，最重要的是，他们认为砍头是"好汉"的死法。这样的想法和观点现在看来是多么的血腥和恐怖。他们没有意识到砍头的死亡向度，而是将砍头作为观看的表演内容，甚至作为评判人性的指标。在表现害怕之余，还表现出难得的亢奋和惊奇，是何等的怪诞。这种恐怖，甚至有点滑稽的叙述方式，使得读者不得不进行再思考，这是一种惊悚的大众娱乐。而故事的恐怖效果的制造

---

① 王德威：《历史与怪兽——历史，暴力，叙事》，台湾：麦田出版，2011年，第25页。

怪诞·恐怖·死亡

还不仅止于此,当阿Q成为主角的时候,乡民的表现也是让人大跌眼镜:

> 至于舆论,在未庄是无异议,自然都说阿Q坏,被枪毙便是他的坏的证据:不坏又何至于被枪毙呢?而城里的舆论却不佳,他们多半不满足,以为枪毙并无杀头这般好看;而且那是怎样的一个可笑的死囚呵,游了那么久的街,竟没有唱一句戏:他们白跟一趟了。①

首先,阿Q的死法是被枪毙的,这很明显不是阿Q想死的方式,他认为砍头才是英雄好汉的死法,这也许是他内心中的遗憾。另外,鲁迅通过乡里人,即看客的反映表现了其社会意识。乡里人不为阿Q的死表示惋惜,更不用说是做出害怕、恐怖的反映,相反,他们不满足于阿Q被枪毙而不是砍头,认为是没有砍头好看的,甚至于最后说"白跟一趟了",可见,民众是何等的冷酷无情,何等的麻木不仁。从创作向度,我们也发现,鲁迅是何等的执著于以极端的形式来表现人物和小说的内容。可以说,是以怪诞的、恐怖的、极端的笔触来刺激人们的神经,是不是也可以认为,鲁迅本身就是极为矛盾和极端的。

《彷徨》中的《示众》一篇是极为特别的。它没有直接提到砍头的字眼,没有明显的表达示众这个行为动作,而是完全通过民众的反映和看客的动作表情来表现死亡主题的。而这里的死亡主题有所超越,上升至精神层面的断裂。

这篇小说篇幅不长,开始提到挂刀的巡警拴着一个罩白背心的男人示众,那可推断这是一名犯人,并且会被处死(一般来讲,只有被处死刑的人,才有可能游街示众)。至此,鲁迅就具体的描述周边看客的表情、神态、动作,所有的人争先恐后,见缝插针似的进行了"占位看戏"式的抢占行为。他写道:

---

① 鲁迅:《鲁迅全集》第一卷,北京:人民文学出版社,1981年。

刹时间，也就围满了大半圈的看客。待到增加了秃头的老头子之后，空缺已经不多，而立刻又被一个赤膊的红鼻子胖大汉补满了。这胖子过于横阔，占了两人的地位，所以续到的便只能屈在第二层，从前面的两个脖子之间伸进脑袋去。①

可以发现，围观者之多，对示众，或是砍头事件的热衷，对血腥、恐怖，甚至是死亡的沉迷，揭示了一种畸形的心态。看客们已经不能从日常生活中寻找到自己的寄托，非要等到砍头或者被砍时，才能露出一点儿欢快的情绪，已经只能从肉体的分离和断裂中发泄情感。看客们怡然自得的神态，足以让鲁迅大为讽刺。

砍头、鲜血、死亡的场景给予我们感官上无限的刺激，无疑会诱发恐惧感，但是同时也离奇的展现了国民们的好奇心和兴奋感，颠覆了死亡的庄严性和恐惧性，死亡在恐惧和兴奋中变成了一场闹剧。刑场就成为这场闹剧的舞台，而看客成为这场闹剧的演员和观众。

综上所述，鲁迅在创造一个情境，以滑稽的、极端的、恐怖的、死亡的方式来表现这个情境，这些情境的载体都具备这滑稽的成分，"狂人"的变化无常、阿Q的癞头皮、"人血馒头"作为"良方"（而本质却还只是白面馒头）、"白光"照射的骷髅下巴露出的微笑等等，在故事里充满了阴森、血腥、恐怖和焦虑，通过怪诞的手法刺激到读者的神经，鲁迅传达了对身体断裂的虚无感，从现实中抽离的紧迫感，通过现实中诡异的局面来寻求从肉体到精神上的改造。从身首异处的身体，精神的分裂，畸形的社会形态来体现了文化的断裂，表现了身体形式和意识形态上的断裂，而解决这种断裂就是当务之急。

四、结论

审美意识作为观念形态的社会意识，是随时代的变化而变化的。一

---

① 鲁迅：《鲁迅全集》第二卷，北京：人民文学出版社，1981年。

一般来说，看到审美意识具有时代特征、时代差异，还是不难做到的。歌德讲过："时代给予当时的人的影响是非常大的"（《歌德自传》），主张联系自然环境和社会背景揭示文学的发展过程；黑格尔在他的《美学》中也讲到"每种艺术作品都属于它的时代和民族"这样的观点。① 审美意识一方面体现了著者的意志，一方面也是社会发展状况的体现。从审美意识去寻求和认识著者的社会意识会更加深刻。

本文引用了怪诞艺术来管窥鲁迅的小说集，试图深刻了解鲁迅所要传达的社会意识。怪诞不仅是一种艺术风格，它也具有一种艺术精神。怪诞往往以一种滑稽的，或是丑恶的东西以反映丑恶，可见它其实是以本身来反观其身的，所以是具备很强的真实性的。鲁迅在其小说集子中以死亡来诠释恐怖，以恐怖来体现怪诞，再议怪诞艺术来反观丑恶，这是一个循环的过程。

怪诞艺术是一种极强的视觉艺术，它直接将形象具体化、场面化，以最直观的形象展现出来。鲁迅在传达国民性问题的时候，正是以这种以丑说丑，以恶显恶的方式表现出来的。鲁迅以身体、血腥、死亡为母题，传达了恐怖的、极端的、愤怒的情感。以身体的断裂、死亡的阴森传达了审美的焦虑，而这种焦虑转化为对文化断裂的深思。身体的断裂无疑是象征"身首异处"的国家，而这个国家的国民都伸长着脑袋，观看同胞"被杀"，也在扮演"杀人"的合伙人形象。

从"月光"的阴森，到"蘸血的馒头"，再到"断裂的头颅"，恐怖和死亡一直伴随左右，再读鲁迅的小说集，我们也不难发现，大部分的小说都是沉浸于这样的氛围里。先生用这样怪诞的手法传达什么呢？

第一，国民奴隶性的根深蒂固。姑且不提面对他人的死亡时的无动于衷，为了获得神经上的刺激和精神上的愉悦，他们甚至希望有人面对死亡，或是自己直接成为刽子手。这一点是十分可怕的，因为这表明文

---

① 高若海：《鲁迅论审美意识的时代差异》，《纪念鲁迅诞生一百周年论文集》，复旦大学出版社，第254—255页。

化的断裂。肉体的丧失转变为精神的丧失，死亡也已经超越了肉体的界限，上升到社会已死，人格已死的层面。鲁迅则期望能出现"先死后活"的奇迹，先要将传统除尽，才有可能进行人格的复位和精神、文化的重建。

第二，死亡并不是末路，而是开始。基本所有的小说都散发着死亡的气息，死亡是恐怖的，意味着生命的结束，但是并不指向精神的灭亡，而这也就是鲁迅所指向的。鲁迅"呐喊"的是期待精神的觉醒，"彷徨"的是担心民魂的沦丧。所以这种血淋淋的死亡也许能促动昏迷的民魂，激起沉睡的精神意识。

第三，"救救孩子"。鲁迅每一篇的死亡的指向都是对现一代看客的失望和愤怒，如何拯救孩子，只有从社会的根基改起，现一代的人要存有"有罪意识"和"赎罪意识"，进行"自我脱离"达到传统精神上的死亡。否则，吃下"蘸血的馒头"挽救不了孩子，还不如从自我"断头"开始，从根本上解决社会问题，先死而再生。

鲁迅作为中国文学的代表，还有很多方面需要和值得关注。本文从怪诞艺术的审美意识出发，考察分析了鲁迅小说集子中的怪诞成分，通过对怪诞成分的再探究，试图深刻的揭示出鲁迅所要传达的社会意识。当然，以怪诞的审美意识来表现社会意识也不仅止于鲁迅，也不仅止于鲁迅的小说集子之中，所以还有许多空间值得我们再探究。

参考文献

《鲁迅全集》第一卷，北京：人民文学出版社，1981年。

《鲁迅全集》第二卷，北京：人民文学出版社，1981年。

《纪念鲁迅诞生一百周年论文集》，复旦大学出版社，1981年。

周遐寿：《鲁迅小说里的人物》，人民文学出版社，1981年。

刘再复：《鲁迅美学思想论稿》，中国社会科学出版社，1981年。

乐黛云编：《国外鲁迅研究论集（1960—1980）》，北京大学出版社，1981年。

王德威：《历史与怪兽——历史，暴力，叙事》，麦田出版，2011年。

[美]夏志清：《中国现代小说史》，香港中文大学出版社，2010年。

钱理群、温儒敏、吴福辉：《中国现代文学三十年》，北京大学出版社，2000年。

[德]沃尔夫冈·凯泽尔：《美人与野兽：文学艺术中的怪诞》，华岳文艺出版社，1987年。

[美]菲力普·汤姆森：《怪诞》。哈尔滨：北方文艺出版社，1988年。

[法]雨果：《雨果论文学》，上海：上海译文出版社，1980年。

[日]丸山升：《鲁迅》，平凡社《东洋文库》，1967年。

李梦：《论视觉艺术中的怪诞——一种文化心理学的解读》，博士论文，2004年。

蒋丽：《怪诞艺术的审美形态特征研究》，硕士论文，2011年。

项久才：《美的一种形式：怪诞——以莫言小说为例》，硕士论文，2007年。

李冬东：《明治时代"食人"言说与鲁迅的〈狂人日记〉》，《文学评论》，2012年。

[日]伊藤虎丸：《〈狂人日记〉——"狂人康复的记录"》，乐黛云编：《国外鲁迅研究论集（1960—1980）》，北京大学出版社，1981年。

高若海：《鲁迅论审美意识的时代差异》，《纪念鲁迅诞生一百周年论文集》，复旦大学出版社，1981年。

杨朴：《"恨"与"梦"中的童年情结——〈药〉"看与被看"的精神分析》，《小说丛论》，2012年。

吕文君、陆亚芳：《鲁迅的看客》，《小说丛论》，2000年。

谭英：《说不尽的狂人（一）——从思想意识的现代性解读〈狂人日记〉的经典性》，《小说丛论》，2011年。

耿传明：《"狂人"形象的文化源流与五四新文学的文化气质》，《南京师大学报》，2012年。

周令飞:《鲁迅为现代中国文化确立"立人"方向》,《鲁迅研究月刊》,2011年。

颜翔林:《死亡美学》,上海人民出版社,2008。

刘法民:《怪诞艺术美学》,2005年。

王晶蕊:《论南方文学的哥特式怪诞》,《北方文学》(下半月),2010年第2期。

韩加明:《简论哥特小说的产生和发展》,《国外文学》,2000年。

(韩国水原大学中文系　助理教授)

鲁迅的"生命意识"研究[①]

洪昔杓

一、序言

由于世界是按照人类的理想而逻辑化、格式化、体系化、概念化的,所以作为概念指示作用的记表("能指者")与世界本身的记忆("所指者")之间总是存在着不一致和隔阂。认识和世界"之间"就如不断滑行的语言的符号空间。德国近代哲学家尼采批判了由于逻辑的理性捕捉而造成的对世界认识的狭隘和贫乏,主张将世界扩张到隐喻的空间。尼采所要尝试的是,用隐喻的认识而非概念的认识,用审美的理性而非逻辑的理性来认识流动的、生成的世界的一种可能性。事实上,人类和自然是在巨大的、有机体的世界——生命流动的世界中生存着。人类只是为了自身的生存,将它理性化、范畴化,并借着理性的语言对其进行概念化、体系化、人性化的解释。特别是左右近代思想的西方近代思想,将不断流动、生成、变化的世界,按照理性将其抽象化,并用真理的名义将其概念化、绝对化,从而失去了世界流动、生成的本来面目。这就是说,对于世界的生命哲学的思维是非常迫切需要的。

---

① This work was supported by Korea Research Foundation Grant(2001 年度大学教授海外派遣)。

虽然鲁迅是以西方近代思想为基础开展文艺活动，批判中国封建文化和思想，但实际上，他早已先于他人意识到了西方近代思想的局限性。尤其是他对"生命"具有火热的爱和执著，就这一点，中国鲁迅研究家钱理群曾指出"正是'生命哲学'构成了鲁迅区别于同时代的其他中国思想家的独特之处的一个重要方面"。① 笔者也同意这一见解，并认为只有"生命意识"才是理解鲁迅思想本质的重要方面，它为解开鲁迅思想中存在的各种"矛盾结构"提供了重要的依据。

众所周知，鲁迅文艺活动的开始与改造中国人的国民性有着直接的联系。这也是当时的时代精神。只是鲁迅的国民性改造方面的突出特点是，它不仅仅反映了当时的时代精神，而且其内涵不断地扩展到探求如何"立人"和不断寻求"真的人"的存在方式的领域。那么，如果说探求如何"立人"和寻求"真的人"的存在方式是鲁迅文艺活动的主要课题的话，鲁迅所认识到的"人"是怎样的一个存在呢？鲁迅认为"人"的存在是"生命"的主体。由于鲁迅认为"人"是生命的主体，所以他能够同时追求"人"的肉体（欲望）和精神的解放，从而企划生命的真正解放。

本篇论文将主要分析鲁迅思想中与生命哲学的思维有深刻关联的主要概念语"死亡"和"朽腐"、"坟"、"无所有"和"无"。并在此基础上探讨鲁迅的生命意识。我们研究某一对象，首先是为了客观地揭开这一对象的本质。但如果这种研究不能给我们提供现实的意义，那它就变为毫无意义的研究了。对某一对象的研究早已包含了这个对象现实的"意义化"工作，人们总希望这样的意义化工作在我们的意识当中结构化，从而改变我们生活的形态。因此，对鲁迅生命意识的考察，是试图接近鲁迅思想本质的方法之一，同时也是为改进我们当今生活状态以求占据精神史上据点的一项工作。

---

① 钱理群：《走近当代的鲁迅》，北京大学出版社1999年版，第70页。

二、"死亡"和"腐朽"

鲁迅在日本留学时期中途弃医从文,作为转向文学的第一环节所做的策划就是杂志《新生》的发刊。关于此杂志的发行,鲁迅本人曾经这样说过:"名目是取'新的生命'的意思,因为我们那时大抵带些复古的倾向,所以只谓之《新生》。"① 并在编撰准备刊登于《新生》的稿件时,在其青年时期的代表性论文之一《摩罗诗力说》文章的开头采用尼采的话"新生之作,新泉之涌于渊深,其非远矣"②,表明了自己对"新生之作"的热望。正是这样,鲁迅的文艺活动从一开始就与"新生之作"有着很深的联系。

鲁迅在他创作活动最为旺盛的时期——1925年的时候,也仍没有忘记对"新生之作"的思考。对"恃着固有而陈旧的文明,害得一切硬化,终于要走到灭亡的路"③ 的中国,鲁迅期盼着其能有"彻底的改革",他这样说道:"说到中国的改革,第一著自然是埽荡废物,以造成一个使新生命得能诞生的机运。"④ 他是在继续热望并强调"新生之作"。

反对"复古"倾向,扫荡"废物",为"新生命"开辟道路,鲁迅这种思维是基于什么呢?这当然是基于生物学的进化论。他是这样说明"进化之路"的:

> 进化的途中总须新陈代谢。所以新的应该欢天喜地地向前走去,这便是壮,旧的也应该欢天喜地地向前走去,这便是死;各各如此

---

① 鲁迅:《呐喊·自序》,《鲁迅全集》第一卷,人民文学出版社1981年版,第417页。(本文所引鲁迅文章均引自这一版本)
② 鲁迅:《坟·摩罗诗力说》,《鲁迅全集》第一卷,第63页。
③ 鲁迅:《译文序跋集·〈出了象牙之塔〉后记》,《鲁迅全集》第十卷,第243页。
④ 鲁迅:《译文序跋集·〈出了象牙之塔〉后记》,《鲁迅全集》第十卷,第244页。

走去,便是进化的路。①

根据"新陈代谢"的原理,"新的"或者"旧的"都向前发展。但它们前进的目标却是不同的,前者是向着"壮",后者是向着"死亡"。通常观念上"死亡"是悲剧性的事,但在进化的道路上它却能带来欢欣,因为"新的"变为"壮"是通过"旧的""死亡"来实现的。没有"旧的""死亡","新的"就没有"壮"起来的保障。"新生之作"已包含了"旧的""死亡",在进化的征程中生命的"诞生"和"死亡"是同时进化的现象。

在此我们可以发现,鲁迅这种"死亡是不可回避的本分,不能不积极接受,生命的诞生和死亡是同时性的现象"的思想,没有局限于单纯反映进化论思想,而是与生命哲学的思维有着很深的联系。

现代哲学是以反叛普遍、无限和永恒而开始的。反叛的先行者是克尔凯郭尔,他哲学观点的基础是与笛卡尔的"思维的确实性"相对比的"死亡的确实性"。根据海德格尔的观点,正是死亡使人更像人,人不得不面对死亡,这属于人的本质。所以作为结论,死亡和人类是有着不可分割的关系的。但往往作为个体的人,他的心理总是想要把死亡与自己分离开来,并且,即便经验到他人的死亡时,也仍想把死仅当作他人的问题,即当作与自己无关的问题。人总是想把死亡从生活中排除掉。鲁迅识破了人类的这种心理,强调生物学的"生命的个体,总免不了老衰和死亡"②的原理,揭开了人的本质,即"死亡的确实性"。当我们肯定人的这种本质时,就能认同为了"新生之作","旧的"必然要"死亡"的论点,不可能不积极地接受这种"死亡"。

鲁迅意味深长地将这种生命和死亡的关系用诗的语言表现了出来。散文诗集《野草》中饱含着关于生命和死亡的生命哲学韵味,在其《题辞》中,他运用"死亡"和"朽腐"的概念告诉人们何为真正的生命

---

① 鲁迅:《热风·随感录 四十九》,《鲁迅全集》第一卷,第338—339页。
② 鲁迅:《坟·我们现在怎样做父亲》,《鲁迅全集》第一卷,第131页。

过程。

> 过去的生命已经死亡。我对于这死亡有大欢喜,因为我借此知道它曾经存活。死亡的生命已经朽腐。我对于这朽腐有大欢喜,因为我借此知道它还非空虚。①

根据上文,生命的"死亡"之所以带来"大欢喜"是因为它能证明其生命的存在,死亡的生命的"朽腐"之所以带来"大欢喜"是因为它能证明存在的价值。生命正是这样依次经历"新的生命→死亡→朽腐",从而同时性地实现存在的证明和存在价值的证明。真正的生命的过程应该是同时性地实现存在的证明和存在价值的证明。因此,生命不是在"死亡"中完结,而是在"朽腐"中完结。

鲁迅用具体实物"野草"的生命过程,将真正的生命过程形象地表现了出来。"野草,根本不深,花叶不美,然而吸取露,吸取水,吸取陈死人的血和肉,各各夺取它的生存。当生存时,还是将遭践踏,将遭删刈,直至于死亡而朽腐。"② 把其它同伴的腐朽当作养分"夺取生存"而长大的"野草",再经历"死亡而朽腐",把自己变成下一批生存者的养分。从个体的角度来看,野草的死亡是遗憾的事,但通过这种"朽腐",孕育新的生命,为延续"类的"生命提供了保障。因此,对于"野草"的死亡和腐朽,鲁迅说:"但我坦然,欣然。我将大笑,我将歌唱。""野草"被描述为同时实现存在证明和存在价值的证明(即实现真正的生命过程)的理想形象。在这一点上,散文诗集《野草》浓缩了"野草"的理想的生命过程,最为集中表现了鲁迅的生命意识。

以此同时,鲁迅的关注并不局限于生物学的生命现象,而是扩展到精神的生命现象。

> 生命的路是进步的,总是沿着无限的精神三角形的斜面向上走,

---

① 鲁迅:《野草·题辞》,《鲁迅全集》第二卷,第159页。
② 鲁迅:《野草·题辞》,《鲁迅全集》第二卷,第159页。

什么都阻止他不得。

自然赋与人们的不调和还很多，人们自己萎缩堕落退步的也还很多，然而生命决不因此回头。无论什么黑暗来防范思潮，什么悲惨来袭击社会，什么罪恶来亵渎人道，人类的渴仰完全的潜力，总是踏了这些铁蒺藜向前进。

生命不怕死，在死的面前笑着跳着，跨过了灭亡的人们向前进。①

这里所指的生命不是个体的生命，而是"类的"概念上的生命。死亡虽是个体生命的终结，但由于存在遗传基因重新组合的可能性，是"种"存活的最好的选择，所以生命跨越个体的死亡向前进。并且这种生命超越生物学的生命现象，升华为"沿着无限的精神三角形的斜面向上走"的精神的生命现象。在这一点上，鲁迅的"生命哲学"的思维与伯格森的生命意识是相通的。伯格森对生命和"精神能量"是一视同仁的。生命在看似败落的地方，迎着与物质强求的自然不同的方向，必定要前进并壮大。生命踏着反复和死亡的障碍，最终取得胜利。

鲁迅通过《野草》的"过客"，把精神上升华的真正生命过程的实践形象地体现了出来。当"翁"说："我想，还不如休息一会的好罢，像我似的。""过客"回答："我只得走了。况且还有声音常在前面催促我，叫唤我，使我息不下。""有声音常在前面催促我，叫唤我"，这"声音"就是生命所呼唤的来自里面的隐秘的声音，而这就是生命力。这生命力是与"在比密密层层地爬在墙壁上的槐蚕更其密的血管里奔流，散出温热"的"鲜红的热血"②的属性相同的。"过客"因倾听了这种生命力的声音，所以觉悟到应该继续前进。与充耳不闻生命里面的声音，停滞不前的"翁"不同，"过客"因侧耳倾听这种声音，而能够继续前进，完成精神上真正升华的生命过程。

---

① 鲁迅：《热风·生命的路》，《鲁迅全集》第一卷，第368页。
② 鲁迅：《野草·复仇》，《鲁迅全集》第二卷，第172页。

三、"坟"

鲁迅收集了自己自 1907 年初次开展文学活动到 1925 年创作活动最为旺盛时期为止完成的代表性杂文,以"坟"为题目出版。在相当于杂文集后记的文章《写在〈坟〉后面》中,鲁迅按照自己的见解解释了"坟"的含义。到那时为止,鲁迅虽不知自己做的是什么,但能够肯定自己的行为是在筑台暴露死亡,或者说是挖坑埋葬自己。同样,虽不知路怎么走,但能够肯定有一个终点——那就是坟,而问题只是在于不知从这儿到那儿的路。根据鲁迅这种陈述,死亡(在台上暴露死亡)和坟(挖坑埋葬自己的行为),事实上是相同的意思。如果有区别,那么区别仅是,"死亡"是更为抽象的概念,而"坟"是比较具象的概念。因为,如果"死亡"是生命过程的一个方面,那么"死亡"的具象表现"坟"也是生命过程的一个方面,所以,通过分析"坟"的含义,我们就可以向鲁迅的"生命意识"更靠近一步。

鲁迅在《写在〈坟〉后面》中所表明的"坟"意识,在《野草·过客》中已经形象地描述出来了。"过客"表示"我就要前去",其对话如下:

客:……老丈,你大约是久住在这里的,你可知道前面是怎么一个所在么?

翁:前面?前面,是坟。

客:(诧异地,)坟?

孩:不,不,不的。那里有许多许多野百合,野蔷薇,我常常去玩,去看他们的。

客:(西顾,仿佛微笑)不错。那些地方有许多许多野百合,野蔷薇,我也常常去玩过,去看过的。但是,那是坟。①

---

① 鲁迅:《野草·过客》,《鲁迅全集》第二卷,第 190 页。

"过客"要前去的方向正是"坟"。那地方也如"女孩（孩）"的话，有许多野百合、野蔷薇，看似华丽，但那也只是坟。这段话明确指出了这个想要实现真正生命过程的"过客"前进的方向或者终点，其实是"坟"。也就是说，生命最终的终点就是坟。

然而，鲁迅没有说生命过程的方向和终点是"死亡"，而是用比较具象、形象的表现形式"坟"来表示的理由是什么呢？我们在《野草·墓碣文》中可以发现解释这个理由的线索。

在墓碑后面"上无草木，且已颓坏"的"孤坟"中躺着的尸体的形象是这样的："即从大阙口中，窥见死尸，胸腹俱破，中无心肝。而脸上却绝不显哀乐之状，但蒙蒙如烟然。"① 如果"死亡"是生命存在的证明，"腐朽"是存在价值的证明的话，坟中的尸体是处于尚未完成"朽腐"的、没有真正实现存在价值的证明的状态。在这里，生命的含义不仅包含了生物学范畴的生命现象，而是扩展到了包含精神的生命现象。胸腹、心肝等生物学的生命现象已经腐朽，能够实现存在价值的证明，但脸却依然未能腐朽，以"蒙蒙如烟然"的状态，未能完成存在价值的证明。如果精神的生命现象也最终能够完成"朽腐"，那么，就是真正实现了存在价值的证明了。正因如此，"死尸已在坟中坐起，口唇不动，然而说"——

"待我成尘时，你将见我的微笑！"②

当"我"成尘的瞬间，即完成精神生命现象的"朽腐"的瞬间，存在价值的证明便完成，生命便可以带着"微笑"完结自己的生命过程。待"我"成为尘土时，生命过程便完结，颓毁的、有大阙口的坟终于可以成为关闭的坟，预备新生命的诞生。

1925 年，鲁迅编撰自己从 1918 年到 1924 年所写的杂文集《热风》，当他听到周围的人称赞其文章仍具有现实意义，反倒觉得悲哀，说："我

---

① 鲁迅：《野草·墓碣文》，《鲁迅全集》第二卷，第 202 页。
② 鲁迅：《野草·墓碣文》，《鲁迅全集》第二卷，第 203 页。

以为凡对于时弊的攻击，文字须与时弊同时灭亡，因为这正如白血轮之酿成疮疖一般，倘非自身也被排除，则当它的生命的存留中，也即证明着病菌尚在。"① 正如白血轮与病菌一同死亡，变成脓一样（腐朽），当个体生命的"死亡"和"朽腐"同时实现，就能够保障"类的"生命的持续性。因此，攻击时弊的文章，应该与时代的弊病一同灭亡。

正如坟墓中的尸体及白血轮启示我们的那样，"死亡"只局限于证明生命的存在，存在的价值证明仍未能实现。而为了实现通过"朽腐"的价值证明，就需要有"朽腐"的空间表现形式"坟"这种具象的形象。鲁迅没有说生命的最终终点是"死亡"，而是"坟"的原因正是在于此。"坟"的生命哲学意义也正是在于此。

可是，当遇到现实不能容纳这种证明生命的存在价值的"朽腐"，即现实阻挡真正的生命过程中实现时，对这种现实的反抗就是必然的。鲁迅文章中"叛逆的猛士"或"战士"就是对不能容纳"朽腐"的现实进行抗争的一个形象。

> 叛逆的猛士出于人间；他屹立着，洞见一切已改和现有的废墟和荒坟，记得一切深广和久远的苦痛，正视一切重叠淤积的凝血，深知一切已死，方生，将生和未生。他看透了造化的把戏；他将要起来使人类苏生，或者使人类灭尽，这些造物主的良民们。②

"废墟"或"荒坟"与《墓碣文》中的"已颓坏"的"孤坟"没有什么不同。"废墟"是生命过程停止的地方，"荒坟"是尚未完成"朽腐"的坟。"废墟"和"荒坟"的景况是，它不仅不能真正实现存在的价值证明，而且它是连生命过程也停止的世界。所以，"叛逆的猛士"出来，为复原和实现真正的生命过程，不得不使人类苏生或灭尽。真正的生命过程，是通过"死亡"和"朽腐"孕育新的生命，因此所谓的"苏

---

① 鲁迅：《热风·题记》，《鲁迅全集》第一卷，第292页。
② 鲁迅：《野草·淡淡的血痕中》，《鲁迅全集》第二卷，第221—222页。

生"是"灭尽"后的苏生,"灭尽"是以"苏生"为目的的灭尽。"苏生"和"灭尽"是同一生命过程的两个方面。因此,"朽腐"的空间表现形式"坟",可以说,是"灭尽"和"苏生",即消灭和生成这同一生命过程的两个方面的生命哲学的概念。

虽然坟是为了继续哀悼过去的或者死的东西而建成的构筑物,但对鲁迅来说,它是"死亡"和"朽腐",即同时意味着生命的存在证明和价值证明的具体形象,意味着消灭和生成这种同一生命过程的两个方面。这样,"坟"是死和生的统一体,更进一步地,可理解为是过去和未来的统一体,而其中包含的不是虚无或消极的形象,而是包含着生成、生、未来等积极的形象。我想,鲁迅为自己的杂文集取名"坟"的理由正是在于此吧。鲁迅在《写在〈坟〉后面》中说:"惟愿偏爱我的作品的读者也不过将这当作一种纪念,知道这小小的丘陇中,无非埋着曾经活过的躯壳。待再经若干岁月,又当化为烟埃,并纪念也从人间消去,而我的事也就完毕了。"[1] 在鲁迅看来,《坟》只是他在走向坟的过程中,自己的"纪念"、"躯壳"和"陈迹"罢了。它只是用生命交换的过去的痕迹,然而就连这也是化为烟埃,消失的所在。但是,如果《坟》能够真正"化为烟埃"完成"朽腐",那么,这就等于是实现了消灭和生成的真正的生命过程。

四、"无所有"和"无"

在一个人死后,能够对其人生或思想最为概括表现的事物是什么呢?我觉得坟前所树立的墓碑可能就是其一。《野草·墓碣文》中是这样写的:

……于浩歌狂热之际中寒;于天上看见深渊。于一切眼中看见

---

[1] 鲁迅:《坟·写在〈坟〉后面》,《鲁迅全集》第一卷,第287页。

无所有；于无所希望中得救……①

通常，《野草》被公认为是最能体现鲁迅内心的精神世界的文章，而这篇《墓碣文》，可以说是最为集中表现鲁迅所达到的人生境界和思想深度的文章。那么，鲁迅所达到的人生境界和思想深度是怎样的呢？根据这篇《墓碣文》，鲁迅通过冷静的客观认识（"于浩歌狂热之际中寒"），达到了洞察（觉悟）的地步（"于天上看见深渊"），并由此获得"无所有"的思想（"于一切眼中看见无所有"），达到没有希望中得救（"于无所希望中得救"）的境界。在这里，洞察的内容"无所有"的思想是什么呢？因这一部分极易产生误解，认为鲁迅表现的是虚无主义的思想，也由于这一部分与鲁迅的生命意识有着深刻大联系，所以不能不分析其含义。

在《写在〈坟〉后面》这篇文章中，鲁迅这位勇敢走向"坟"的人，表示送给偏爱自己的读者的，最好倒不如一个"无所有"，他说："我就怕我未熟的果实偏偏毒死了偏爱我的果实的人，……心里想：对于偏爱我的读者的赠献，或者最好倒不如是一个'无所有'。"② 欲送给读者的礼物"无所有"正是《墓碣文》中表现的洞察的内容。因此，通过分析"无所有"的含义，能够在一定程度上看出洞察的内容"无所有"的思想。

"无所有"作为礼物，被鲁迅说为是"未熟的果实"，怕偏偏毒死"偏爱我的读者"，但这只是谦词罢了。从这里可以看出他不想偏执于自己的价值和绝对性的意图。从这一点上，可以说"无所有"是否定价值的绝对化，将价值相对化的一种概念。在《影的告别》中，作为"影子"的"我"，向"朋友"窃语："你还想我的赠品。我能献你甚么呢？无已，则仍是黑暗和空虚而已。但是，我愿意只是黑暗，或者会消失于你的白天；我愿意只是空虚，决不占你的心地。"③ "我"的礼物是

---

① 鲁迅：《野草·墓碣文》，《鲁迅全集》第二卷，第202页。
② 鲁迅：《坟·写在〈坟〉后面》，《鲁迅全集》第一卷，第284页。
③ 鲁迅：《野草·影的告别》，《鲁迅全集》第二卷，第166页。

"无",与"黑暗"和"空虚"等同。"我"所能给的礼物是消失于"你"将来的白天的东西,即"黑暗",并且从"你"将来的立场看是不满意的,因而是"虚空"的东西。现在的"我"是将来死亡、腐朽、消失的存在,因此,我的礼物只能是"无"。"我"所以以"影"的形象表现,也是因为"我"是应该消失的、可变的、相对的存在。所以,作为礼物的"无所有",与"无"的意思是相同的,是不断将自己的价值相对化,否定其绝对化的某种精神态度。

在《野草·秋夜》中,枣树被描写为"一无所有的干子"这样一个形象。这里,枣树是"无所有"的结晶体。如果说枣树是鲁迅的自画像,作为鲁迅想要给予读者的礼物,"无所有"也许就是枣树的干子。枣树的干子进一步这样被描述:"却仍然默默地铁似的直刺着奇怪而高的天空,一意要制他的死命,不管他各式各样地眯着许多蛊惑的眼睛。"① 正如长着"一无所有的干子"的枣树,"直刺着奇怪而高的天空"一样,"无所有"是对现实的否定精神的结晶体。即"无所有"是对价值的绝对化进行否定的精神上的态度,意味着对强烈要求绝对化的现实的一种抗拒。

为了从生命哲学的观点上,理解鲁迅的洞察内容"无所有"的思想,让我们对与之类似的概念"无"的含义做一下更细致的分析。1925年,鲁迅期待着中国彻底的改革,曾这样发表过自己的历史观:

> 历史是过去的陈迹,国民性可改造于将来,在改革者的眼里,已往和目前的东西是全等于无物的。②

"已往和目前的东西"之所以成为"无物",是因为这些是"过去的陈迹"。对鲁迅而言,生命已从生物学的生命现象升华为精神的生命现象,因而,历史也一样具有了生命过程。正如真正的生命是通过"死亡"

---

① 鲁迅:《野草·秋夜》,《鲁迅全集》第二卷,第163页。
② 鲁迅:《译文序跋集·〈出了象牙之塔〉后记》,《鲁迅全集》第十卷,第244页。

和"朽腐"而孕育新生命一样，历史也是通过"死亡"和"朽腐"而重生。即在历史的进程中，瞬间的历史总是成为预备下一段历史的一个阶段，是以"朽腐"为前提的"无"。如用图表来表示，就是"历史的进程—［无］—〉"。为了新的历史的诞生，过去的历史（包括现在）应该完成"朽腐"，因此，也就等同于"无物"。"总之：逝去，逝去，一切一切，和光阴一同早逝去，在逝去，要逝去了。"① 鲁迅的陈述明确指出了历史的进程等同于"无物"。"无"的概念就是如此，是难于用我们的感觉捕捉或形象化的、体现瞬间的进程和过程的一个概念。并且，"无"作为生命或历史的进程中捕捉"瞬间"的一个概念，可以说是否定价值的固定化、绝对化的生命哲学的一个概念。

如果说"无"是否定价值的固定化、绝对化的生命哲学的一个概念，那么，它意味着对历史和现实有着强烈的否定精神。鲁迅曾引用易卜生作品中主人公 Brand 的话 "All or nothing!"（全部或者无）② 来表明过自己对社会改革的态度。这里，虽然"无（Nothing）"是与"全部（All）"相反的概念，但对"无"的选择，反倒是渴望"全部"的、与否定精神相关的悖论性的表述。下面一段文章是《影的告别》中"我"（即"影"）的告白：

> 有我所不乐意的在天堂里，我不愿去；有我所不乐意的在地狱里，我不愿去；有我所不乐意的在你们将来的黄金世界里，我不愿意去。
>
> 然而你就是我所不乐意的。
>
> 朋友，我不想跟随你了，我不愿住。
>
> 我不愿意！
>
> 呜乎呜乎，我不愿意，我不如彷徨于无地。③

---

① 鲁迅：《坟·写在〈坟〉后面》，《鲁迅全集》第一卷，第283页。
② 鲁迅：《热风·随感录 四十八》，《鲁迅全集》第一卷，第337页。
③ 鲁迅：《野草·影的告别》，《鲁迅全集》第二卷，第165页。

在这里,"我"否定了"天堂"、"地狱"及"黄金世界"。并为了不停滞,即为了持续前行,而连"你"都予以否定,选择了在"无地"中彷徨。那么,此时连"你"都被否定了的"无地"的世界是一个不断否定现实而前行的"瞬间"的世界。那不是一个实体的世界,而是一个体现不断否定"过程"的概念化的世界。也就是说,那是不断否定"你"这一现实的否定精神的概念化。这是因为"无"是否定固定化、绝对化的体现一种瞬间的过程或流动的生命哲学的概念。

《这样的战士》中作为战士的他"在无物之阵中大踏步走……/但他举起了投枪"。因为历史等同于"无物",所以"无物之阵"就是历史的现实世界。对于这样一个需要不断否定的"瞬间"的世界,也就是历史的现实世界的"无物之阵",战士便只有举起投枪。那么,彻悟的人就用"无"的方法或态度来施行他对现实的否定(超越),从而实现他的否定精神。《求乞者》中"我"是这样说的:"我将用无所为和沉默求乞……/我至少将得到虚无。"① 在这里,"无所为"和"沉默"是作为否定现实的方法或态度来出现的。因为正如"我"所说"我但居布施者之上,给与烦腻,疑心,憎恶"。这种方法和态度是通过"烦腻,疑心,憎恶"而获得的。而作为结果,"我"达到"虚无",即"无"的一种境地。

让我们看一下其他的文章。在《墓碣文》中有这样的一段描述:"而死尸已在坟中坐起,口唇不动,然而说——"死尸"口唇不动"而说话,形象地体现了死尸的否定精神达到了极限。此外,在《颓败线的颤动》中这样说"她于是举两手尽量向天,口唇间漏出神与兽的,非人间所有,所以无词的言语"。"非人间所有","无词的言语"也十分形象地体现了对现实的否定精神已达到了极限。"口唇不动,然而说"这一行为和"无词的言语"正是呼应"无所为"和"沉默"的同一意味的不同表现,是最大限度地实现否定精神的方法和态度。"无"也可以说是最大限度地实

---

① 鲁迅:《野草·求乞者》,《鲁迅全集》第二卷,第168页。

现"沿着无限的精神三角形的斜面向上走，什么都阻止他不得"的这一精神生命力的方法和态度。

五、结束语

鲁迅的生命意识是以"某一物种的生命的延续是以个体生命的有限性（死亡）为前提来实现"这样一种生物学的进化论为基础的。所以，鲁迅将生命的终点设定为"死亡"或"坟"。在此，鲁迅将"死亡"理解为存在的证明，强调其生命哲学的意义，同时，把"朽腐"理解为存在价值的证明，来强调其生命哲学的意义。并利用"朽腐"的空间表现形式"坟"这样一种形象化的表现形式，来加深体现"朽腐"的生命哲学的意义。"朽腐"的生命哲学的意义，是超越死亡、预备新生命诞生的阶段，意味着一个个体生命的真正的生命过程的完结。正因为这一点原因，"朽腐"的空间表现形式"坟"这一形象，在鲁迅的生命意识中占据重要的位置。鲁迅将"朽腐"的生命哲学的意义，用"坟"来形象地表现出来，也许是考虑到，在表现效果上，概念性思维趋于固定化、形式化，而活动的、相对的形象化思维相比之下更为奏效的原因。由于生命哲学的思维本身是向往活动的、相对的事物，因而，其表现形式也是在有实在结构、形象时更为有效。鲁迅洞察了"朽腐"的生命哲学的含义，达到"无所有"的思想境界。正如通过"无"的生命哲学的含义可知的那样，"无"的概念是在生命或历史的持续流动的长河中捕捉瞬间的一种概念，它体现一种不断否定价值的绝对化，不断否定历史和现实的精神。因此，在鲁迅文章中出现的"死亡"和"朽腐"、"坟"、"无所有"和"无"等，体现了他的生命意识，在这些形象和概念中，具有积极的含义。

在20世纪30年代，鲁迅曾说过，在西方神话中Prometheus"窃火给人""但我从别国里窃来的火，本意却在煮自己的肉的"。① 这说明鲁迅

---

① 鲁迅：《二心集·"硬译"与"文学的阶级性"》，《鲁迅全集》第四卷，第209页。

在继续实践着其"朽腐"的生命哲学的含义。并且,鲁迅说过:"其实革命是并非教人死而是教人活的。"① 鲁迅强调要将革命理解为生命过程的一个方面,也正是与他的生命意识有着深刻的联系。可以说,鲁迅的生命意识在他的全部思想中是构成其本质的部分,因而,对这方面的研究,能够为接近其思想的精髓开辟一条道路,并且能够进一步地扩展现时代我们对生命哲学思维的视野。

(韩国梨花女子大学中文系教授)

---

① 鲁迅:《二心集·上海文艺之一瞥》,《鲁迅全集》第四卷,第297页。

鲁迅思维模式的独特性试探

金河林

一、鲁迅评价的历史变迁

1918年5月，鲁迅的《狂人日记》在《新青年》上发表后，8个月之后，在《新潮》第1卷2号上，刊登了对《狂人日记》的评价。① 1930年出版的由李何林编辑的《鲁迅论》是第一本专门研究鲁迅的书。②从此到今，对鲁迅的评价与研究的历史是快要到一百年了。对于鲁迅的评价与研究，不同的时代，地区，人物都不一样，这就标志着鲁迅文学世界的多样性和多元性，而且意味着参考和理解鲁迅的思想和世界来，想追求和解决时代与自己个人的苦闷和问题。其中具有代表性的评价和研究是下面的文章。

A 鲁迅从进化论进到阶级论，从绅士阶级的逆子贰臣进到无产阶级和劳动群众的真正的友人，以至于战士，他是经历了辛亥革命以前直到现在的四分之一世纪的战斗，从痛苦的经验和深刻的观察

---

① 张梦阳：《中国鲁迅学通史》上卷，广东教育出版社2001年版，第43页。
② 李何林：《鲁迅论》，上海：北新书局1930年版。这本书里收录着关于鲁迅的23篇文章。

之中，带着宝贵的革命传统到新的阵营里来的。（1933）①

B 所以他在一九二五年以后，便几乎没有创作了。就在这种意味上，所以我愿意确定鲁迅是诗人，主观而抒情的诗人，却并不是客观的多方面的小说家。…（中略）…然而鲁迅不是思想家。…（中略）…他根底上，是一个虚无主义者，他常说不能确知道对不对，对于正路如何走，他也有些渺茫。（1935）②

C 而鲁迅，就是这个文化新军的最伟大和最英勇的旗手。鲁迅是中国文化革命的主将，他不但是伟大的文学家，而且是伟大的思想家和伟大的革命家。…（中略）…鲁迅是在文化战线上，代表全民族的大多数，向着敌人冲锋陷阵的最正确、最勇敢、最坚决、最忠实、最热忱的空前的民族英雄。（1940）③

D 是他加入"左联"，并充当它的领导者。但他的创作，却变为"杂感"。在这时期，他成为中共的留声机，也只有如此而已。（1941）④

E 一个世上颇流行的说法，说鲁迅的加入"左联"是鲁迅投靠中共，或向中共投降，其实这是不符真相而极为肤浅之谈。真相是中共预为布置的陷阱，对鲁迅有计划地成功。在鲁迅自己，他不但不认为自己向中共投降，也不认为自己被中共影响，反而觉得是自己的胜利，是敌人向自己投降了。（1976）⑤

---

① 瞿秋白：《〈鲁迅杂感选集〉序言》，《瞿秋白文集（文学编3卷）》，人民文学出版社1989年版，第95—123页。

② 李长之：《鲁迅批判》，上海：北新书局1935年版，第180—186页。

③ 毛泽东：《新民主主义论》，《毛泽东选集》第二卷，北京：人民出版社1969年版，第658页。

④ 郑学稼：《鲁迅正传》，台北：时报文化出版事业有限公司，1978年，第5页。

⑤ 司马长风：《中国新文学史》，香港：昭明出版社1978年版，第14页。与司马长风相似的观点也有台湾一些学者，比如刘心皇：《现代中国文学史话》，台北：正中书局1977年版。

F 第一个问题，鲁迅究竟是"一家"还是"三家"？是单纯是伟大的文学家，还是同时也是伟大的革命家和思想家？…（中略）…所以，从创作意图看，"三家"是统一的。我们决不能脱离了思想家和革命家考察鲁迅的文学成就，把他只当作是一个伟大的作家。(1979)①

G 以上简略地第一次尝试着阐述毛泽东同志在四十一年前对鲁迅所作的三个"伟大"的"家"的评价，目的还在用正面的阐述来反驳国外一些人歪曲诬蔑鲁迅"是虚无主义者"，"鲁迅晚年带了浓厚的虚无色采，并不相信任何政党有何成就的。"(1982)②

H 然而，鲁迅却始终是那样独特地闪烁着光辉，至今仍然有着强大的吸引力，原因在哪里呢？除了他对旧中国和传统文化的鞭挞入里沁人心脾外，我以为最值得注意的是，鲁迅一贯具有的孤独和悲凉所展示的现代内涵和人生意义。……（中略）…才更使他具有了那强有力的深刻度和生命力的。鲁迅也因此而成为中国近现代真正最先获有现代意识的思想家和文学家。(1987)③

I 中国大多数鲁迅研究者，尽管内部还有各种争论，在把"思想家"和"革命家"置于重要地位，而忽视他之为"文学家"这一点上，确实完全一致的。(1987)④

J 如果说40、50、60年代，人们对鲁迅的观察视野集中在"民族英雄"的鲁迅这一个层面上，带有单向思维的性质；……（中略）……人们看到的是"英雄"的鲁迅，却不重视鲁迅怎样成为英雄的探讨，有意无意地忽略鲁迅平凡的一面，更不愿正视作为英雄的鲁

---

① 王瑶：《鲁迅研究集刊》第一辑，上海文艺出版社1979年版，第1—30页。
② 李何林：《鲁迅研究》，第6期，北京：中国社会科学出版社1982年版，第8—33页。
③ 李泽厚：《中国现代思想史论》，东方出版社1987年版，第111—112页。
④ 李欧梵：Voices from the Iron House, A Study of Luxun, Indiana Univ. Press, 1987, 133—134页。

迅的内在矛盾与痛苦。对于鲁迅的这种"注重结果,不注重过程"的观察方法,是反映了那个特定时代的社会思维习惯与社会心理的。(1988)①

从上面的有些评价与研究可以分为三个观点:A,C,F,G 基本上带有"左"的倾向,而 B,D,E 带有"右"的倾向。A 的基本观点继承于 C,而且 C 在鲁迅评价和研究方面上,赋有政治的意味和一定的基准。C 的观点和见解继承和反映着 F,G。B 的有些见解继承于 D,而 D 从政治的极右派的视角来评价鲁迅。D 的观点继承于 E。台湾地区有些学者也表现出跟 D 相似的看法。② I 也基本上继承 B 的见解。1980 年代以后的 H,J 则表现出了新的解释和看法。

鲁迅评价的历史变迁过程给我们提供了从单一到多元的研究方法,对研究和评价鲁迅,具有总体性和具体性。

二、思维模式的独特性
其一:"扩大外部世界"和"深化内部世界"

在鲁迅的小说《狂人日记》中也可以看到"扩大外部世界"的认识,同时又继续"深化内部世界"的思维模式③。

(一) 今天晚上,很好的月光。

我不见他,已是三十多年;今天见了,精神分外爽快。才知道以前的三十多年,全是发昏;

---

① 钱理群:《心灵的探寻》,上海文艺出版社1998年版,第12—13页。

② 参见刘心皇:《现代中国文学史话》,台北:正中书局1977年版;周锦:《中国新文学史》,台北:长歌出版社1977年版。

③ 鲁迅:《呐喊·狂人日记》,《鲁迅全集》第一卷,北京:人民文学出版社,1981。

（二）我翻开历史一查，这历史没有年代，歪歪斜斜的每叶上都写着"仁义道德"几个字。我横竖睡不着，仔细看了半夜，才从字缝里看出字来，满本都写着两个字是"吃人"！

（三）吃人的是我哥哥！
我是吃人的人的兄弟！
我自己被人吃了，可仍然是吃人的人的兄弟！

（四）咒诅吃人的人，先从他起头；要劝转吃人的人，也先从他下手。

（五）四千年来时时吃人的地方，今天才明白，我也在其中混了多年；

（六）有了四千年吃人履历的我，当初虽然不知道，现在明白，难见真的人！

小说的第一句（一）是描写自觉地认识因无知或者隐蔽而不懂的世界的真实面貌的过程。（二）是正确地了解和勇敢地揭露"封建礼教伦理"的真面目和核心，代表近代中国开始的有名的口号。《狂人日记》到现在具有这样的生命力不但是因为它认识和规定世界的"吃人性"，勇敢地揭露这些，而且是因为《狂人日记》认识和大叫"吃人的本质"的自己（＝"狂人"）也跟"吃人"有关（三，四），或者想自己可能是"吃人"的心理作用和自我坦白（六），基于这所有的认识和行为之中的"深刻的苦恼和思索、特别是忏悔意识"。所以可以说（一，二，五）是认识外部世界的过程，（三，六）是要究明内部世界的努力。在作品里，（一，二，五／三，六）的对立结构，虽然表面上看有矛盾，但是从另一方面看，有（一→二，三→四，五→六）的渐进的内在的互相联系，这些构成（一，二，四，五＋三，六）的复杂的中层结构，这样作品的内的联系和它的共鸣可以加倍。特别对鲁迅提出的中国思想文化传统中的不太强烈的"忏悔意识"的知识分子的反映非常强烈①。这是因为，虽然表面上"叫唤"了反封建思想、反传统主义、人道主义、个性主义等强烈的口号，但是里面藏有自我觉悟和忏悔意识。鲁迅作品就这样一面反映了"扩大外部世界"的认识，同时又继续"深化内部世界"的思维特征。

1934年6月，鲁迅发表了《拿来主义》，他在文章中鲁迅批判中国一向是"自己不去，也不许别人来的'闭关主义'"，嘲笑维持这样状态的中国被枪炮打开大门，碰了好多钉子以后，突然变成"送去主义"的。鲁迅又指出中国人对送来的东西的对策方式，即"但我们被'送来'的

---

① "在中国文化传统中，忏悔意识向来不强烈。'天行健，君子以自强不息'，表明了中国知识分子的命运观与人生观.。他们出于某种道德需要，也喜欢提倡'三省吾身'之类的'反省'。但反省不同于忏悔，这是两种不同心理建构的思维形态。反省是对以往行为的重新审视与甄别，带有浓厚的理性色彩。正因为反省者在反省时已经意识到了这种必要性，所以他对自身的向善力量的自信始终是确立的，而且反省通常是在理性的支配下进行，认识错误本身即证明了人的自信。这种靠理性来调节自身行为，平衡内心情绪的思维形态，长期以来成为中国知识分子的一种思维定势，在个性意识处于蒙昧状态的时代里，它与时代的精神特征相吻合，以至于使中国知识分子'至人无梦'地昏昏沉睡了两千年。忏悔正相反，忏悔是一种对以往铸成的错误，甚至罪恶的深刻认识，常带有强烈的情绪因素。忏悔者所面对的是无可挽回的既成错误。因为忏悔必然伴随着感情上的痛苦和灵魂的内在折磨。它是对自身恶行之顽劣性的无可奈何的认可，因此又更多的带有主观上的自我谴责，它不像反省那样，可以心安理得地寻找造成这种错误的客观原因。（参见陈思和：《中国新文学整体观》，台湾，业强出版社，1990，211—218页）"这种文化反省意识的缺乏，是有客观原因的。传统社会是一个强调"礼"的社会。按照费孝通的研究，礼是社会公认合适的行为规范，在乡土社会中，维持礼这种规范的是传统。传统是社会所累积的经验。一代一代的人累积出一套帮助人们生活的方法。任何一个社会，都不会没有传统的，但是在乡土社会中，传统的重要性比现代社会更甚，因为乡土社会变动很少，前人用来解决生活问题的方案，尽可抄袭来作自己生活的指南，好古就能成为生活的保障。一切都有可以遵守的成法，也就不要事事费心思，不必去问为什么如此。"参见费孝通《乡土中国》，王友琴《鲁迅与中国现代文化震动》（湖南教育出版社，1989）

东西吓怕了。先是被英国的鸦片,德国的废枪炮,后有法国的香粉、美国的电影,日本的印着'完全国货'的各种小东西。于是连清醒的青年们,也对洋货发生了恐怖。其实,这正是因为那是'送来的',而不是'拿来的'缘故",强调因此,"我们要运用脑髓,放出眼光,自己来拿!"在文章的最后他进一步强调"总之,我们要拿来。我们要或使用,或存放,或毁灭。那么,主要是新主人,宅子也就会成为新宅子。然而首先要这人沉着,勇猛,有辨别,不自私。没有拿来的,人不能自成为新人,没有拿来的,文艺不能自成为新文艺。"

根据这篇文章,让我们考察一下鲁迅吸收外国文化和事物的思维体系。第一,通过"反对闭关主义、'我们要拿来'"的主张可知他有开放的思维模式;第二,强调吸收者的主体性,通过不是非主体的"送去/送来"、而是"自己拿来"的主张能够证明这一点;第三,提出了"沉着、勇猛,有辨别,不自私"的吸收态度。就是说,提出了主体性是靠什么样的态度确立的。这样的态度就是跟"运用脑髓,放出眼光"的主张相似。

鲁迅兼有对外部世界的开放态度和吸收这些东西的内面世界的主体性。这证明了鲁迅一边扩大外部世界的认识,一边深化内面世界的思维模式的特征。"沉着、勇猛、有辨别、不自私"这些都是深化内面世界的要素,"总之,我们要拿来。我们要或使用,或存放或毁灭",这些都是强调积极吸收和扬弃外部世界的主体性。

鲁迅的这样的思维模式也可以在早期作品中找到。例如,像"近世人士,稍稍耳新学之语,则亦引以为愧,翻然思变,言非同西方之理弗道,事非合西方之术弗行,掊击旧物,惟恐不力,曰将以革前缪而图富强也"[1]。这样的句子显示他已经认识到了主体的文化兼容问题。

"虽然,惟无校雠故,则宴安日久,苓落以胎,迫拶不来,上征亦

---

[1] 鲁迅:《坟·文化偏至论》,《鲁迅全集》第一卷,第43页。

辍，使人茶，使人屯，其极为见善而不思式。"① 这样指出强调接受问题的同时，还要深化内部世界。这些鲁迅的文章里，可知鲁迅对于外国文化的接受的"一边扩大外部世界的认识，一边深化内面世界"思维模式的特征。

三、思维模式的独特性
其二：丰饶的含混性

> 我翻开历史一查，这历史没有年代，歪歪斜斜的每叶上都写着"仁义道德"几个字。我横竖睡不着，仔细看了半夜，才从字缝里看出字来，满本都写着两个字是"吃人！"②

《狂人日记》的这个句子，常常被用以说明鲁迅的反封建主义或者批判和攻击传统文化的例子，它为现代中国提出了"仁义道德＝吃人"这样的图式。在新文化运动初期，鲁迅提出的这个命题，就暴露了"礼教吃人"的真相，后来又产生了"打倒孔家店"的口号。鲁迅小说里除了"狂人"以外，《药》的夏瑜、《祝福》的祥林嫂、《伤逝》的子君等很多人物，也因封建礼教伦理失去生命或受到迫害。鲁迅还通过很多杂文猛烈攻击封建礼教伦理。鲁迅在《灯下漫笔》写道："所谓中国的文明者，其实不过是安排给阔人享用的人肉的筵宴。所谓中国者，其实不过是安排这人肉的筵宴的厨房。"③对中国的传统文化进行了激烈的批判。但是，鲁迅也并非一直对中国的传统和文化加以批判，早期的这篇文章就是一个例子：

> 是故化成发达，咸出于己而无取乎人。……（中略）……中国

---

① 鲁迅：《坟·文化偏至论》，《鲁迅全集》第一卷，第43页。
② 鲁迅：《呐喊·狂人日记》，《鲁迅全集》第一卷。
③ 鲁迅：《坟·灯下漫笔》，《鲁迅全集》第一卷，第216页。

之在天下，……若其文化昭明，诚足以相上下者，盖未之有也。①

从上文看出，鲁迅对中国文化的喜爱和骄傲是对早期进化论思想的民族危机的证明，他在认识"优胜劣败"的过程中，要确立"优胜＝适者生存"的理论。但是另一方面我们不能否定鲁迅心里对中国文化和传统的理解和喜爱。后期鲁迅曾说，"中国学问，待从新整理者甚多，即如历史，就该另编一部。……其他如社会史，艺术史，赌博史，娼妓史，文祸史……都未有人着手"②，强调对中国传统文化进行整理和再评价，其更基本的意图是通过传统的再评价而建设新文化。鲁迅自己也著述和编辑《中国小说史略》、《小说旧闻钞》、《唐宋传奇集》、《嵇康集》、《古小说钩沉》、《百喻经》、《会稽郡故书杂集》、《中国小说的历史的变迁》、《汉文学史纲要》、《鲁迅辑校古籍手稿》、《鲁迅辑校石刻手稿》等著作，而且搜集很多资料。鲁迅虽然说那些是麻醉灵魂的，但是这样不断地思考中国传统文化的构成部分，同时在1932年9月出版《三闲集》的时候，把这些古典著作包括在《鲁迅译著书目》里，由此我们可以充分理解鲁迅的另一面。虽然《中国小说史略》是讲课的教材，《小说旧闻钞》和《唐宋传集》是鲁迅在准备《中国小说史略》的过程中搜集的资料，但是我们不应该忽视鲁迅对中国古典或者古代文学的探索和搜集资料的精神。就是说，鲁迅虽然否定中国传统的一些想法，但是，另一方面更努力搜集、整理和出版古老的文献。这样的工作不只局限在绍兴会馆抄以前的碑文。虽然他跟中国青年劝说尽可能多看外文书③，但是他自己却搜集、纠正和编辑很多中国古老的书籍。鲁迅这样的工作并未在一两年之间结束，反而持续到晚年，而且花了十多年才完成了这样的计划。

鲁迅对传统文化的批判和否定似乎显得过分，而对中国传统文化的搜集、探索和学习又似乎显得固执，表面上看似乎有矛盾。但是，如王

---

① 鲁迅：《坟·文化偏至论》，《鲁迅全集》第一卷，第43页。
② 鲁迅：《书信集·致曹聚仁（1933.6.18）》，《鲁迅全集》第十二卷，第184页。
③ 鲁迅：《华盖集·青年必读书》，《鲁迅全集》第三卷，第12—13页。

富仁所说,"中国传统文化只存在古代中国,与现在的中国现当代文化相异。但是中国古代文化是组成中国现当代文化的有机成分,只不过它产生于古代社会而已。中国古代人民创造了中国古代文化,我们应当通过继承和发扬中国古代文化,在现当代文化的整体构造内持续发挥它的作用"①,我们可以理解这样的矛盾,实际上,作为批判者,鲁迅自己也自觉或无意识地在这样的中国传统文化中孕育和养育,完全跟传统文化脱离是不可能的,而解决具体文化的实际上的价值之间的矛盾,或者追求内在的统一性,则是一个苦恼的旅程②。

在这一点上,鲁迅的对传统文化的矛盾的思维模式可以定义为"丰饶的含混性(fruitful ambiguity)"③。这就是说,一位思想家或者文学家在遇到时代的苦难和内在的痛苦时,不能不内涵互相矛盾的想法和思想。从这一点可知鲁迅在存在(现实)与理想的对立之间坚持紧张的清醒的现实主义精神。林毓生在《中国意识的危机》里说:"换言之,因为鲁迅出于理性上的考虑和道德上的关切,在完全拒绝中国传统的同时,又发现中国传统文化和道德中的某些成份是有意义的,所以这种冲突的发生便不可避免了。然而,他对某些传统成分的积极态度,并没有导致他去寻求创造性地转化中国传统的可能性。确切地说,在他所主张的全盘性反传统思想面前,这种态度使他十分苦恼——甚至有一种内疚的罪恶感。"④

---

① 参见王富仁:《鲁迅在中国文化史上的地位和作用》,林贤贞译,《鲁迅研究》(韩语本)。

② 参见朱晓进:《文化视角与鲁迅研究》,收入黄修己编:《中国现代文学研究方法论集》,北京:首都师范大学1994年版。

③ 林毓生:《鲁迅个人主义的性质与含意》,"'含混性'在这里不是指形式上的矛盾之类,而是指:一个思想家或文学家在面对时代苦难与承担内心焦虑的时候,产生了不相容的关怀与思绪。然而,这样的冲突与紧张(tensions)正是刺激他创作活动的泉源,故曰'丰饶的含混性'"。参见《二十一世纪》12期(1992.8)。

④ 林毓生:《中国意识的危机》,贵州人民出版社1986年版,第165—166页。

鲁迅是文化的吸收者，同时又是文化的创造者。特别在认识到"传统与现代、中国与西欧、世界与自我"这多样的思路所造成的变奏，在为怎样创造新文化所苦闷当中，鲁迅维持着精神上的紧张，因而保持了他的生命力。

四、思维模式的独特性
其三：三个核心构造一个人，民众，社会（世界）

有人提出，鲁迅早期对"精神改造、思想革命"具有的观点，比他从1918年开始正式创作活动以后还要具体、具有现实性。一是，因为鲁迅通过实践经验，有了更加深入理解中国现实的契机；二是，以其为基础努力相应地做出分析和建立理论体系。例如，"自然，在这中间，也不免夹杂些将旧社会的病根暴露出来，催人留心，设法加以疗治的希望"①。"所以我的取材，多采自病态社会的不行的人们中，意思是在揭出病苦，引起疗救的注意。"②等句子就能够证明鲁迅的这些努力。在上面提到的需要注意的因素：一是，鲁迅所想的旧社会的病根以及病态社会的病苦的具体局面是什么；还有，鲁迅对治疗对策有怎样的想法。与此同时，另一个问题是，在"引起人们的注意"，"不幸的人们"中出现的"人"的问题。这是鲁迅早期具有的，对以"精神界之战士、先觉者——愚昧无知的群众"形成基本思考范围根源的"人"的认识，也是同一条船上联系起来的问题。也就是说，应先取决于看清楚鲁迅对"精神改造·国民性批判"具体内容的重要性与人们认知和实践其内容为主体的问题，有怎样的认识。

《狂人日记》里出现的人物的基本结构是"狂人／他们（＝主人公／旁系人物）"。狂人和他们皆为同等环境下生活的人物，因此，不存在环

---

① 鲁迅：《南腔北调集·〈自选集〉自序》，《鲁迅全集》第四卷，第455页。
② 鲁迅：《南腔北调集·我怎么做起小说来》，《鲁迅全集》第四卷，第512页。

境质量上的差异。但是，主人公狂人与将他视为疯子、取笑他的小孩包括他哥哥的群众，形成了鲜明的矛盾对立关系。虽然"他们"当中，拿"吃人"问题当做理所当然的人、明知不行还要吃的人、生怕被人发现的人之间有一定的差异，然而，这并不会成为内部矛盾关系。还有，《药》、《孔乙己》等里面，塑造主人公人物的悲剧人生与旁系人物的不理解，其基本结构也是"主人公——旁系人物"。在本结构中，旁系人物大部分由蒙昧无知的群众构成。而且这些群众对精神界战士的牺牲漠不关心，有时还会将他们杀害。

对于这样的群众，鲁迅认识到"中国人向来有点自大。——只可惜没有'个人的自大'，都是'合群的爱国的自大'。这便是文化竞争失败之后，不能再见振拔改进的原因。（中略）'合群的自大'、'爱国的自大'是党同伐异，是对少数的天才宣战；（中略）他们把国里的习惯制度抬得很高，赞美的了不得；"①

这样的认识意味着，鲁迅从下列结构中有了对世界的认识。

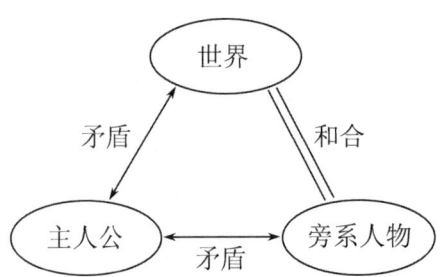

即主人公与世界及旁系人物形成矛盾关系。相反，旁系人物与世界不是矛盾关系，而是和合关系。大部分主人公是精神界战士或是具有立人的面貌，旁系人物多数被塑造成民众。然而，主人公却被世界排斥，被民众敬而远之。民众一边忍受今天的现实，一边努力与世界和合。

以上三个结构，即世界、主人公、旁系人物终究与个人、民众、社会一致。这一点就是鲁迅的苦闷——"个人的自立、民众的连带、社会

---

① 鲁迅：《坟·随感录38》，《鲁迅全集》第一卷，第311页。

的发展"这三个因素。他认为,自立的个人与主体性个人连带出来的民众,以及通过这一点能够引发社会的发展。这并不是说先有个人的自立,后有民众的连带,再成为社会发展的阶段论或过渡论思维,而看做是互相同时进行的。即,鲁迅的思想是随着洞察这三个结构,为个人、民众、社会而苦闷的。因此,鲁迅批判了无谓的民众,注重了形成多数个人的主体性自立。鲁迅虽批判蒙昧无知的群众,却总是站在民众的角度认识自己和社会,在这里形成了鲁迅的抵抗精神。

五、结论:一分为三,鲁迅思维的独特性

在解释和研究鲁迅的作品,常发现用"二项对立"的看法。比如"青年/老年","光明/黑暗","新/旧","有/无","绝望/希望"等等。这样的"二项对立"的看法比较鲜明和明确地把握鲁迅作品的内容和主题,可是对了解鲁迅的深层的思维和内面的世界,具有一定的局限性。特别是对于《野草》的解释时遇到的困难。比如《野草·过客》中有老翁,过客和小女孩这三个人物。有专家主张,这三个人物象征了在时代的激流中人生的三个时期。①另外有专家还强调《过客》里的"你是怎样称呼的?你从哪里来的呢?你到哪里去?"的三个问题,而且主张这三个问题是20世纪整个人类同时面临的"世纪之问"。②这样的分析也关注鲁迅的"一分为三"的思维模式。《聪明人和傻子和奴才》、《复仇》等作品也有"一:多"或者"三个思路"。

根据这样的理论,可以说鲁迅的思维模式的独特性是"扩大外部世界"和"深化内部世界","丰饶的含混性","三个核心构造:个人,民众,世界"。

对一分为二作这样的了解,或讲辩证法的实质概念为这样的一

---

① 孙玉石:《〈野草〉研究》,中国社会科学出版社1982年版,第26页。
② 钱理群:《与鲁迅相遇》,三联书店2003年版,第287—288页。

分为二，以取其简便，是可行的。可惜的是，我们在学术著作中和实际生活中所碰到的"一分为二"说，大多并不具备这样多的内容，而往往只是强调了其中的一个片面，即强调分为对立方面及它们的对立与斗争，而绝口不谈对立面的关联和统合的事。①

根据庞朴的观点，"一分为二"强调"片面性"的倾向。早期的鲁迅也关注而且批评"偏至"的倾向。经过"转变期"以后的鲁迅，基础于"一分为三"的思维模式 特别关注思维模式的多元性。

参考文献

鲁迅：《鲁迅全集》，北京：人民文学出版社，1981。

《瞿秋白文集（文学编3卷)》，北京：人民文学出版社，1989。

李长之：《鲁迅批判》，北新书局，1935。

《毛泽东选集》第二卷，北京：人民出版社，1969。

郑学稼：《鲁迅正传》，台北：时报文化出版事业有限公司，1978。

司马长风：《中国新文学史》，香港：昭明出版社，1978。

王瑶：《鲁迅研究集刊》第一辑，上海：上海文艺出版社，1979。

李何林：《鲁迅研究》第六期，北京：中国社会科学出版社，1982。

李泽厚：《中国现代思想史论》，北京：东方出版社，1987。

李欧梵：《铁屋中的呐喊》，香港：三联书店有限公司，1991。

钱理群：《心灵的探寻》，上海：上海文艺出版社，1998。

刘心皇：《现代中国文学史话》，台北：正中书局，1977。

周锦：《中国新文学史》，台北：长歌出版社，1977。

陈思和：《中国新文学整体观》，台湾：业强出版社，1990。

王友琴：《鲁迅与中国现代文化震动》，长沙：湖南教育出版社，1989。

王富仁：《鲁迅研究》（韩语本）。

---

① 庞朴：《一分为三论》，上海古籍出版社2003年版，第4页。

黄修己编:《中国现代文学研究方法论集》,北京:首都师范大学出版社,1994。

林毓生:《鲁迅个人主义的性质与含意》,《二十一世纪》第12期。

林毓生:《中国意识的危机》,贵阳:贵州人民出版社,1986。

孙玉石:《〈野草〉研究》,北京:中国社会科学出版社,1982。

钱理群:《与鲁迅相遇》,北京:三联书店,2003。

庞朴:《一分为三论》,上海:上海古籍出版社,2003。

(韩国朝鲜大学中文系教授)

鲁迅和春园对于日本和西欧文化的吸收借鉴

——以日本留学时期为中心

严英旭

一

笔者从女性主义和历史的角度，对分别为中韩两国现代文学的先驱者的鲁迅与春园李光洙进行了研究。①笔者一直研究鲁迅与春园的原因在于他们对中韩两国新文学的理解起了重要作用，他们也因此在文学领域占有重要地位。

鲁迅和春园的作品不仅有诗，还有散文，短文等多种文体。要想完全理解他们的文学世界几乎是不可能的，所以本研究只是为更深地理解鲁迅和春园的文学所迈出的一小步。鲁迅文学研究的深入，所以产生了"鲁迅学"。有关东欧，西欧和日本联系的研究相当多，可是，韩国作家比较研究比较少。那个原因在鲁迅和韩国作家没有直接的交流。但是以前就有许多韩国人通过中文原著和日文译本来了解鲁迅，鲁迅对他们产生了文学影响是不争的事实。韩雪野在1956年发表的《鲁迅和朝鲜文学》中暗示到他30年代所写的短篇《摸索》，《波涛》等是受到了鲁迅的

---

① 参考笔者《鲁迅和李光洙的女性主义比较研究》和《鲁迅和李光洙的女性主义历史小说比较研究》。

鲁迅和春园对于日本和西欧文化的吸收借鉴

《狂人日记》,《孔乙己》等作品的启发①。虽然没有直接的影响关系,但是韩中两国对于近代化的体验却有着相同的经验,近代文学变革的主体,大部分都是通过在日本留学接受的日本和西欧的文化。在这些方面中韩两国具有相同的性质。那个时期在日本留学的先驱者,韩国有李光洙,崔南善,金东仁,洪明熙等;中国有鲁迅,郭沫若,茅盾,周作人等。

鲁迅和春园相差9岁,但留学几乎是在同一时期(1904—1909年)。当时他们受日本文学思潮的影响极深,以夏目漱石为代表的白桦派,新思潮派和自然主义文学以及拜伦,托尔斯泰等的影响都对两位作者初期的文学和思想有所启发。

青少年时期在人的成长过程中非常重要,因为这个时期是思想的胎动期。春园和鲁迅最重要的思想形成时期就是在日本留学的阶段,他们的作品是通过日本受到西欧的影响而创作出来的。

本文是写这两位作家在感觉敏锐的青年时期有着怎样的苦闷,为摆脱苦闷吸取什么样的思想和文化,又以什么样的形态吸收日本和西欧思想的。

二

鲁迅,李光洙的日本留学时期,因俄日战争,与日本知识人士产生了新的倾向,即产生了民主主义和自由主义风潮。这种风潮不止于思想,文化,文学,并渗透到各种民主运动,在政治上产生巨大影响。当时的劳动人民由于贫困和无权利,过着非人的生活。一部分知识人士为了解决劳动人民的这一问题,开始了实践行动。其中,处于劳动者,农民立场,主张平民主义的在野集团"田舍绅士"派,在农民支持下诞生。"田舍绅士"派的代表人德富苏峰是革命的人士。他以基督教的平和主义立场,非难旧道德的劣习,努力启蒙想缔造开化进步的平民社会但未觉醒

---

① 全炯俊编:《鲁迅》,首尔(seoul),文学和知性社,1997。

的青年们。春园深受德富苏峰思想的影响。支持德富苏峰思想的春园，像他一样为建设开化的新社会启蒙青少年，开始了文笔活动。

鲁迅和春园在日本留学的时候，对尼采的研究达到顶峰。1901年《美的生活论争》出版，1902年登张竹峰，桑木严翼对尼采研究专门书籍等的出版，对尼采的研究达到顶峰。尼采主义一度流行日本，当时的尼采观浓厚地反映了清日，俄日战争时代思潮。在尼采思想流行的同时，进化论在日本也得到了广泛的普及。这样的文化风潮是鲁迅接受进化论思想的主要原因。阅读他日本留学时期写的《文化篇至论》和《摩罗诗力说》，可以知道鲁迅是怎样受容尼采思想的。

《文化篇至论》中，鲁迅分析了代表尼采思想的19世纪的文艺，哲学，主张"是故将生存两间，角逐列国是务，其首在立人，人立而后凡事举"① 这样的思想观，表明了鲁迅对中国危机原因的认识从外在原因转到内在原因。他认为帝国主义侵略的原因是没确立人间社会。为了确立人间，要求先确立每一个人。鲁迅以尼采主义为基础的"掊物质而张灵明，任个人而排众数"② 的主张是在这种认识基础上形成的。

在《摩罗诗力说》中，鲁迅是这类人间现象的精神界的战士，超人形象。鲁迅想的"精神界的战士"是觉醒的知识人，先驱者，作为诗人以独自的主张洞察黑暗，平定文明，不自满于称赞和非难世人，他用坚强的改革意志和不屈的斗争精神引导大众。③鲁迅的超人形象具有强烈意志，主体的精神，处于"科学者的精神"的延长线上。他在《科学史教篇》中，引用培根的话以"慕古，伪智，泥习，惑常"展示了科学衰退的原因，对峙"以真理为标准的科学者的精神"。这是对危机中的法国科学者的爱国精神的赞美，科学者的形象和《摩罗诗力说》出现的反抗诗

---

① 《文化偏至论》，《鲁迅全集》第一卷，人民文学出版社1981年版，第56页。（以后的《鲁迅全集》均是1981年版的）

② 《鲁迅全集》第一卷，人民文学出版社1981年版，第46页。

③ 拙稿《鲁迅文学的现实主义》，博士学位论文（全南大学校，1993），第26页。

人，与尼采的超人思想一样。

并且，受容多元生物学进化论和尼采的进化论，并作用于人间史的鲁迅认为与生态界的进化一样，社会也是在变化发展中存在。所以，他一面主张"我一向是相信进化论的，总以为将来必胜于过去，青年必胜于老人，"①指引青年前进的道路。但是，与"生存竞争"，"适者生存"的多元进化论不同，尼采主张强者生存。达尔文强调在由生物界到人类发展过程中对环境的被动的消极的适应；尼采强调克服环境的能动性和积极性。鲁迅将个人置于尼采的观点中时，"而二士室处，亦有呼吸，于是生颢气之争，强肺者致胜"，对于国家和民族"特生民之始，既以武健勇烈，抗拒战斗，渐进于文明矣"②，"故斗争之民，其遭遇战事，常较好争之民多，而畏死之民，其苓落殂亡，亦视强项敢死之民众。"③如此，尼采的超人哲学成为鲁迅挽救危机中的中国的"救国体现者"，并且，这符合当时鲁迅切实亲身感受到的"国民性的改造"的欲求。而且，通过尼采接受了作为欧洲近代文明精髓的个人主义，主张确立个人的主体性，这扩展为民族主体性确立的要求。

纵观 1894 年甲午战争到 1904 年俄日战争时期的日本文坛，当时以尾岐红叶为首的砚友社一派掌握霸权左右一切，与此对抗的坪内逍遥，幸田露半，山田美妙，森鸥外等进行了创作活动。

尾岐红叶，幸田露半，山田美妙等试图创作历史题材小说，森鸥外本质上用近代小说的手法写了历史小说。他在明治文坛上作为"最初介绍西方文艺的"功臣④，留下大量作品。森鸥外的历史小说以明确的主题为中心创作而成，成为芥川龙之介和菊池宽等主题作家的主题小说的模范。新思潮的代表作家芥川龙之介，菊池宽及森鸥外，创作出体现代意

---

① 《〈三闲集〉序言》，《鲁迅全集》第四卷，5 页。
② 《摩罗诗力说》，《鲁迅全集》第一卷，66 页。
③ 《摩罗诗力说》，《鲁迅全集》第一卷，69 页。
④ 《现代日本小说集》附录《关于作者的说明》，《鲁迅全集》第十卷，217 页。

识的高水平的历史小说,拓展了历史小说的创作领域。对鲁迅影响最大的新思潮派作家是森鸥外,芥川龙之介和菊池宽等人。

受到后菊池宽的深刻揭露人性和传统道德间的尖锐矛盾,以对传统道德的蔑视和讽刺,表现强烈的现实意义的《三浦右卫门的最后》和描写一武士复仇过程的《复仇的故事》的影响后,鲁迅完成《铸剑》。鲁迅还将芥川龙之介的"实现希望后的不安"的创作方法用于自己的作品之中,《补天》,《铸剑》,《奔月》为其代表。

并且,当时明治10年后兴起的西方科学幻想小说和政治小说也产生影响。鲁迅在日本留学初期曾对科学极为关心,在《浙江潮》8号(1903.10)发表《中国地质略论》,站在天演论(进化论)的立场上,阐明当时的中国危机继续深化的话,将被自然淘汰,中国只有"富国强兵,殖产兴业"道路的主张。此外,改编《说鈤》和《人之历史》,释译《月界旅行》和《地底旅行》。

鲁迅翻译介绍了白桦派的学问,并非着眼于主要创作方法,而重视人道主义的宣扬。他在翻译《一个青年的梦》时,明确分析了人道主义思想的政治,理论含义,非常重视人道主义对精神和心理改造的侧面。试图改造日本留学时期已经麻痹的中国人的思想的鲁迅,到五四时期,他的启蒙思想再次深化的时候,再次读到白桦派的文学,自然产生共感。

一方面,长谷川二叶亭将坪内逍遥的《小说神髓》的写真主义理论作品化,写成小说《浮云》,并因此作品出名的同时,翻译了果戈理的《狂人日记》,出版了《密会》,吸引了一大批青少年读者。并且,内田鲁庵翻译出版了陀思妥耶夫斯的《罪与罚》,为文坛增添了新气息。

这期间,文坛的主流由浪漫主义逐渐向自然主义转变,到20世纪初,国木田独步,岛崎藤村,田山花袋,正宗白鸟,德田秋声等模仿莫泊桑的事实主义和左拉的自然主义创作了一批作品。

国木田独步作为参加明治时期基督教革命界文化运动的自然主义作家而扬名。他早时受到基督教的洗礼,即便是在成为自然主义作家以后他的思想根据仍与宗教有着紧密的联系,在疾病和贫困中,深刻地凝视着自然和社会，人的生死的作家。由于基督教的感化，他希望成为完善的人，通过文学和教书的道路来唤醒世界。《冈本的手帐》体现了他的思想，宇宙中首先有自然，人类不过是生活在其中所成的极小的社会。所以说人类是自然的产物，短暂的生命结束后回归自然的人类，对社会倾注精力而结束一生。由此他相信，作为自然的产儿的人类，只有认识自己的地位时才开始他的美好生活。

说春园的话，初期作品中特别是短篇作品有着国木田独步作品相似的文学倾向。他的《对少年朋友》一边强调"爱"，说出了自由恋爱和结婚观念的尊严；《革命家的妻子》以容忍主人公的通奸为主要内容。在当时，容恕妻子通奸是非常革命的冲击性的事件。这样春园的作品中包含的自由恋爱主义和人道主义的因素，启蒙的自然主义的因素等，以强烈的人间爱和基督教的博爱主义为根据。这与国木田独步的文学世界，有着很大的相似性，体现了留学时期国木田独步的影响。

与本国文学相比对外国文学更感兴趣的当时的日本青年和知识分子，欢迎外国作品的翻译，作家也是多读外国作品作为培养日本文学的养分。当时日本广泛爱读的屠格涅夫的《浮草》离开了日本从来的"劝善会惩恶"的人生观，强调相对广大无边的宇宙人类的瞬间性弱小性。作为对深入思考人生问题的小说，自然描写十分清新，对国木田独步，德富虑花，吉田铉二郎产生巨大的影响。岛崎藤村的名作《春》完全的模仿了屠格涅夫的《处女作》的自然描写。此外，《欲泉记》作为历史上俄国的莱蒙托夫的作品，虽说私俶拜伦的作风模仿而成，但《浮草》，《欲泉记》都是歌颂俄国青春的作品。

但与这三部小说相比，给日本文坛和青年读者更大影响的还是托尔斯泰。托尔斯泰的人道主义和博爱主义对当时的青年和作家产生了巨大的影响，也对当时在日本留学的鲁迅和李光洙产生影响。

李光洙特别陶醉于拜伦和托尔斯泰，他的日记（全集19卷，我的少年时代）里，日本文学作品中岛崎藤村的，西欧作品中还是拜伦和托尔斯泰作品比较多。李光洙对托尔斯泰更加思幕，在小说《金镜》，《他的自述传》,《我的文坛生活三十年》等"文革"中追述从托尔斯泰那里得到的影响,特别是在短文《杜翁和我》中更明显的表现出这种影响。

> 我从那时就写小说和论文,对我的艺术观影响最大的是托尔斯泰老师。到现在,以宗教的人生观,虽与托尔斯泰道路不同,由于他的耶稣教的解说和实践的人生观,我还是跟以前一样,将托尔斯泰作为老师来看待。①

像这样托尔斯泰的人道主义,博爱主义思想,通过春园的一生浸透于其作品之中,成为他的思想支柱,在他的第一篇小说《年轻的牺牲》中鲜明地体现出来。《年轻的牺牲》体现了"爱上敌人"的博爱主义思想,这正是毋庸多言的托尔斯泰思想。

> 鲁迅也一样陶醉托尔斯泰。他虽不关心于不过模仿西洋的日本自然主义文学的盛行,② 但非常关心西洋,东欧的文学。所以五四时期将人道主义作为一种人本主义来接受,并作为自己的指导思想,相信人道主义时代将会到来。

此外,日本留学时期对鲁迅和春园产生深刻影响的作家不可不提到夏目漱石。他反对自然主义,主张道德,教训。他发表《雁》(1911、1913),《阿部一族》(1915),《高濑舟》(1916)。他的作品和高格调的文体影响木下太郎,芥川龙之介等。夏目漱石写了谐谑·讽刺小说《我是猫》(1905),《草枕》(1906)。《三四郎》,《心》,《明暗》中构筑了现实和理想的矛盾,着眼于传统与现代的问题,试图从文明角度进行批判。植根于西洋文学的夏目漱石的文学立足于人道主义的人生观,以自

---

① 《李光洙全集》第十六卷,首尔(seoul),三重堂,1962,412页。
② 桧山久雄著:《东洋的近代创出》,郑善泰译,首尔(seoul),昭明出版社,2000,23页。

我主义多倾向于人类为主课题。所以成为知识分子指摘娱乐和呼应一般读者的道德启蒙性作品的主流。

春园在留学时，迷恋夏目漱石的作品，主张通过文学打破古老的旧习。受夏目漱石《虞美人草》的影响，春园创作了《无情》。若说《虞美人草》的空间构成以东京和京都为中心的话，《无情》则以汉城和平壤的新都市和旧都市为背景。事件的展开过程，两作品都由"小野的回想"和"英彩的故事"为主要教育现场背景，以及经历男女三角关系等都相似点很多。两作品登场人物的性格也十分相似。《虞美人草》中的甲野是哈姆雷特的话，宗进是强烈的实践家型，具有清的形象，主人公甲野接近于无性格的被动的人物。《无情》中出现的主人公李型植具有正直、心软、无判断力的优柔不断的性格。相反，友善作为受到新教育的新闻记者，是信念生活的人物。并且小说中为使事件顺利发展，帮助形式的《虞美人草》的宗进，起相似的作用。贤明进步的女性系子（《虞美人草》）和炳旭（《无情》），新女性藤尾（《虞美人草》）和善馨（《无情》），封建女人小叶子（《虞美人草》）和英彩（《无情》）的等人物的性格非常相似，可以充分体味出《虞美人草》的影响。

两作家都为启蒙封建的，前近代的社会而创作该作品，讴歌自由恋爱思想。从作品内含的思想背景来看，夏目漱石通过英国留学对近代化的歪曲的物质文明受到了深刻的刺激。春园通过日本留学接受到扩散于日本的西欧文化，觉醒祖国的旧习与矛盾。这些都在反映于各自的作品中。

鲁迅也曾对夏目漱石产生过浓厚的兴趣。据周作人所述，"他虽然偏爱产生于俄国和东欧等西洋边境的文学，不屑于自己所生活的日本的近代文学，唯独买下并读破夏目漱石的全部作品"[①] 鲁迅对《虞美人草》的连载也不投入，只是读过而已。对于鲁迅喜欢夏目漱石文学的理由，因为一切都不说，不知他关心的素材在什么地方，但肯定有某种内在的

---

① 桧山久雄著：《东洋的近代创出》，郑善泰译，首尔（seoul），昭明出版社，2000，22页。

理由。当时青年鲁迅反对将模仿西洋作为一次性的目标，那就是他想开始埋头于根本国传统的，独自的近代文明观念。① 并且，鲁迅关心过夏目漱石的讽刺文学"徘徊"和"徘谐"的风格，形成文学效果相似的共感带。日本留学时期，鲁迅苦闷过最理想的人性是什么，中国国民最缺乏什么，他的病根在哪里。这样的改造国民性和创造理想人性，是用自然科学所认识不到的。文学是揭露社会矛盾和丑恶的现实，治疗麻痹的精神，改造社会最有效的工具。鲁迅正是在这一点上关心夏目漱石的文学作用，而研读其作品的。

三

鲁迅和春园留学当时新体诗流行，有必要看一下给他们造成了什么影响，先看一下日本新体诗的由来。1882 年（明治 15 年）有东京大学文学部研究室的外山正一、矢田部良吉、井上哲次郎 3 人共编的《新体诗抄》发行了，其中收编了莎士比亚为首的西欧诗人的译诗 14 篇，创作 5 篇，对新体诗进行了最初的定义。这些努力并没有成果，直到 6 年以后的 1888 年森鸥外的译诗集《于母影》发表以后，新体诗才活泼地开展起来，随后 10 年后的 1898 年岛崎藤村出了《若菜集》，北村透谷，薄田泣莹，蒲原有朋也向浪漫主义新诗运动转变。鲁迅和春园留学期间的 1905 年前后，日本国内的新体诗相比，美国，德国，法国等外国诗歌出版要多得多。春园受到拜伦的影响写了名为《我们的英雄》的作品，他以海战为中心，赞扬了韩国英雄李舜臣对祖国忠心耿耿的武将气魄。这首作品与拜伦的《大洋》有非常大的类似之处，可以看出这是当时西欧和日本的文化思潮的影响，描写岩石和熊的《熊》是当时日本流行的新题诗。这也是拜伦的影响。同时代在日本留学的韩国人崔南善从内容和形式完

---

① 桧山久雄著：《东洋的近代创出》，郑善泰译，首尔（seoul），昭明出版社，2000，23 页。

鲁迅和春园对于日本和西欧文化的吸收借鉴

全模仿拜伦的《大洋》发表了名为《从太阳那里给少年的》这首韩国最初的新体诗,他的影响足以来斟酌一下。

这样,以春园为首的很多韩国作家,都受到了新体诗的形式和内容的影响,可是鲁迅却没受到新体诗的影响。日本留学时期,清末时期的1900~1912年间,鲁迅写的11篇全为旧诗。1918—1927,"四·一二"政变期间以白话自由体诗,散文诗为形态的新诗有31篇。日本留学时期,鲁迅在形式方面没有受到日本新体诗的影响,但是在内容方面受到拜伦的反抗精神的影响。鲁迅把拜伦为首的恶魔派诗人看做精神界的战士,超人,觉醒的先驱者,赞扬他们,鲁迅对拜伦的观点很明确的反映出来,他的创作无时无刻不在抗争,一定要实现目的。他所期望的战争,不是野兽一样的战争,而是为了独立,自由和人道。鲁迅和拜伦一样屏弃虚伪,重视独立,渴求热爱自由。坚定不动摇,坚持着诚实和真挚,对人不阿谀,不循旧习的人物的出现,是鲁迅所盼望的,来引导国家的新生,使中国在世界上更加强盛。①

鲁迅和春园留学时期,日本的言文一致的新文章运动之风也进行了好长时间。日本的言文一致运动比新体诗运动晚很多,这是从山田美妙和长谷川二叶亭发起的。曾经学过英国文学的山田美妙受到乔叟的启蒙,在1884年发表了名为《风琴调一节》的言文一致体小说,1885年坪内逍遥的《小说神髓》发刊主张言文一致,同时也打破了日本人教训和道德的传达是文学的本质的文学观念,提倡重视事实和文体改革。这种新的小说论改变了日本人对小说的观念,摆脱了日本文学的封建落后性,溶入了世界近代文学的潮流中。长谷川二叶亭出身于俄语系,熟读了好多屠格涅夫,陀思妥耶夫斯基等俄国作家的作品,有感于坪内逍遥的小说论,写了名为《浮云》的作品,这正是平内逍遥《小说神髓》理论的实践。要想对人世间复杂的生活惟妙惟肖的描写,夹杂着汉字的文章不如白话体,长谷川二叶亭以后田山花袋,岛崎藤村,国木田独步等人同

---

① 《摩罗诗力说》,《鲁迅全集》第一卷,99页。

感于《小说神髓》、《浮云》进行相应的创作,成为日本文坛自然主义文化的开端。鲁迅和春园正是这时候去的日本,当时的小说基本都遵循言文一致,正在摆脱封建的小说论,近代文学在摸索中前进。春园熟读了田山花袋的《蒲团》,岛崎藤村的《破戒》、《春》以及国木田独步的作品。① (15) 在这样的影响下写就了言文一致的文章。春园1910年在《少年》杂志发表了名为《年轻的牺牲》的短篇(第3年2卷),随后又发表了《献身者》(第3年8卷)。流浪西伯利亚和上海以后,1917年在《青春》上连载发表了《少年的悲哀》(第8卷)、《给年轻的朋友》(第11卷)、《彷徨》(第12号)、《尹吉浩》(第13号)等多篇。这些作品作为韩国文坛探索性的短篇小说,虽然在文学史上有一定价值,但从美学构造还达不到完美的境界。在留学时期,鲁迅几乎没有进行纯粹的创作,而大部分是外国文学的翻译和散文,在言文一致思潮的影响下,1918年《狂人日记》面世了。鲁迅的真正最早的白话小说《狂人日记》,不管是从形式上还是从内容上,都可以说是非常惊天动地的。摆脱旧小说的格式和封建观念,尝试新的格式,从这一点上可以说是中国现代文化黎明前的曙光。如果说春园最初言文一致的小说尝试只具有文学史上的价值的话,那么鲁迅最初的白话小说《狂人日记》在文学史上价值和文学上的价值两者兼备。虽然这样,《狂人日记》对于一般的读者来说文言文非常有内涵,并受到外国文学非常深刻的影响,这一点是不能抹除的。日本留学时期的日本思潮和欧洲思潮的影响,在《狂人日记》中集中地表现出来。

从以上我们可以看出,日本留学时期的鲁迅和春园的学习,没有局限于日本文学,受托尔斯泰和屠格涅夫还有拜伦等西欧近代作家的影响极大。但是不是鲁迅和春园亲自选择了西欧作品来读的,而是从日本人的眼中选择的,通过翻译的西欧的作品受到了影响,根据当时的情况这是不可避免的。所以韩中近代文化事实上在以西欧化的形态进行,但是

---

① 《我的少年时代》,《李光洙全集》第十九卷,9—1页。

对西欧文明的吸收和移植是通过日本间接导入的，这是很自然而然的过程。两位作家的日本留学时期是日俄战争以后，日本知识分子的新倾向即：民主主义，民族主义，自由主义，尼采主义，进化论，自然主义等生成的时候。两位作者都是用文学来破坏旧社会，建立新社会，对愚昧的民众进行启蒙教育，这是他们的共同点。鲁迅和春园都受到日本近代文化的代表作家夏目漱石、富有自由精神的拜伦和博爱主义者托尔斯泰的影响。鲁迅比较关心白桦派和新思潮派的作家，春园受到自然主义和写实主义作家的影响，但是在思想方面鲁迅倾向于尼采主义和进化论，春园则倾向于德富苏峰的平民主义和基督教思想，这是受到了国木田独步的自然主义和基督教思想的影响。鲁迅思想以尼采主义和进化论为基础，把现实批判和文化吸收合二为一，鲁迅提倡吸收西方文化，但反对无批判的盲目吸收。春园考虑到殖民地的祖国，朝鲜民众保守思想的沿袭，积极主张打破封建的社会，树立起文明和道德观念，他把道教和儒教看作封建的文化加以否定，想建立起基督教为基础的理想社会。他们两人都受到当时言文一致的新文章运动，排斥劝善惩恶的写实主义运动的影响来进行小说创作的，春园的作品形式和内容多来源于新体诗运动的影响，鲁迅则讴歌拜伦的反抗精神。通过《狂人日记》鲁迅在中国倡导最初的白话小说，春园则使言文一致的新文章鼎立起来，以打破劝善惩恶的旧体小说，创作写实主义的新作品。兼收日本和西欧的文化以启蒙民众，重树国家，从这里看日本留学时期的鲁迅和春园有多类似点，后来才有了很大的差别。春园成为亲日分子同时丧失了作家意识，他的文学性成为批判的对象，可是鲁迅在中国到现在仍受到很高的评价。在这里除了两位作家所处的殖民地半殖民地的特殊情况，和个人的取向差别以外，还有一点是值得注意的，那就是两位作家留学的起点。春园是14—19岁（1905.8—1910.3）在日留学，相比较而言，鲁迅则是1902年4月到1909年8月29日，春园在自己的价值观，思想根基还没有形成的少年期留学的，鲁迅在自己的世界观在一定程度上已经确立的成年期留学的（这里不包括春园的第2次留学时间1915—1919）虽然年龄不是吸收外部思想的决定因素，根据主体性的确立与否，影响是很大的。如果说春园对外部世界是来者不拒，那鲁迅就是以批判吸收的"拿来主义"为形态存在的。

参考文献

1. 全集类

《瞿秋白选集》文学编 3 卷，北京：人民出版社，1989。

《鲁迅全集》全 16 卷，北京：人民文学出版社，1981。

《毛泽东选集》，全 4 卷，北京：人民大学出版社，1969。

《文学运动史料选》全 5 卷，上海：上海教育出版社，1979。

李哲俊译：《鲁迅选集》全 4 卷，北京：民族出版社，1987。

《中国新文学大系》（1927—1937）全 20 卷，上海：上海文艺出版社，1989。

阵漱渝编：《鲁迅语录》全 4 卷，台北：天元出版社，1990。

《鲁迅全集》全 20 卷，丸山升译，东京：学习研究社，昭和 60。

2. 单行本类

1）中文资料

葛中义：《〈阿Q正传〉研究史稿》，西宁：青海人民出版社，1986。

江苏鲁迅研究学会编：《鲁迅与中外文化》，南京：江苏教育出版社，1988。

贾植芳主编：《中国现代文学的主潮》，上海：复旦大学出版社，1990。

公盾：《鲁迅与自然科学论丛》，广州：广东科学出版社，1981。

郭汉城编：《中国十大古典悲喜剧集》，上海：上海文艺出版社，1989。

吉林大学中文系等编：《马克思列宁主义文艺理论学习文件汇编》，吉林师范大学函授教育处，1958。

金灵编：《鲁迅研究文丛 2》，长沙：湖南人民出版社，1980。

金宗洙、崔建编著：《中国当代文学史》，延边：延边人民出版社，1990。

刘华山等编：《鲁迅作品辞典》，郑州：河南教育出版社，1990。

鲁迅研究动态编辑部：《鲁迅研究动态》，北京，1980。

唐弢：《中国现代文学史》（1—3卷），北京：人民文学出版社，1984。

杜一白：《鲁迅的写作艺术》，沈阳：辽宁大学出版社，1985。

马良春：《鲁迅思想研究》，北京：中国社会科学出版社，1981。

樊篱、克兴华：《马克思主义文艺思想发展初论》，长沙：湖南人民出版社，1987。

福建师范大学中文系编选：《鲁迅论外国文学》，福州：福建人民出版社，1982。

北京鲁迅研究博物馆鲁迅研究室编：《鲁迅研究资料》第5卷，天津：天津人民出版社，1980。

冯光廉：《鲁迅小说研究》，天津：天津人民出版社，1989。

萧新如、吴天霖主编：《中国现代文学史》，长春：东北师范大学出版社，1986。

鲁迅研究资料编辑部编：《鲁迅研究资料》，北京：文物出版社，1976。

孙中田：《中国现代文学史》，北京：高等教育出版社，1988。

孙昌熙等著：《鲁迅文艺思想新探》，天津：天津人民出版社，1983。

宋庆龄基金会、西北大学主办：《鲁迅研究年鉴》，北京：中国和平出版社，1990。

施建伟：《鲁迅美学风格片谈》，郑州：黄河文艺出版社，1987。

十四院校教材编写组编：《中国现代文学史》，昆明：云南人民出版社，1981。

倪墨炎：《鲁迅后期思想研究》，北京：人民文学出版社，1984。

吴小美等著：《中国现代作家与东西方文化》，兰州：兰州大学出版社，1991。

吴子敏等编：《鲁迅论文学与艺术》（上·下卷），北京：人民文学出版社，1980。

温儒敏：《新文学现实主义的流变》，北京：北京大学出版社，1988。

袁良骏：《鲁迅研究史》，西安：陕西人民出版社，1986。

王士菁：《鲁迅传》，北京：中国青年出版社，1959。

王瑶：《中国新文学史初稿》（上·下），香港：龙门图书公司，1979。

王润华：《鲁迅小说新论》，台北：东大图书公司印行，1992。

刘绶松：《中国新文学史初稿》（上·下），北京：作家出版社，1958。

刘再复：《鲁迅美学思想论考》，北京：中国社会科学出版社，1981。

刘正强：《鲁迅文学思想及创作散论》，天津：南开大学出版社，1986。

刘泰隆著：《鲁迅研究概要》，南宁：广西教育出版社，1989。

袁良骏：《鲁迅研究文丛》第2卷，长沙：湖南人民出版社，1980。

李永寿：《鲁迅的论辩艺术》，西安：陕西人民出版社，1988。

李宗英、张梦阳编：《六十年来鲁迅研究论文选》（上·下卷），北京：中国社会科学出版社，1981。

李何林：《近二十年中国文艺思潮论》（1917—1937），西安：陕西人民出版社，1981。

人民文学出版社编：《冯雪峰与中国现代文学》，北京：人民文学出版社，1988。

林志浩：《鲁迅研究》下编，北京：人民大学出版社，1988。

张颂南：《鲁迅美学思想浅探》，杭州：浙江人民出版社，1982。

张华：《鲁迅和外国作家》，西安：陕西人民出版社，1981。

张梦阳：《鲁迅杂文研究六十年》，杭州：浙江文艺出版社，1986。

丁易：《中国现代文学史略》，香港：文化资料供应社，1978。

丁淼：《三十年代文艺总批判》，香港：亚州出版社，1969。

曹聚仁：《鲁迅评传》，香港：东西文化事业公司出版，1987。

周遐寿：《鲁迅小说的研究》，北京：人民文学出版社，1957。

朱正：《鲁迅传略》，北京：人民文学出版社，1983。

朱正：《鲁迅手稿管窥》，长沙：湖南人民出版社，1981。

《中国新文学大系》，第2卷，上海：上海文艺出版社，1987。

中国现代文学研究会编：《中国现代文学研究丛刊（1）》，北京：北京出版社，1980。

中国鲁迅研究学会鲁迅研究编辑部编：《鲁迅研究》第14卷，北京：中国社会科学出版社，1989。

曾庆瑞：《鲁迅评传》，成都：四川人民出版社，1981。

陈金淦：《鲁迅研究的历史与现况》，南京：江苏教育出版社，1986。

陈安胡：《鲁迅论考》，长沙：湖南人民出版社，1980。

平心：《人民文豪鲁迅》，上海：上海文艺出版社，1981。

彭定安：《鲁迅思想论稿》，杭州：浙江文艺出版社，1983。

包忠文：《鲁迅的思想和鲁迅新论》，南京：南京出版社，1989。

韩长经：《鲁迅与俄罗斯古典文学》，上海：上海文艺出版社，1981。

许怀中：《鲁迅与文艺思潮流派》，长沙：湖南人民出版社，1985。

海风出版社编：《鲁迅》，台北：海风出版社，1989。

黄修己：《中国现代文学发展史》，北京：中国青年出版社，1988。

2）日本资料

今村与志雄：《鲁迅と传统》，东京，劲草书房，1967。

东京大学文学部中国文学研究室编：《近代中国の思想と文学》，大安株式会社，1967。

小野忍：《中国の现代文学》，东京大学出版会，1972。

丸山升：《鲁迅その文学と思想》，平凡社，1965。

丸山升：《鲁迅と革命文学》，纪伊国屋书店，1972。

丸山升：《现代中国文学の理论と思想》，东京，日中出版社。

3）英文资料

David Y. Ch'en《Lu Xun Complet Poems》(Arizona：Center for Asian Studied Arizona Ssate University Press,1988)

Leo Ou-fan Lee（李欧梵）《Lu Xun and His Legacy》(Berkeley. Los Angeles. London：Universty Of California Press,1985)

Leo Ou-fan Lee（李欧梵）《Voices from the Iron House, A Study of LUXUN》(Indiana University Press,1987)

Marstion Anderson：《The Limits of Realism-Chinese Fiction Revolutionary Period》,(Berkely Los Angeles Oxford：University of California Press,1990)

Marian Galian：《The Genesis of Modern Chinese Literary Criticism》,(Curzon Press. London,1980)

Merle. Goldman：《Modern Chinese Literature in the May Fourth Era》,(Cambridge, Harvard University Press,1977)

Patrick Hanan：《The Technique of Lu Xun's Fiction》,《Harvard Joural of Asiatic, Studies》(vol. 34,1974)

Ting Yi：《A Short History Of Modern Chinese Literature》(Port Washington, N. Y./London：Kenniket Press,1985)

William A. Lyell. JR：《Lu Xun's Vision of Reality》(Berkeley. Los Angeles. London：Universty Of California Press,1975)

Zhi-qing Xia：《A History of Mordren Chinese Fiction》,(London：Yale University Press,1971)

（韩国全南大学丽水分校中文系教授）

文字文化和视觉文化:文化研究的鲁迅观一考察①

全炯俊

整个20世纪中国文坛上的泰斗鲁迅最近也受到种种非难。其实并不能说鲁迅受难是一件耳目一新的事情。在鲁迅去世后的几十年中,对鲁迅进行的误导解释代替了鲁迅自身,结果鲁迅自身反倒一直被排除在外。政治家对鲁迅的神圣化解释正属于此类情况。但这些解释都是以肯定鲁迅的价值为前提的,尽管我们说,这些评价有可能是有所不当的。80年代以后的启蒙主义否定了之前被神圣化的鲁迅形象,尝试肯定凡人鲁迅和文学家鲁迅。固然,我们不能否认这种思维所包含的错误读解侧面,也无法否认它在某种程度上同意识形态也是相关联的,但我们同时也不能否认它是对鲁迅自身的一种认真探讨。但是最近的情况却大有不同,中国的网民和作家作为主要力量批判了从前的鲁迅解释法,这种批判用最近的流行语来说,是对鲁迅文本的经典性(canonicity)进行的批判。尽管对政治所定义的经典化和80年代之后启蒙主义所定义的经典化进行

---

① 《文字文化和视觉文化:文化研究的鲁迅观一考察》初稿发表在《现代批评和理论》第12卷第12号(首尔:Omni Books,2005年),修改后的第二稿刊登在《鲁迅研究月刊》第288期(北京鲁迅博物馆,2006年6月)。本文是在这基础上大幅修改补充的第三稿,已收录在笔者的拙著《跨越语言的文学》(文学与知性社,2013年)。2013年4月,笔者在美国哈佛大学举行的国际鲁迅研究会第三届学术论坛上口头发表从此文中节选的一些部分,并收录在《汉语言文学研究》第四卷第2期(河南大学,2013年)。

批判是必要的事情，但这并不意味着这个必要性会自动地赋予批判一种正当性。批判要想具备正当性的话，首先要以尊重文本本身为前提，而且还要进一步有新的诠释，既要肯定以往观点相对有价值的部分，同时又要将自己的相对价值合理客观化。但事实并非如此，更遗憾的是，在否定鲁迅文本的经典性的同时，轻而易举地将鲁迅文本自身也否定的一文不值。其实，鲁迅文本的经典化并非鲁迅的意图，也并非鲁迅文本的意图。可是，对经典化的批判居然在某一瞬间转向了对鲁迅的批判。然而，我们现在所要考察的非难鲁迅之难是另外一个领域内的问题，是一个非文学内的、文学界之外的问题。比如，在重视电影的文化研究领域里，鲁迅和他的文学被误解和贬低，这种观点是同最近流行的"视觉文化高于文字文化"这个话语相关联的。

一、关于周蕾的解释和翻译的提问

鲁迅在1923年8月出版的第一本小说集《呐喊·自序》末尾标注文章的写作日期为1922年12月3日。如今已经无法考证这篇"自序"是否在12月3日这一天写完的，还是从之前开始写、写完的日期刚好是12月3日。但用常识推断，后者的可能性会大一些。若是后者，我们自然想知道"自序"的起笔时间。对于"自序"中所涉及的一些内容，鲁迅开始思索的时间或许早于1922年。尽管如此，我们还是假设"自序"写于1922年的前提下进行本文的讨论。

《呐喊》的《自序》可能是古今中外的小说集序文中，被引用次数最多的一篇。而其中被引次数最多的是"幻灯片事件"插曲。众所周知，这个插曲是一个鲁迅如何弃医从文的故事。鲁迅在仙台医学专门学校时节因看俄日战争的幻灯片而转向文学。具体来讲，其内容为作为俄军奸细被日军捕获而受刑的中国人以及观看他们受刑的中国人脸上挂着"麻木的神情"，鲁迅因此受到冲击，认为最重要的不是医治中国人的身体，而是改造其精神，因此由医学转向了文学。这种诠释是一种对"幻灯片"

文字文化和视觉文化：文化研究的鲁迅观一考察

事件的通论。尽管这期间有学者们对此提出了不少异议并尝试新的解释方法，但这种通论仍然广为认可。

在许多新尝试中，周蕾的视角可算是最独特的例子：她把"幻灯片事件"诠释为与视觉文化的一次相遇。周蕾（Rey Chow）展开的论述饶有趣味，论争纷纭。周蕾在她的《原始的激情》一书中，第一部第一节"一个 newsreel 改变了中国现代史：重述老事"中引用了鲁迅的第一部小说集《呐喊》的《自序》中的故事，而她引用的部分不是中文原文，而是如下的英语译文本。

> I do not know what advanced methods are now used to teach microbiology, but at that time lantern slides were used to show the microbes; and if the lecture ended early, the instructor might show slides of natural scenery or news to fill up the time. This was during the Russo-Japanese War, so there were many war films, and I had to join in the clapping and cheering in the lecture hall along with the other students. It was a long time since I had seen any compatriots, but one day I saw a film showing some Chinese, one of whom was bound, while many others stood around him. They were all strong fellows but appeared completely apathetic. According to the commentary, the one with his hands bound was a spy working for the Russians, who was to have his head cut off by the Japanese military as a *public demonstration*, while the Chinese beside him had come to *appreciate this spectacular event*.
>
> Before the term was over I had left for Tokyo, because after this film I felt that medical science was not so important after all. The people of a weak and backward country, however strong and healthy they may be, can only serve to be made *materials or onlookers of such meaningless public exposures*; and it doesn't really matter how many of them die of illness. The most important thing, therefore, was to change their spirit, and that time I felt that literature was the best means to this end, I determined to promote a literary

movement…… I was fortunate enough to find some kindred spirits…… Our first step, of course, was to publish a magazine, the title of which denoted that this was a new birth. As we were then classically inclined, we called it *Xin Sheng* [New Life]①

周蕾说上述引用的英文是她在 Yang Hsien-yi 和 Gladys Yang 的译本②基础上进行了适当的修改而成的,其具体说明如下:"我为了强调中文原文中对视觉的表达,多少牺牲了一些英语的流畅感,对标准英语翻译本进行了修改。(引文中进行修改的部分用斜体表示)"③

斜体所表示的部分如下:1) public demonstration, 2) appreciate this spectacular event, 3) materials or onlookers of such meaningless public exposures.

Yang Hsien-yi 和 Gladys Yang 的翻译中相应部分分别为 1) warning to others 2) enjoy the spectacle 3) examples of, or to witness such futile spectacles。④周蕾的修改中强调视觉表达的是 1)。2) 换成了原词 spectacle 的同义词 spectacular。3) 将 spectacles 换成了 exposures,这两个词在视觉性表达这一点上完全一样。结果是,只有对 1) 的修改是将非视觉性的表达换成了视觉性的表达,2) 和 3) 的修改是同样的视觉性表现词汇,并没有特别强调。如此看来,周蕾对于译文的修改所做的解释显得不无夸张之处。特别是对 2) 和 3) 的修改必要性令人匪夷所思。此外,还需注意的

---

① Rey Chow, *Primitive Passions*, New York: Columbia University Press, 1995, pp. 4 – 5. (注下文引用此书,为了简单化,只在括号内标注页码。)

② 周蕾注明出自以下书目:"Preface to the First Colletion of Short Stories,'Call to Arms,'" *Selected Stories of Lu Hsun* (Beijing: Foreign Languages Press, 1960) 2 – 3.

③ 周蕾注明出自以下书目:"Preface to the First Colletion of Short Stories,'Call to Arms,'" *Selected Stories of Lu Xun* (Beijing: Foreign Languages Press, 1960) 2 – 3.

④ 参照"Preface to the First Colletion of Short Stories,'Call to Arms,'" *Selected Stories of Lu Hsun* (New York, London: W. W. Norton & Company, 1977) pp. 2 – 3。此参照文出自于外文出版社 1960 版的美国出版版本。

文字文化和视觉文化：文化研究的鲁迅观一考察

是，"二杨"① 后来也对自己的翻译进行了修改。*Lu Xun Selected Works* 中收录的"Preface to *Call to Arms*"中3）的译文为 examples of or as witnesses of such futile spectacles。②似乎这个翻译更近乎原文。令人庆幸的是，改后的译文也和之前的译文并无大差，这里就无须赘述了。

　　上述三种译文的鲁迅作品原文为：1）示众 2）赏鉴这示众的盛举 3）毫无意义的示众的材料和看客。鲁迅反复使用"示众"这一视觉性意义的词语。与其相比，"二杨"放弃了1）"示众"原来的视觉性意义，意译为 warning to others，2）和3）的"示众"始终使用的是 spectacle。周蕾的译文中1）使用了具有视觉性意译的 demonstration，而相反2）和3）中分别使用的是 spectaclular 和 exposures。笔者认为"示众"一词应该找到一个对应的词来统一翻译，所以对以上两种译法均不敢苟同。两种英语翻译中汉语的词语每次都翻成不同的词语，可能这和英语中回避同一词语的重复使用有关。但实际上汉语和韩语的写作中也忌讳同一词语的重复出现。所以，尽管有这种语言习惯却别具匠心地反复使用同一词语的时候，这一用心就应该成为重要的翻译对象。

　　如上述引用文翻译所示，周蕾为什么着重强调视觉层面的描述呢？这是因为在她看来"幻灯片事件"对鲁迅是一次视觉文化层面上的体验。"幻灯片事件"因成为鲁迅弃医从文的契机而被周知。周蕾对这种惯论提出了异议，并指出这种解释会疏略掉一个重要的环节，那就是鲁迅所受冲击的方式。她想重点考察的是"视觉性相遇"这个侧面，而不是与"中国人麻木的神情不期而遇"。在她看来，"批评家们一贯认为'这个故事'是一件文学问题，因而没有注意到鲁迅的故事本身这个层面，只是关注到了这个故事在文学史上的意义"。（周著等 7 页）

---

　　① Yang Hsien‐yi（杨宪益，1915—2009）和夫人 Gladys Yang（1919—1999）简称为"二杨"。二人在 1941 年结婚。英国人 Gladys Yang 的本名是 Gladys Margaret Tayler，中文名是戴乃迭。

　　② *Lu Xun Selected Works Volume One*, Beijing: Foreign Languages Press, 1980 年第 2 版/1985 年第 2 次印刷, p. 35.

什么是"视觉性相遇"？周蕾首先质疑"鲁迅看画面的时候，他怎么会知道旁观的中国人是处于麻木①的状态呢？"（周著等7页）周蕾把鲁迅对自己思想的变化进行的解释看成是一种追溯行为，强调"鲁迅的叙述已经是在试图将无声的视觉影像语言化、叙述化，而它事实上是时间上后来发生的一种溯及行为。"（周著等7页）就是说，1922年鲁迅写《自序》时，追溯到17年前，把当时所看到的场景转换成语言。由此可见，17年前产生冲击的是"视觉性相遇"本身。

那么在这场"视觉性相遇"中，"确切的说，鲁迅当时正在看的是什么？他是怎样看的？"对于这个问题，周蕾自己做出了如下答复。

> 作为电影的观众，从鲁迅自身的观点上来看的时候，他所"看"和"发现"的并非处刑的残忍性和观客们的冷酷表情，而是电影这个媒体本身所具备的直接的、残酷的、**原生态**的力量。通过透射（影射）穿透出的力量，电影将残忍性所带来的冲击升华为一种攻击性的形态。正如受刑者突如其发的斩首形态一样，影像给了鲁迅当头一棒的冲击。<u>通过看这个自身的行为</u>，鲁迅首先面对的是如同无媒介传递信息般的电影这个新的媒体的透明性，其次面对的是新的媒体的力量和处刑自身的暴力性之间的亲缘性。（周著等8页）

简言之，周蕾想要论证的是鲁迅从电影中受到的冲击有两种：第一是"认识到他或者他的同胞们在世界的眼中只不过是个热闹而已"（周著等10页），第二是"有关鲁迅认识到文学或者写作的传统地位被侵蚀，自己接触到有可能代替文学的、强有力的媒体"。对于周蕾来说，更重要的是第二种冲击。所以，"鲁迅的故事处于自古以来以语言为中心的文化进入20世纪这个交叉口上，它充满了一种预感，即在现代文化和后现代文化中包含所有艺术形态力量的视觉形象即将实现。"（周著等10页）周蕾叙述道，对于第二种冲击所给予的"威胁"，鲁迅作出的反应为"并非

---

① 中文原文是"麻木的神情"。

拒绝了视觉效果，而是在忍受了视觉所给予的苦痛的同时，重新回到文学"。（前面写道："鲁迅向文学逃避，试图'寻求'出路，但视觉形象所体现的威胁性总是困扰着他。"（周著等9页）这种叙述也是同出一辙）在这里延伸出了鲁迅故事的双重性这个概念，即"在现代，宣告文学起源的行动本身已经否定了文学写作的自身完结性或有效性。"（周著等11页）

由上可知周蕾诠释鲁迅的明确观点。她意在主张视觉文化的优越地位，视觉文化中又特别地赋予了电影一种特权。这种意图在第二节《为了脱离文学这个中心符号》中断言道："20世纪初，对中国的知识分子来说，电影的登场意味着一个语言符号和文学符号开始丧失地位的重要瞬间。"（周著等18页）这个句子使她的观点暴露无遗。

周蕾的论述中有许多地方论述的非常尖锐，但从整体来看的时候，我们不由地产生疑问，不得不提出一些异议。我们的批判性考察可以从她引用的《呐喊》《自序》的英语翻译文开始。周蕾将鲁迅所说的"电影"翻译为"lantern slides"，而"画片"第一次翻译为 slides，后面两次翻译为 films 和 film。此外，英文译文中 film 还出现了一次。即第二段的"after this film"。这句话是对中文"从那一回以后"意译而来的。这里的 film 是原文中没有的。①这种翻译法尽管只是沿用了"二杨"的翻译而已，但沿用本身已经包含了周蕾的立场，如果说这种翻译有问题的话，周蕾也同样有不可推卸的责任。因为我们研究的重要前提就是，周蕾是不可能没有读过鲁迅的汉语原文，而只读"二杨"的英语翻译本来论证的。②对我来说，两者虽都为外语，但据我判断，将鲁迅的"电影"统一翻译为 filmslide、"画片"统一翻译为 slide 才是正确的。鲁迅的中文原文如下：（下划线部分为出现问题的部分）

---

① 因此在英文版原文里 lantern slides，slides，film 等这样的语言前后共出现了五次。在前面的引用文里用下划线做了标记。

② 很难想象这种前提无法成立。

　　我已不知道教授微生物学的方法，现在又有了怎样的进步了，总之那时是用了<u>电影</u>，来显示微生物的形状的，因此有时讲义的一段落已完，而时间还没有到，教师便映些风景或时事的<u>画片</u>给学生看，以用去这多余的光阴。其时正当日俄战争的时候，关于战事的<u>画片</u>自然也就比较的多了，我在这一个讲堂中，便须常常随喜我那同学们的拍手和喝采。有一回，我竟在<u>画片</u>上忽然会见我久违的许多中国人了，一个绑在中间，许多站在左右，一样是强壮的体格，而显出麻木的神情。据解说，则绑着的是替俄国做了军事上的侦探，正要被日军砍下头颅来<u>示众</u>，而围着的便是来<u>赏鉴这示众的盛举</u>的人们。

　　这一学年没有完毕，我已经到了东京了，因为从那一回以后，我便觉得医学并非一件紧要事，凡是愚弱的国民，即使体格如何健全，如何茁壮，也只能做<u>毫无意义的示众的材料和看客</u>，病死多少是不必以为不幸的。所以我们的第一要著，是在改变他们的精神，而善于改变精神的是，我那时以为当然要推文艺，于是想提倡文艺运动了。（略：在东京的留学生很有学法政理化以至警察工业的，但没有人治文学和美术；可是在冷淡的空气中，）也幸而寻到几个同志了，（略：此外又邀集了必须的几个人，商量之后，）第一步当然是出杂志，名目是取"新的生命"的意思，因为我们那时大抵带些复古的倾向，所以只谓之《新生》。

　　鲁迅上课时看的是拍摄微生物形态的"电影"，课堂结束后看的是以自然风景或时事为内容的"画片"。不管是"电影"还是"画片"都是用幻灯机放映的幻灯片（静止的照片），并不是电影（动映像）。众所周知，film 这个英语单词原来的意思包含了所有的胶片，可是如今它同 cinema 以及 movie 等单词区别相用，特指电影（动映像）。周蕾的翻译开始使用了 slide 这个词，后来又暗地置换为 film（这个词本来包含了广义上的胶片，所以这种置换也未尝不可），而在小节的题目中干脆用 news-reel

这个词①，这充分显示了她的翻译另有用意。News-reel 并非 news 幻灯片，而是 news 电影。而我们说静态的幻灯片和动态的电影之间有着本质性的区别。对两者的区别，周蕾自身也在第二小节的末尾进行了如下的说明：

> 还有，最后 film 同照片或者绘画不同，可视性的东西在一定的时间内也发生运动。正是因为 film 具备了被称为动态叙述的特征，film 才能同其他视觉效果以不同的方式，和历来独占叙述的语言文本相对峙。（周著等 18 页）

不仅如此，周蕾通过 film 这一词的使用将电影和幻灯片也混为一谈。鲁迅的视觉科技体验是幻灯片所带来的，并非电影所带来的。如果说她承认了幻灯机所展现的静态照片和电影的动映像之间的差异，那么我们说，在论证"20 世纪初，对中国的知识分子来说，film（电影）的登场意味着一个语言符号和文学符号开始丧失地位的重要瞬间。"（周著等 18 页）的时候，引用鲁迅的 film（幻灯片）事件是十分不恰当的。而周蕾在论证鲁迅的"幻灯片事件"时一直使用 film 这个词，有可能正是她为了隐藏自己的这种不当性的一种战略性（抑或战术性）说法。她的英文翻译正所谓自圆其说了自己的语法。

饶有趣味的是，"二杨"在 Lu Xun Selected Works 第 2 版中大幅修改了以往的翻译。上文虽然也曾提及，这一部分的修改更是举足轻重，为了准确论证，这里直接引用其修改的翻译：

> I have no idea what improved methods are now used to teach microbiology, but in those days we were shown lantern slides of microbes; and if the lecture ended early, the instructor might show slides of natural scenery or news to fill up the time. Since this was during the Russo-Japanese

---

① 这个词周蕾引用于 Jay Leyda, Dianying: *An Account of Films and the Film Audience in China* (Cambridge, Mass.: MIT Press, 1972) p.13.

War, there were many war **slides**, and I had to join in the clapping and cheering in the lecture hall along with the other students. It was a long time since I had seen any compatriots, but one day I saw a **news-reel slide** of a number of Chinese, one of them bound and the rest standing around him. They were all sturdy fellows but appeared completely apathetic.

According to the commentary, the one with his hands bound was a spy working for the Russians who was to be beheaded by the Japanese military as a warning to others, while the Chinese beside him had come to enjoy the spectacles.

Before the term was over I had left for Tokyo, because this **slide** convinced me that medical science was not so important after all. The people of a weak and backward country, however strong and healthy they might be, can only serve to be made examples of or as witnesses of such futile spectacles; and it was not necessarily deplorable if many of them died of illness. The most important thing, therefore, was to change their spirit; and since at that time I felt that literature was the best means to this end, I decided to promote a literary movement. . . . I was fortunate enough to find some kindred spirits. . . . Our first step, of course, was to publish a magazine, the title of which denoted

that this was a new birth. As we were then rather classically inclined, we called it Vita Nova〔New Life〕.①

下划线部分为修改后的部分,不难看出修改的程度非同小可。这里要注意的是黑体部分。以往的翻译中翻为 films,film,film 的部分改为了 slides,news‐reel slide,slide。这一修改和笔者前述主张基本一致,即应该统一地将鲁迅原文的"电影"翻为 flimslide(或 lantern slides)、"画片"

---

① Lu Xun Selected Works Volume One,Beijing: Foreign Languages Press,1980 年第 2 版/1985 年第 2 次印刷,pp.34 – 35.

翻为 slide（s）。如果周蕾引用"二杨"的新译文，代替 film 而使用 slide 的话，《原始的激情》中的论证抑或不会是现在的样子。

二、如何解读"幻灯片事件"

笔者认为有必要重新考察历来的文学批评以及文学研究界是如何读解《呐喊·自序》的"幻灯片事件"的（虽然被周蕾置之不理和任意排斥）。当然，通常会一五一十地根据鲁迅的讲述去解读本事件。这种方式一直通用到现在，但对此通论提出异议，进行新的解读的例子也有不少。其中典型代表是日本的竹内好。竹内好于 1943 年在他的著作《鲁迅》中，提出在"幻灯片事件"之前有一件值得关注的事件。他是指鲁迅在散文《藤野先生》中记述的"解剖学讲义笔记事件"。① 其内容为：日本学生们认为藤野先生在批改鲁迅的讲义笔记的时候提示了考试试题，因此鲁迅有幸及格。竹内好认为"幻灯片事件"和"讲义笔记事件"同样都使鲁迅感到一种侮辱感。按照竹内好的说法，鲁迅并非是"为了拯救同胞们的精神贫乏、满怀希望的离开仙台的"而是"背负重辱一气之下离开仙台的。"总之，竹内好认为"幻灯片事件"和鲁迅的文学抱负并无直接关系。竹内好的主张为鲁迅的文学转向并非突然发生的事件而是一个逐渐积累的一个结果。"'幻灯片事件'本身并不意味着他的回心。他

---

① 蒙树宏推断"幻灯片事件"发生在1905年日俄战争时期的3月13日前后。（蒙树宏编，《鲁迅年谱稿》，桂林：广西出版社，1988，p.48.）"讲义笔记事件"发生在1905年9，10月，从而可以推断先有"幻灯片事件"，之后才有"讲义笔记事件"。但是在《藤野先生》中，鲁迅亲自明确地阐明两件事件发生的顺序，我们不得不承认竹内好的解读是正确的。"中国是弱国，所以中国人当然是低能儿，分数在六十分以上，便不是自己的能力了：也无怪他们疑惑。但我接着便有参观枪毙中国人的命运了。第二年，添加教霉菌学，细菌的形状是全用电影来显示的……"（黄源、戈宝权主编，竹内好著，《鲁迅》，浙江文艺出版社，1985，p.58）

所受到的屈辱感在形成他的回心之轴的各种原因中添加了一个要素。"①不管我们是否同意他的说法（笔者基本上赞成），重要的是他没有直接接收《呐喊·自序》中的叙述。如果对此细究的话，我们则会发现许多疑问之处。

首先，"幻灯片事件"发生的时间为1905年，而写《自序》的时间为1922年，应该注意到中间有17年的时间之差。周蕾并没有忽视这一点，将鲁迅所说的中国人麻木的表情解释为"在时间上事后产生的溯及行为。"周蕾将视觉形象的语言化问题置于1905年和1922年这个时间差的关系中考察，但如果细究起来当时的时间问题是十分复杂的。鲁迅的句子中已经存在两个不同的时间，即一个是"幻灯片事件"发生的时间，另一个是他来到东京以后的时间。而鲁迅认识到医学并不重要、改变国民的愚昧精神才是重要的时候，这种思想转变是发生在仙台呢？还是回到东京以后呢？"弃医"和"从文"的决定之间是否存有时间差的可能性呢？

鲁迅在仙台时找到藤野先生说明想要弃医的时候，藤野先生曾长叹道："为医学而教的解剖学之类，怕于生物学也没有什么大帮助。"（此事件出自于1926年写的散文《藤野先生》。从文中提到的"到二年级的终结"可以推测，应该是1906年2，3月左右。）鲁迅补充道，"其实我并没有决意要学生物学，因为看得他有些凄然，便说了一个慰安他的谎话。"即使这是句"谎话"，我们还无法断定鲁迅是否已经决定"从文"。（当然，能断定已经"弃医"）鲁迅放弃仙台的学医之路，去往东京的时间是1906年3月20日左右。（正式退学的日期是3月16日。）鲁迅家乡的朋友许寿裳在1936年曾经这样回忆鲁迅的这段时期。

……可是到了第二学年春假的时候，他照例回到东京，忽而转

---

① 黄源、戈宝权主编，竹内好著，《鲁迅》，浙江文艺出版社，1985，第59页。需要关注的是，竹内好的"不把鲁迅的文学从本质上看作功利主义"观点是他给予以上解释的出发点。

文字文化和视觉文化：文化研究的鲁迅观一考察

变了。

"我退学了。"他对我说。

"为什么？"我听了出惊问道，心中有点怀疑他的见异思迁，"你不是学得正有兴趣么？为什么要中断……"

"是的。"他踌躇一下，终于说，"我决计要学文艺了。中国的呆子，坏呆子，岂是医学所能治疗的么？"

我们相对一苦笑，因为呆子坏呆子这两大类，本是我们日常谈话的资料。①

这样一来，很明显鲁迅决定转向文学是之前的事情了。大体上看，从 1905 年秋季学期发生的"幻灯片事件"之后到 1906 年去东京见许寿裳之前的几个月的时间中，鲁迅有了这种转变。

我们认真细读鲁迅的叙述，便发现上述推论的可信度进一步加深。鲁迅并没有说过"幻灯片事件"当时就决定弃医从文。这只是后来的研究者们的解读而已。下面我们再次引用这段叙述。

这一学年没有完毕，我已经到了东京了，因为从那一回以后，我便觉得医学并非一件紧要事，凡是愚弱的国民，即使体格如何健全，如何茁壮，也只能做毫无意义的示众的材料和看客，病死多少是不必以为不幸的。所以我们的第一要著，是在改变他们的精神，而善于改变精神的是，我那时以为当然要推文艺，于是想提倡文艺运动了。

引用文由两个部分组成。第一句话的内容是"幻灯片事件"之后产生的新的想法（健全的体格并非重要）使得鲁迅放弃学医。第二句"我们的第一要著，是在改变他们的精神"和第一句由"所以"连接，问题就在于此。从逻辑上看，体格健全并不重要的这一新的想法，一方面

---

① 许寿裳，《怀亡友鲁迅》，孙郁、黄乔生主编，《挚友的怀念》，石家庄：河北教育出版社，2000 年，第 73 页。

(在文章中的因果关系之中)是放弃医学专业的原因,而另一方面(跟下一段文章的因果关系中)是需要改造精神的原因。那么,这两个因果关系是同时发生的,还是依次发生的呢。与此疑问相关,鲁迅的态度极其模棱两可。之前的通说没有重视这些模糊的一面,把其看做是同时发生的事情。但现在我们关注其模糊性,看做非同时性事件。"那一回"以后,鲁迅写到自己便对医学失去的兴趣,"所以"急需要"改变他们的精神,进行文艺运动。"这里包含"随着时间的推移,越来越"的含义。这种含义暗示的时间差非常重要。视觉形象的语言化,换句话说,把中国围观者的神情描述为"麻木"的时间点会不会是此刻的行为?把这时的故事追溯到1922年发生的举动的做法是否妥当。笔者认为对神情的解释应该是"幻灯片事件"事发当日到1906年3月下旬之间的事情,同时是来回反复渐进的过程,而不是一次性完成的。

因此,1922年的描写是重构过去,而不是对过去的追溯行为。《呐喊·自序》事件这个侧面上来看,重要的是鲁迅为什么单单挑出"幻灯片事件"来叙述。正如上述,不是在此之前也有过讲义笔记等事件吗?而且,只看《呐喊·自序》的叙述时,仿佛觉得鲁迅在"幻灯片事件"之前对文学漠不关心,对改变中国人的愚民性毫无知觉。但在别的资料中我们则能够看出鲁迅在仙台学医之前就对文学十分感兴趣,很早就觉悟到对中国愚民性改造的重要性。《呐喊·自序》的叙述隐蔽了这些实情,从而体现了一种叙述的效果。也就是说,形成了一个以"幻灯片事件"为契机弃医从文的生动的故事,这个生动的故事可以充分读解为有关"起源"的问题,狭义上来说是鲁迅文学的起源,广义上来说,是中国现代文学的起源由此开始的。很有可能这也是鲁迅的叙述含义。

周蕾为《呐喊·自序》的解释做的关键性贡献是对视觉性冲击进行考察的必要性。笔者对此毫不犹豫地表示认同。但尽管如此,仍然感到周蕾对视觉冲击效果的描述有些言过其实。周蕾对静止的幻灯片和动态的电影都用 film 一词概论,从而将幻灯片的视觉效果等同于电影的视觉效果来支撑自己的论证,这是她的一种论证策略。周蕾的夸张是为了构筑一种新的神话。正是所谓她所说的"20世纪初,对中国的知识分子来说,电影的登场意味着一个语言符号和文学符号开始丧失地位的重要瞬间。"(周著等18页)这个神话。这种说法为鲁迅文学的起源设立了一个新的"起源"。也就是说,"幻灯片事件"中所受到的视觉科技威胁成了鲁迅文学的新的"起源"(而历来对鲁迅文学的"起源"都解释为通过"幻灯片事件"觉醒到应该改造中国人的精神)。但是,鲁迅实际上在看示众的幻灯片之前就已经接触到幻灯这个媒体了(正如在"幻灯片事件"之前就已经认识到需要改变国民精神一样)。鲁迅在这之前就已经看到不少有关微生物、时事,或风景的幻灯片。那么鲁迅在看那些幻灯片的时候也受到同样程度的视觉冲击吗?显然并非如此。所以在这里,重要的是当时的幻灯那个媒体同中国人的病态国民性这个内容结合为一体这一点。应该说两个要素的结合使冲击效果达到了最高值。有可能鲁迅单独强调"幻灯片事件"的原因就在于此。

但是我们更应该注意的是"幻灯片事件"只不过是《呐喊·自序》的一小部分而已。从整个《自序》的整体文脉来看,"幻灯片事件"和转向文学的"起源"又会被解体。这要归结于办《新生》杂志失败(此内容紧接着周蕾提示的引用文出现)的痛苦经验所留下的屈辱感。鲁迅背负这种屈辱,创作了另外一个"起源"的故事,它就是《呐喊·自序》的后半部分讲述的"铁屋子"故事,即1918年鲁迅接受《新青年》杂志的投稿邀请后,向钱玄同讲述过的那个有名的故事。这并非鲁迅文学的"起源",是鲁迅小说的"起源"。在这里对此就不详述了。

三、文字文化和视觉文化的关系

周蕾论述的前提在于文字文化和视觉文化处于对立关系,并且似乎有替代关系。但笔者并不同意这一前提。依笔者之见,它们仅仅是互相不同而已。从重视想象力和image的角度看文学的时候,视觉的东西是文学的本质性要素。这种文学内在的视觉性同文学外部的视觉文化紧密相关，所以随着视觉文化的时代性变化而发生变化是理所当然之事。比如，我们想一下远近法出现之前和之后的绘画、印象主义绘画、摄影、电影等给予文学内部视觉性的影响，便会不解自答。周蕾不也是在试图从以鲁迅为代表的中国作家小说里发现电影的影响吗？然而，一方面，有关视觉文化，我们不能将所有的视觉文化一概而论。绘画和雕刻不同，它们同照片又有所不同，即便是同样的静态照片，普通照片和投影仪投放出来的幻灯照片会产生不同的结果，而即便是用同样的投影仪来投射，也会有静态的幻灯片和动映像电影等不同效果，并且同样的电影之间也会有有声电影和无声电影等不同的类型。文学和电影之间基本上是一种相互影响的关系，它们随着自身内部的变化，时而是对立的关系，时而则是互补的关系，时而甚至是联袂的关系。我们说文学从文化的中心（严格来说，需要追究一下"中心"一词的含义）中被挤出来，而电影则跻身而入这种陈述是有可能成立的，但并不能因此而下结论说文学消失、电影取而代之。文学和电影之间并不存在什么上下关系，也不存在优劣关系。两者基本上是并驾齐驱的关系。犹如文学和音乐的关系、电影和美术的关系一样。

但是周蕾的想法和笔者不同。周蕾的论证看起来是以对文学进行的某种定义为大前提的。首先看一下第一部第一小节的陈述：

> 1920年代和1930年代，面对文学的地位每况愈下的情况，作家们选择"<u>不是把写作跟社会——物质性世界内部活动区别开来，而是将写作重新定义为其活动的一部分</u>"这一对策的时候，那种"社会——物质性的世界内的活动"和视觉性的东西（visuality）之间并没有形成连结。（周著等 6—7 页）

这一陈述的前半部分开始就援用了 Wendy Larson 的说法。① 周蕾在

---

① Wendy Larson, *Literary Authority and the Modern Chinese Writer: Ambivalence and Autobiography*(*Durham*, N. C.：Duke University Press, 1991, p. 8.

文字文化和视觉文化：文化研究的鲁迅观一考察

注明出处后附加了以下说明，这一补充说明也援用了 Larson 的观点。

Larson 的论文中指出，20 世纪初现代中国文学具有明显特征，即被用来证明文学或文本生产劳动合法性的权威和参考性发生了显著变化。参考文本的权威一直为社会——物质性世界的权威让路。因传统已崩溃，所以作家们更加消极地看待文本生产劳动，尽管如此，文本生产工作却被一直特权化。（周著等 6 页）

Wendy Larson 是美国俄勒冈大学东亚语言专业的白人女性教授，主要研究方向为中国现代文学和电影。1984 年，她在伯克利大学获得博士学位，这比笔者和周蕾都要早几年，因此可以算作是学长。Wendy Larson 在著作《*Literary Authority and the Modern Chinese Writer: Ambivalence and Autobiography*》中通过郭沫若、沈从文、鲁迅、胡适、巴金等的散文和自传，尝试说明 1920 年代末到 30 年代初，中国作家们经历的权威（authority）上的危机。她主张：作家们疑虑文学和文本形式的学术（literary works or textual scholarship）对社会生活的影响力，导致他们批判甚至放弃文本生产工作；他们选择的对策是从事革命、从事军事、体力劳动等，即在社会——物质性世界内部的活动；但由于他们无法真正放弃写作，所以当时作家中的一部分（some）就尝试将写作行为重新定义为接近物质生产抑或是物质生产的一部分。①

虽然周蕾援引 Larson 的观点是为了将其作为自己的论据，但具体来讲，Wendy Larson 和周蕾之间还是大相径庭的。Wendy Larson 说："整个 20 世纪中国作家们都在内心纠结如何创造一个新的文学传统。文学的权威和社会、物质性权威之间的矛盾就是其搏斗的一部分。"② 这种论证之所以可行是因为 20 世纪初权威发生危机这一经验为界线，将之前的文学传统和新的文学传统进行了区分。但与此相反，周蕾的陈述中缺少这种

---

① 参考 Wendy Larson, Op. cit., p.153.

② http://eall.uoregon.edu/faculty-and-staff/larson/

211

区分。正如周蕾中所说的"权威和参考性上的显著变化"（即20世纪初权威上的危机经验），只将其视为"传统"的"崩溃"过程而已。Wendy Larson 所看到的新文学传统的创始在周蕾眼中却视而不见。对周蕾来说，只看到了自古代持续而来的文学传统急剧崩溃。Wendy Larson 考察的是20年代末30年代初与创作新的文学传统相关的作家们的苦恼。而周蕾认为1905—1906年这段时期"文学传统"瓦解并重新转向传统，而20年代末30年代初的文学现象也包含在这种重新转向之中。周蕾所不满的是，1905—1906年鲁迅并没有选择视觉文化，而且直到20年代末、30年代初作家们也依然不重视视觉文化这一点。

再举个例子来说，第一部第三小节（《原始的激情的出现》）有如下内容。

> 五四作家们要复兴文学的时候，为了获得灵感，将视线转向下层阶级的悲惨和挫折。（周著等21页）

这种叙述令人困惑。这里讲述的是五四运动作家们推翻古代文学、建立新文学的时期（即1919年前后）呢？还是指五四运动走向低潮、普罗文学登台的时期（即20年代末30年代初）呢？如果是指前者，那么可以说上述陈述是错误的。因为五四运动作家们的目的并不是复兴文学，而应该说是批判之前的文学，进行文学革命，创造新的文学。但如果指的是后者的话，上述论述则有些不伦不类。文学为了得到复兴而利用下层人民的悲惨生活和挫折经验，这种说法令笔者联想起一些不快的回忆。坦率而言，这段论述让笔者不由自主地联想起1950年代、1960年代美国盛行的反共主义论述战略（贬低社会主义者以及共产主义者的一种既巧妙又轻浮的话术）。1970、1980年代的韩国当时也能在官方的宣传资料和御用文人的笔下处处可见对工农运动家、社会运动家、学生运动家等进行的这种拟似精神分析。

周蕾的这种论述背后存在一种特定视角：消除了中国的传统文学（pre–modern 文学）和20世纪新文学（modern 文学）之间的区别，并将其二者视为同一性。作家进入到文学这一制度中这一事实固然重要。但在中国传统文学和新文学之间明显存在制度的断绝，正如福柯所说的 episteme 的断绝一样（与这个断绝相比，现代文学和后现代文学之间的差异不过是微乎其微。）无视这种断绝而将两者作为同一制度的观点是一个误区。20世纪新文学作家们是与新制度的形成息息相关的，并非和当时走向崩溃的旧制度的延续甚至复兴相关联的。他们在推翻传统的运动中是作为能动主体存在的。

与此相关，应该注意的是，"传统"这个词的用法在东西方各有其不同含义。例如20世纪二三十年代本雅明批判传统文学积极肯定先锋文学和电影的时候，其中的传统文学是指现代文学，而同时代（到现在为止也是）中国所说的传统文学指的是前现代文学。所以中国的传统文学和新文学之间的关系和班雅明所说的传统文学与先锋文学是不能同日而语的。中国的新文学包括了本雅明意义上的传统文学和先锋文学，和中国的传统文学毅然断绝。①

---

① 尽管如此，在中国学研究领域中这种断绝往往被忽视。"断绝？中国的新文学是继承了传统文学而创新的，不是断绝后形成的。"我似乎听到了这种反驳。为避免误会，我再赘述几句。我们有必要关注一下"传统"这一词语的滥用问题。如若不使用"传统"一词，就会产生如下说法。即：中国现代文学和前现代文学之间的显著断绝在西方现代文学和前现代文学之间也同样存在。我认为如果将东西方文学置于同一平台，亦即一般文学这一平台来看就会不言而喻了。如果并未清楚认识这些问题，就说明对现代文学的现代性省察并不充分。虽然对现代性的批判和否定是当今主流话语，但我相信这种批判和否定应该建立在对现代性的充分考察之上。（福柯的现代性批判不正是如此吗？）当中国研究以文学为对象进行的时候，这种研究在成为中国研究之前应该首先是文学研究，这正是我的问题意识出发点。

周蕾很有可能将封建时期的中国、20世纪上半期的中国、"文化大革命"时期的中国以及当今的中国当作一个中国来看待。对时期进行区分分析是必要的。因作者将其混为一谈，所以出现了拿"文化大革命"时期的资料来批判当今的中国，而为了对当今的中国进行说明，又拿前现代的中国视为资料。这并不能简单地将其解释为一种错误，应该认真分析其中是否另有意图。

周蕾的根本动机在序言的末尾部分比较明显地表露出来:

> 虽然"文学"是我的专业①,但我并不相信一种学问上的浪漫主义:现代/现代主义性的文学具有"革命性(或颠覆性)"的同时,比本书中所考察的视觉形象等大众文化形式层次更高。(周著等13页)

"现代/现代主义性"是"modern/modernist"的中文翻译。如此看来,周蕾强烈反对现代主义(modernism)文学的精英主义,特别是现代主义文学中贬低视觉文化和大众文化的观点。在这一点上,笔者也同样认为应该对现代主义的精英主义性进行批判,同时笔者也主张应该恢复或取得视觉表现方式的权利。但笔者不能苟同的是,为了批判或伸张权利而将所有文学的内容都一视同仁为现代主义文学精英主义这一点。

甚至周蕾将一般的文字文化和现代主义文学的精英主义等价起来。文字文化的一般毋庸置疑,就是一般的文学内部也存在着千差万别,现代主义文学的精英主义只不过是其中的冰山一角,所以这种等价是不攻自破的。并且,现代主义文学也不能简单地用精英主义来说明,它具有着复杂的内容。再者,正如文字文化内部存在各种差异一样,视觉文化内部也存在各种差异。并且,视觉科技中,比起写作来,更有可能与权力问题紧密相关。

笔者认为,在文字文化对视觉文化这个巨大的框架中,与简单定论问题相比,更需要对各自内部存在的各种差异以及对文字文化和视觉文化之间的沟通和互相作用进行周密的考察。比如,对于鲁迅,视觉科技的冲击是如何融入其文学内部的而又如何表现的等问题,要比周蕾所立足的视觉文化优越论并在其基础上非难鲁迅文学选择问题更具建设性。

---

① 从而可以看出,周蕾在1995年承认自己的专业领域是文学。但到了2012年就不同了。她之后一直表明自己的研究领域是批判理论和文化研究。

不以视觉文化特权论为目的、而以阐明视觉文化的真正意义和价值为目的的话，难道这不更理所当然的吗？①

(韩国国立首尔大学中文系教授)

---

① 在此欲补充一个准备论文中文版的过程中产生的新的想法。以 Roland Barthes 提出的照片的两个要素（studium 和 punctum）来接近"幻灯片事件"，鲁迅和日本学生一起看到的同样的 slide 照片，对于日本学生来说是连 studium 都不具备的、仅仅是 pornography 意义上的 spectacle 而已。而与此相反，鲁迅从照片捕捉到的会不会是 punctum 呢？

鲁迅与"文化大革命"

金河林

一、鲁迅在哪儿?

1976年9月,毛泽东去世了,10月份"四人帮"被抓,从1966年起持续了大约10年的"文化大革命"终于结束了。对于中国人来说,"无产阶级文化大革命"是20世纪最不幸而残酷的事件之一。如果让我们回想起在"文革"期间印象最深刻场面的话,很容易记忆起的是带着红宝书,身着军装的年轻红卫兵。

毛泽东对革命纯洁性的追求导致他夸大和错误地估计了中国1960年代所面临的问题。毛泽东希望"文化大革命"能成为他对中国和马列主义最重要、持久的贡献,结果反而成了他晚年的重大错误。[1]

"文化大革命"中,政治灾祸与文艺灾难互相结合,文艺界遭到了毁灭性打击,甚至百名以上的作家被迫害而死。但是在"文革"期间鲁迅被崇仰到"神"的地位。例如"'鲁迅是人不是神'观念的确立。本来,这一问题最初提出,有着特定的历史背景和意向所指。它主要是为了净

---

[1] Roderick MacFarquhar & John K. Fairbank,"The Cambrige History of China",Volume 15. 中译本《剑桥中华人民共和国史,中国革命内部的革命1966—1982》,北京:中国社会科学出版社,1992,参看pp.116 – 119。

化'文革'期间弥漫在鲁迅研究界的沉重的偶像深化气息，剔除别有用心的阴谋家给鲁迅虚饰的一些不切实际的光环而提出的。"① 在这篇文章说的"特定的历史背景和意向"就意味着"文革时期"对鲁迅的利用和评价。下面的文章也指出同样的现象："如果说 40、50、60 年代，人们对鲁迅的观察视野集中在'民族英雄'的鲁迅这一个层面上，带有单向思维的性质；……（中略）… 人们看到的是'英雄'的鲁迅，却不重视鲁迅怎样成为英雄的探讨，有意无意地忽略鲁迅平凡的一面，更不愿正视作为英雄的鲁迅的内在矛盾与痛苦。对于鲁迅的这种'注重结果，不注重过程'的观察方法，是反映了那个特定时代的社会思维习惯与社会心理的。"② 这篇文章里的"特定时代"就是"文革时期"。

"文革"结束以后，纠正"文革"时期对鲁迅的评价和利用，有些专家和教授们进行批判和研究。例如"四人帮肆意歪曲 30 年代左翼文艺运动的历史，把左翼文艺打成黑线，而独独把鲁迅说得完全正确，将鲁迅从左翼文坛割裂出来，将鲁迅与其他左翼领导人完全对立起来，这是别有用心的。"③ 这篇文章的具体内容是 30 年代'两个口号论战'的问题。"四人帮"用"国防文学与民族革命战争中的大众文学"论战来批评和攻击周扬（当时共产党中央宣传部副部长，文联副主席，作家协会副主席）。攻击周扬的主要内容是，在 30 年代两个口号论争当时，周扬追随王明路线，而且他是文艺黑线专政的代表，走过右翼投降路线。"四人帮"的意图就是用鲁迅来攻击周扬，从而掌握文艺界的主导权。"文革"

---

① 赵存茂：《1980—1985 年鲁迅研究述评》，《中国现代文学研究：历史与现状》，王瑶主编，北京：中国社会科学出版社，1988，第 63 页。
② 钱理群：《心灵的探寻》，上海文艺出版社，1998，第 12—13 页。
③ 袁良骏：《当代鲁迅研究史》，西安：陕西人民教育出版社，1992，第 373—374 页。

结束后,对"两个口号论争"的再评价,从而纠正"文革"时期的歪曲。①除了中国外,别的地区也关注在"文革"期间的"两个口号论争"的再评价和意义。②

但是如果鲁迅的利用和评价只限制于这个方面的话,就不能把握'文革'期间的真相和内容。例如根据"在'文革'的十年浩劫中,四人帮对鲁迅的神化,歪曲和利用也是愈演愈烈,愈益不择手段的。……对鲁迅本人来说,这也是一场历史的灾难。对鲁迅研究来说,同样是一场历史的灾难。"③ 的话,这些真相和内容超过想象以上的。

二、"文革"期间鲁迅著作的出版状况

1. 鲁迅原文节录著作

在"文革"期间,就像毛主席的"红宝书"一样,关于鲁迅原文的小册子也出版了,其内容参见表1。

---

① 请参见唐沅:《关于一九三六年"两个口号"论争的性质问题》,杨占升:《评"两个口号"论争》,邾瑢,《还历史的本来面目——学习鲁迅关于"国防文学"的论述》《文学评论》1978年 第三期(北京,人民文学出版社)。

② 例如丸山昇的〈一九三五・六年の'王明路线'をめぐって〉和《"国防文学论战"について》〉(《现代中国文学の理论と思想》(东京,日中出版,1974),Merle Goldman,The Political Use of Lu Xun in the Cultural Revolution and After,Leo Ou-fan Lee ed,Lu Xun and His Legasy(University of California Press,1985)pp. 180 – 196.

③ 袁良骏:《当代鲁迅研究史》,西安:陕西人民教育出版社,1992,第374—375页。

表1 鲁迅小册子①

书名	《鲁迅语录》（A）	《鲁迅言论辑录》（B）	《鲁迅文摘》（C）
编者	上海印刷学校	上海工人革命造反总司令部吴淞化工厂造反大队翻印 江苏东方红公社南京工学院东方红公社东方红杂志社	天津 东风大学东风公社 文艺兵团编印
出版年度	1967.3.10	1967.3	1967.10
面数	297	243	278
目录	前言 毛主席语录 鲁迅墨迹 毛主席关于鲁迅的论述 毛主席在鲁迅逝世周年纪念会上演说 党中央和苏维埃政府的唁电 纪念我们的文化革命先驱鲁迅 学习鲁迅，永远忠于毛泽东思想 学习鲁迅的革命硬骨头精神 陈伯达/姚文元/许广平/郭沫若讲话 周扬为什么拼命贬低和攻击鲁迅 **鲁迅原文精选**＊ 附录	毛主席论鲁迅 毛主席在《鲁迅逝世周年纪念会上的演说》 中共中央唁电 序 鲁迅生平简介 鲁迅作品总目 许广平悼念鲁迅诗一首 **鲁迅言论辑录** 后记	毛主席论鲁迅 毛主席在鲁迅逝世周年纪念会上演说 中共中央苏维埃中央政府对于鲁迅逝世的唁电 中共中央苏维埃中央政府为鲁迅逝世告全国同胞和全世界人民书 陈伯达同志在纪念鲁迅大会上的闭幕词 **鲁迅文摘** 后记

---

① 我们可以推测这3种以外，出版了很多种类的关于鲁迅的小册子，可是论者收集的是表1的3种。书名旁边的A，B，C是为了展开议论，笔者添加的。

鲁迅语录
魯迅言論輯錄

上海工人革命造反总司令部
吳淞化工厂造反大队翻印
江苏东方红公社
南京工学院東方红公社東方红杂誌社

目 录

前言……………………………………（1）
毛主席語录……………………………（3）
鲁迅墨迹………………………………（4）
毛主席关于鲁迅的論述………………（5）
毛主席在鲁迅逝世周年紀念会上演說
………………………………………（16）
党中央和苏維埃政府的唁电…………（20）
紀念我們的文化革命先驅鲁迅
《紅旗》杂志一九六六年第十四期社
論……………………………………（22）
学习鲁迅，永远忠于毛泽东思想《解
放軍报》……………………………（33）
学习鲁迅的革命硬骨头精神《人民日
报》…………………………………（37）

最 高 指 示

鲁迅是中国文化革命的主将，他不但是伟大的文学家，而且是伟大的思想家和伟大的革命家。鲁迅的骨头是最硬的，他没有丝毫的奴颜和媚骨，这是殖民地人民最可宝贵的性格。鲁迅是在文化战线上代表全民族的大多数，向着敌人冲锋陷阵的最正确、最勇敢、最坚决、最忠实、最热忱的空前的民族英雄。鲁迅的方向，就是中华民族新文化的方向。

鲁迅与"文化大革命"

　　出版时期是大概1967年，这就是意味着"文革"初期以红卫兵为中心出版了这样的小册子。1966年发表了所谓"5·16通知"，为了人民解放军的理念和思想教育工作，以林彪为中心编纂和出版了从《毛主席选集》中摘编的《毛主席语录》即"红宝书"，以后"红宝书"是红卫兵的思想和行动的必需指南书和"经典"。大概一年之后，鲁迅的著作也同样地出版了。

　　考察"目录"可以发现三本小册子的目录很类似，毛主席对于鲁迅的论述和演说，还有1936年鲁迅逝世时，中共中央的唁电，"造反派"的关于鲁迅的论述，鲁迅原文的摘要和节录。

　　出版的动机如下：

　　A：《前言》　毛主席说："鲁迅的两句诗，'横眉冷对千夫指，俯首甘为孺子牛'，应该成为我们的座右铭。'千夫'在这里就是说敌人，对于无论什么凶恶的敌人我们决不屈服。'孺子'在这里就是说无产阶级和人民大众。一切共产党员，一切革命家，一切革命的文艺工作者，都应该学鲁迅的榜样，做无产阶级和人民大众的'牛'，鞠躬尽瘁，死而后已。"

我们编这本小册子的目的，就是为了让读者更好地学习这条最高指示而尽自己一点努力。

B：《后记》 在史无前例的伟大的无产阶级"文化大革命"中，我们红卫兵战士是纪念无产阶级文化战线上的伟大旗手，伟大的共产主义战士鲁迅，对学习伟大的永垂不朽的鲁迅精神，是具有重大的意义的。……编印了这本《鲁迅言论辑录》。其目的，即为了遵循毛主席的教导，纪念鲁迅，学习鲁迅，继承并发扬伟大的鲁迅精神，把这场伟大的无产阶级"文化大革命"进行到底。

C：《后记》 去年陈伯达同志在纪念鲁迅大会上的闭幕词里说："时隔三十年，在现在，鲁迅的话，还完全保存着他的先知的光芒。让那些恬不知耻的现代修正主义者听一听鲁迅的这些话吧！难道鲁迅当时揭露投降主义，暴露叛徒的每一句话，不就是对他们而说的吗？"

这样的"前言"，"后记"都是根据毛主席的指示，纪念鲁迅，学习鲁迅精神的统一结构，就是标出毛泽东的指示 → 学习鲁迅精神 → 共产主义战士 → 完成"文化大革命"的直线轨道的思维模式。

表 2　鲁迅原文拨萃引用的项目区分

A	B	C
对党和毛主席的热爱 阶级与阶级斗争 文化革命 **硬骨头的彻底革命精神** 革命与革命者 青年，前途，希望 思想方法 批评，揭露 学习 文化艺术 其他	对党和毛主席的热爱 阶级与阶级斗争 **硬骨头的彻底革命精神** 思想改造 文学与革命 文学的阶级性 文艺创作与文艺批评 读书与教育 青年，儿童 正人君子，第三种人 其他 鲁迅诗歌选	热爱毛主席，共产党和无产阶级 阶级与阶级斗争 歌颂劳动人民和为人民服务 揭露和批判旧社会的暗黑 反对帝国主义 歌颂武装斗争 革命造反精神 论联合战线 狠打落水狗 **革命的硬骨头精神** 斗争艺术 斥叛徒和反革命两面派 批判帮忙，帮闲文人和第三种人 批判旧知识分子 文化革命（附：批判继承） 批判旧文化旧教育 革命人和革命文学 文艺批评 文学和艺术 思想方法 实践，学习，读书 严于责己，勇于改造 青年 妇女和儿童 杂感选 其他

表 2 是表 1 的鲁迅小册子里的摘编鲁迅原文的细部目录的对比。细部目录中"硬骨头的彻底革命精神"部分的鲁迅原文题目是下面的表 3。

表 3 　细部内容

A	B	C
硬骨头的彻底革命精神	硬骨头的彻底革命精神	革命的硬骨头精神
《且介亭杂文末编·答托洛斯基派的信》《且介亭杂文末编·答徐懋庸并关于抗日统一战线问题(5)》《集外集·序(4)》《集外集·文艺与政治的歧途》《花边文学·论秦理斋夫人事(2)》 《两地书·一集 二(1925.3.11)》 《坟·论睁了眼看(2)》《热风·生命的路(2)》《二心集·对于左翼作家联盟的意见(3)》《南腔北调集·辱骂和恐吓决不是战斗》《且介亭杂文二集·什么是讽刺》《两地书·一集十(1925.4.8)》《三闲集·无声的中国》《坟·论"费厄泼赖"应该缓行(5)》《三闲集·文艺与革命(2)》**《二心集·非革命的急进革命论者》**《二心集·中国无产阶级革命文学和前驱的血》《伪自由书·前记》**《华盖集续编·记念刘和珍君(2)》**《集外集拾遗·文艺的大众化》《且介亭杂文·中国语文的新生(2)》**《华盖集续编·无花的蔷薇之二》**《华盖集·忽然想到》《且介亭杂文二集·七论"文人相轻"——两伤》《彷徨·伤逝》**《朝花夕拾·狗·猫·鼠》**《朝花夕拾·二十四孝图》《华盖集·这个与那个(2)》《呐喊·阿Q正传》《花边文学·正是时候》《而已集·革命时代的文学》《华盖集·忽然想到 五》《华盖集续编·无花的蔷薇(2)》<u>《且介亭杂文·从孩子的照相说起》</u><u>《且介亭杂文末编·死(2)》</u><u>《集外集拾遗补编·新的世故》</u>《南腔北调集·又论"第三种人"》《坟·写在〈坟〉后》《热风·随感录四十一》《热风·随感录十》**《华盖集·战士和苍蝇》****《华盖集续编·我还不能"带住"》**《华盖集·北京通信》《华盖集·题记》《且介亭杂文二集·再论"文人相轻"》《而已集·略论中国人的脸》《而已集·小杂感》《南腔北调集·祝中俄文字之交》《华盖集续编·古书与白话》《华盖集·杂感》	《且介亭杂文末编·死》《华盖集·北京通信》《两地书·二集,七九(1926.11.26)》**《华盖集续编·我还不能"带住"》**《两地书·序言》<u>《且介亭杂文·从孩子的照相说起(2)》</u>**《华盖集·战士和苍蝇》**《南腔北调集·为了忘却的记念》《而已集·题辞》**《华盖集续编·记念刘和珍君》****《华盖集续编·无花的蔷薇之二》**《华盖集·忽然想到》《坟·论睁了眼看》《华盖集续编·无花的蔷薇(2)》《花边文学·漫骂》《华盖集·忽然想到七》《且介亭杂文末编·半夏小集》《坟·论"费厄泼赖"应该缓行(5)》《华盖集续编·一点比喻》**《二心集·非革命的急进革命论者》**《坟·杂忆》《且介亭杂文·序言》**《朝花夕拾·狗·猫·鼠》**《野草·淡淡的血痕中》《集外集拾遗补编·中山大学开学致语》《且介亭杂文·附记》《二心集·习惯与改革》 《南腔北调集·〈自选集〉自序》《三闲集·通信》《华盖集·这个与那个》《花边文学·过年》《华盖集续编·马上支日记》《花边文学·论秦理斋夫人事》《坟·再论雷峰塔的倒掉》	《且介亭杂文末编·死》 《书信·致山本初枝（1933.6.25）》 《坟·题记》 《两地书·一集 二十四（1925.5.30）》 《华盖集续编·小引》 《两地书·二集 七九（1926.11.20）》 <u>《且介亭杂文·从孩子的照相说起》</u> 《且介亭杂文末编·答徐懋庸并关于抗日统一战线问题》 《集外集拾遗补编·新的世故》 **《华盖集续编·我还不能"带住"》** 《且介亭杂文末编·半夏小集》

字下线和粗字是三本书共同引用原文，粗字是两本共同引用，"数字"是引用的数次。

最多引用的文章是《华盖集续编·我还不能"带住"》（1926.2.3），《且介亭杂文·从孩子的照相说起》（1934.8.7），《且介亭杂文末编·死》（1936.9.5）。

	A	B	C
《华盖集续编·我还不能"带住"》（1926.2.3）	我自己也知道，在中国，我的笔要算较为尖刻的，说话有时也不留情面。但我又知道人们怎样地用了公理正义的美名，正人君子的徽号，温良敦厚的假脸，流言公论的武器，吞吐曲折的文字，行私利己，使无刀无笔的弱者不得喘息。倘使我没有这笔，也就是被欺侮而赴诉无门的一个；我觉悟了，所以要常用，尤其是用于使麒麟皮下露出马脚。万一那些虚伪者居然觉得一点痛苦，有些省悟，知道技俩也有穷时，少装些假面目，则用了陈源教授的话来说，就是一个"教训"。	（同左）只要谁露出真价值来，即使只值半文，我决不敢轻薄半句。但是，想用了串戏的方法来哄骗，那是不行的；我知道的，不和你们来敷衍。	（同左）
《且介亭杂文·从孩子的照像说起》（1934.8.7）	我相信自己的主张，决不是"受了帝国主义者的指使"，要诱中国人做奴才；而满口爱国，满身国粹，也于实际上的做奴才并无妨碍。	（同左）	驯良之类并不是恶德。但发展开去，对一切事无不驯良，却决不是美德，也许简直倒是没出息。
《且介亭杂文末编·死》（1936.9.5）	我的怨敌可谓多矣，倘有新式的人问起我来，怎么回答呢？我想了一想，决定的是：让他们怨恨去，我也一个都不宽恕。	（同左）	（同左）

这三篇被引用的杂文的共同点是（一）暴露和憎恶虚伪和假饰的人物，（二）强调斗争精神。这就是标出毛泽东确定的鲁迅精神的相同结构，把这样的文章，活用做大众教育和煽动大众的道具。就意味着正符合在"文革"时期"四人帮"的意图。

2. 鲁迅著作集的出版与注释

1971年以后，进行鲁迅著作的注释和出版，参考下面的表4。

表4　鲁迅著作集出版

分类	书名	年度	编辑,著者	出版社
a	鲁迅杂文书信选	1971.9	内部发行	
b	鲁迅杂文选读	1972.5	屈正平	内蒙古自治区人民
c	鲁迅作品选读	1972.8	天津师范学院中文系	
d	鲁迅杂文选	1972.9		
e	鲁迅杂文选读	1972.10	出版通信专辑	上海人民
f	鲁迅杂文选	1973.1	南开大学中文系	
g	鲁迅杂文选讲	1973.2	北京大学中文系	内部教材
h	鲁迅小说诗歌散文选	1973.4	复旦大学,上海师范大学中文系	上海人民
i	鲁迅杂文选(上,下)	1973.5	复旦大学,上海师范大学中文系	上海人民
j	鲁迅作品选(上,下)	1973.6	南京师范学院中文系	不明
k	鲁迅书信选	1973.9	复旦大学,上海师范大学中文系	上海人民
l	读点鲁迅	1976.4	南开大学中文系	天津市总工会宣传教育部
m	鲁迅作品选讲(上,下)	1977.9	甘肃师大中文系现代文学教研组编	
n	鲁迅作品选	不明	吉林大学中文系	
o	鲁迅论写作	1972.10	内蒙古大学中文系	内蒙古自治区人民
p	鲁迅论文学艺术遗产	1972.11	天津师范大学中文系	天津师范学院
q	学习鲁迅	1972.8		山东人民
r	鲁迅作品介绍	1973.5	宁夏新华书店	宁夏人民
s	鲁迅思想和作品	1973.11	扬州师范学院中文系现代文学教研组	
t	鲁迅作品教学参考资料	1976.3	廊坊师范专科学校中文科	
u	读点鲁迅	1976.11	湖北省武汉鲁迅研究小组	
v	和少年朋友谈谈学点鲁迅杂文	1977.1	上海师大中文系	上海人民

(续表)

分类	书名	年度	编辑,著者	出版社
w	鲁迅的故事	1973.2	石一歌	上海人民
x	鲁迅艰苦奋斗生活片断	1975.9	石一歌	上海人民
y	鲁迅传(上)	1976.4	石一歌	上海人民
z	读一篇新发现的鲁迅佚文	1976.6	余秋雨等	上海人民

1968年后期,红卫兵运动结束了,而且狂风式的大众运动也消灭了,所以1970年开始客观地认识鲁迅的文章。编辑主体也从"公社和文艺兵团"变化到"中文系"。这些著作可以分为5个种类:

第一,注重对鲁迅著作的注释本(a-n),第二,鲁迅著作的介绍(o-p),第三,鲁迅学习书(q-u),第四,向青少年介绍鲁迅的书(v-y),第五,其他书。

这样的工作象征着"文革"前期的狂热的大众运动消灭阶段,追求比较冷静地认识鲁迅的学术潮流的开始。可是另一方面也有"鲁迅杂文是这时期鲁迅研究中备受重视的对象,但它之受重视并不只要因为业务派自身的原因,这更是马克思主义务实派和政治派理论话语的主流地位的表现。"①

---

① 王富仁:《中国鲁迅研究的历史与现状》,浙江人民出版社,1999,第151页。

表 5-1　鲁迅作品的注释比较

作品名	书名	注释　内容　比较
坟·论"费厄泼赖"应该缓行	原文	生长在可为中国模范的名城里的杨荫榆女士和陈西滢先生
	g	杨荫榆,曾留学美国,一九二四任军阀政府的北京女子师大校长,推行帝国主义和封建主义的奴化教育,反对革命,压迫学生。她和陈西滢都是江苏无锡县人,陈在一九二五年八月《现代评论》上发表的《闲话》中曾说:"无锡是中国的模范县",这里所说的"模范的名城"即指此。
	I	杨荫榆,美国留学生,一九二四被军阀政府委任为北京女子师范大学校长,推行帝国主义和封建主义的奴化教育,反对革命,压迫学生。她和买办资产阶级文人陈西滢都是江苏无锡县人。陈在一九二五年八月《现代评论》上发表的《闲话》中,曾说"无锡是中国的模范县",鲁迅所说的"模范的名城",即指此。
	1981	杨荫榆(?—1938)江苏无锡人,曾留学美国,一九二四任北京女子师范大学校长。她依附北洋军阀,压迫学生,是当时推行帝国主义和封建主义的奴化教育的代表人物之一。

表 5-2　鲁迅作品的注释比较

作品名	书名	注释　内容　比较
二心集·非革命的急进革命论者	原文	法国的波特莱尔,虽都知道是颓废的诗人,然而他欢迎革命,待到革命要妨害他的颓废生活的时候,他才憎恨革命了。
	g	波特莱尔(1821—1867),法国资产阶级颓废派诗人. 代表作有诗集《恶之花》,他的诗歌充满悲观厌世,憎恨革命的情绪。
	i	波特莱尔(1821—1867),法国资产阶级颓废派诗人. 他惯于从病态的事物中寻找题材,作品中充满悲观厌世,憎恨革命的情绪,代表作有诗集《恶之花》。
	1981	波特莱尔(C. Baudelaire,1821—1867),法国诗人,他曾参加法国一八四八年的二月革命,编辑《社会生路报》,并参加巴黎的街垒战,但在这次革命失败后,他丧失了对于社会进步的信心,日益颓废,所作诗集《恶之花》,描写病态心理,美化丑恶,歌颂死亡,充满悲观厌世情绪。

〈表 5 – 3〉　鲁迅作品的注释比较

作品名	书名	注释　内容　比较
且介亭杂文·拿来主义	原文	尼采
	g	尼采（1844—1900），德国极端反动的资产阶级唯心主义哲学家，他鼓吹唯意志论，提倡超人哲学。他的反动谬论成了德国法西斯主义的理论根据，他本人也狂妄地以"太阳"自命，后发狂而死。
	i	没有
	1981	尼采（F. Nietzsche，1844—1900），德国哲学家，唯意志论和"超人"哲学的鼓吹者。

5 – 1 是对杨荫榆的注释，5 – 2，5 – 3 是对波德莱尔和尼采的注释。

3."批林批孔"时期

"批林批孔"时期又出现了利用鲁迅著作的现象。

表 6　"批林批孔"时期著作

书名	鲁迅批判孔孟之道的言论摘录	鲁迅反对尊孔复古言论选辑	鲁迅批孔反儒文辑	鲁迅批孔杂文选讲
年度	1974.1.1	1974.6	1974	1974.11
编者	中央党校编写组编	北京图书馆	人民文学出版社编辑部	南开大学中文系七三级工农兵学员
出版社	人民出版社	文物出版社	人民文学出版社	天津人民出版社
目次	毛主席语录 1. 孔子是"权势者们"的圣人 2. "王道"和"仁政"是骗人的东西 3. 孔子的"仁义道德"是杀人的"软刀子" 4. 孔子的"中庸"是奴才的卑怯 5. 孔孟之道是反动派的"敲门砖"	毛主席语录 学习鲁迅彻底批孔（周建人） 《在现代中国的孔夫子》 1）鲁迅论孔孟之道的实质 2）鲁迅论尊孔复古的实质 3）鲁迅反对尊孔复古的战斗精神 编后记	文选 《我之节烈观》、《在现代中国的孔夫子》外 12 篇收录 文摘	毛主席语录 《未有天才之前》外 11 篇收录

(续表)

作品名	书名	内容
且介亭杂文二集·在现代中国的孔夫子(1935.6)	原文	虽说孔子作《春秋》而乱臣贼子惧
	鲁迅批孔反儒文辑	《春秋》是孔子根据鲁国史官记事而编纂的一部鲁国的史书,孔子根据奴隶主阶级的立场和是非标准,利用编纂此书来正定"君君,臣臣,父父,子子"的名分,也就是为了恢复和巩固日趋崩坏的奴隶制社会秩序。所以后来孟子吹捧他,说:"孔子成《春秋》,而乱臣贼子惧。"所谓"乱臣贼子",就是指春秋时破坏奴隶制度的新兴地主阶级的政治代表。
	鲁迅批孔杂文选讲	见《孟子·滕文公》,《春秋》是鲁国按年记载的史书,孔丘根据维护奴隶制的需要删改过此书,孟轲称违背,反叛奴隶主贵族的意志和礼法的人为"乱臣贼子"。
	1981	语出《孟子·滕文公》。

三、"文革"时期利用鲁迅的意味

"文革"结束以后,从多方面出现了反思"文革"时期的鲁迅研究和利用的趋势。其中具有代表的文章是"如果说40、50、60年代,人们对鲁迅的观察视野集中在'民族英雄'的鲁迅这一个层面上,带有单向思维的性质;……(中略)……人们看到的是'英雄'的鲁迅,却不重视鲁迅怎样成为英雄的探讨,有意无意地忽略鲁迅平凡的一面,更不愿正视作为英雄的鲁迅的内在矛盾与痛苦。对于鲁迅的这种'注重结果,不注重过程'的观察方法,是反映了那个特定时代的社会思维习惯与社会心理的。"[①]

钱理群批评毛泽东的"经典评价",但钱理群基本上在"结果和过程"的对立构造上把握利用鲁迅的问题。即是分为"正确,决然,勇敢,忠实,热情与探索,犹豫,彷徨,失望,恨叹"的两个侧面,强调鲁迅

---

① 钱理群:《心灵的探寻》,上海文艺出版社,1998,第12—13页。

研究和评价的正确的方向是重视"后者"的主张。所以钱理群提示"英雄与人间"的对立构造，要恢复"人间鲁迅"。

王富仁主张在1949年以来，在中国维持外在的独立性和权威性思想是只有（一）马克思列宁主义，（二）毛泽东思想，（三）鲁迅思想。[①] 可以用下面的图形来说明。

```
马克思—列宁思想·毛泽东思想
          ↕
       鲁迅思想
          ↕
    中国知识分子思想
```

在这样的构造上，鲁迅思想也固定在"马克思—列宁思想和毛泽东思想"的范围以内。在这样的思维模式里可以形成"文革"时期的"神化鲁迅"。所以鲁迅也是变成一种权威性话语。而且一般的知识分子认识到在自我与权威性话语之间的差别，肯定权威性话语，而否定自我的直感和想法。

"文革"期间的鲁迅被利用的一个原因是"四人帮"想用鲁迅掌握权力的意图，在这结合毛泽东的经典评价，鲁迅变成一种思想精神的权威。如果把利用鲁迅的责任推给毛泽东和"四人帮"的话，鲁迅可以恢复原本身。反而像钱理群那样，把鲁迅分化两面而强调内面鲁迅，打破浮雕的硬化和英雄鲁迅的形象。

但是在这里再想一想，这样的方式是真正地理解和解释鲁迅的方法吗？问题就在这儿。

（韩国朝鲜大学中国学系）

---

① 王富仁：《中国鲁迅研究的历史与现状》，浙江人民出版社，1999，第163—165页。

附 录

中国的大文豪鲁迅访问记

申彦俊

鲁迅——中国诞生的一位"东洋大文豪"！虽久闻其大名，但从未得到一个会面的机会。从他的文章、他的小说中得到的对他的印象是一个"冷酷的人"，或是一个"古怪的人"。他好像是一位握着手术刀，给每个遇到的人（当然，这些人都是患者）连麻药都不施就直接解剖其患部的怪医生。我知道，他看起来是那样的无情、怪异，但他的解剖术却是锐利、大胆的，是具有清醒理智的。他施行的解剖虽冷酷无情，但他那尖锐的手术刀所刺破的患处是，既疼痛又使人感到痛快的。我对这位怪人一向怀有好奇心，早已渴望能见他一面。5月19日，笔者拜托朱兄，前往中央研究院拜见他。鲁迅是宋庆龄、蔡元培等氏组织的民权保障同盟（以救护政治犯为目的的团体）的委员，该同盟的本部事务局就设在中央研究院内。据说鲁迅不定期地来这里办事，因而我们来到这儿拜访他。我向蔡元培氏询问了鲁迅的住处。他告诉我说，国民政府已下达了对他的通缉令（逮捕令），所以他的住处是绝对保密的。但蔡元培氏相信笔者的为人，遂悄悄告诉了他的秘密住处。说是他正避居于北四川路×××号某日本友人的密室里，过着亡命的生活。我就当即给他写封信提出了面见的要求。鲁迅复信说，他"虽避居度日，却随时有遭横祸的危险"，但若先生有什么要说的或要求，可用书面提出来。笔者再次去信请求秘密会见。结果，好不容易被约于22日在他的秘密住处会面。这样，笔者得以见到了久已想见的文豪鲁迅。

青服敝屣的老农装束

我一来到鲁迅隐居的房子，先是由房子的主人，某日本人夫妇出来引见。当我走上鲁迅先生居住的二楼时，便有一位像仆人模样的老人迎接了我。他穿的衣服是乡村穷农们通常穿用的蓝色棉布衣裤，穿的鞋是用旧布缝制的，乍看上去像一位纯粹的乡村老农民。其蓝色布衣是褪了色的，头发则不知是好久没理的缘故，还是他的习惯原来就如此，已长至把耳根都给盖住，好像还落有灰尘，且又散乱。胡子也没有刮。觉得他是一位全然不顾修饰身子的人。他的寝具也是朴素的中国式，连床上的被褥、帐子同样都是棉制品。他所使用的器皿也与中国下层人的一模一样，值钱的贵重品则一件也看不到。他的生活，已完全是无产阶级式的。他不仅用口、用笔为无产阶级呐喊，而且他自己的身体、自己的生活即已无产阶级化了。据说，仅从上海各书店领得的其著作的稿费，每月就有二千元，欧美各国翻译他的小说所得的酬金，每月也达三四千元。像他这样一个作为中国最高收入的作家，要想使他自己过一个豪华的生活并不会是很难的。然而，他却过着乡村老农式的生活。听说，他把自己的收入全都捐献给了文化运动团体。

看来他居住的房间既是卧室和客厅，又是研究室和编辑室，而且还兼用生火做饭的厨房。卧床前摆着一张饭桌，其周围放有七把椅子，除此之外满屋都是书，筑成了一个书城。背对着黑黑的书城，他与我面对面坐了下来。

他那满是皱纹的额头，深深凹进去的双颊，已是半白的花白头发，刻画着其波澜重重的前半生。他的身材是连五尺都不到的矮个，他的胡子是只看一眼就能记住的，在中国人当中少有的浓重的美髯。他在肉体上是一个很平凡的人，找不出任何特别的地方。只不过是五尺高的矮个，就是大文豪鲁迅。

我不是文士

笔者按中国式的礼节，以赞扬其文才的语调，开始了谈话。结果，他第一句话就回答说："我不是什么文士，只不过是偶尔拿起笔写写文章罢了，不是什么文士。"

问：先生，您是怎样写起小说来的？

答：我在18岁那年，抱着建设中国海军的愿望，考入了南京水师学堂。那时，英美各国都用海军侵略着中国。目睹这些，我的青春的热血就激起了海军热。可是半年后，我就退出水师学堂，转入了矿务学堂。当时我想，国家的当务之急，首先是开发矿业，而不是建设海军。毕业后我又想，要使中国变成强国，首先得改良人种，把中国人变为强种人。于是，我到日本开始学医了。那时我又想，日本的维新就是从发展医学开始的。但是两年后，我在一部幻灯片里看到了一个中国人因为当了侦探而被枪毙的情景。这时我又想，必须提倡新文学，只有从精神上使中国复活才行。我抱着这种想法，又放弃医学，转向一边研究文艺，一边开始试写小说了。

问：那么，先生您认为文学具有伟大的力量吗？

答：是的，我认为它对唤醒大众是最为必要的技术之一。

问：先生您的创作方法是？

答：我是写实主义者。只是把所见到的和所听到的如实地记述下来罢了。

问：听别人说，先生您是人道主义者，是这样吗？

答：不过，我是绝对地反对像托尔斯泰、甘地那样的人道主义的。我是主张战斗的。

问：在中国文坛上，具有代表性的无产阶级作家是谁？

答：丁玲女士才是唯一的无产阶级作家。我是小资产阶级出身的作家，写不出真正的无产阶级作品。我只能算是左翼方面的一个人。

他与外貌不大一样,是一位健谈的人。他在谈话时的态度是,好像同孩子们娓娓动听地交谈一样,充满着天真味,没有一点邪气。我被他那天真无邪的话语所陶醉,竟忘了记录他讲的话。至今留在我记忆中的是,《阿Q正传》中有关阿Q这个人物的谈话。他说,阿Q这个人物是生活在我自己故乡鲁镇的一个人作为模特的。他又指出,其实,阿Q不仅仅是中国人的普通相,他是不仅在中国人之中,而且在其他任何民族之中也可以常常见得到的普遍相。当《阿Q正传》被翻译成英、法、德、俄、意五国语,在世界文坛上正受欢迎的时候,中国文人们指责它是侮辱中国的作品,甚至说鲁迅是一个国贼。作为写实主义者的鲁迅,只不过是用忠实的笔、冷酷无私的风格,如实地暴露了中国人的真相而已。

好长一段时间,我只倾听了他的谈话。他在谈话中,痛快地说破了中国的政局、知识阶级、世界××*等。留在我的记忆中的他的谈话内容是,痛骂了中国知识阶级的无力,尤其是用长时间骂到了主张民族主义的政治家和文人等。然后他说"就像蒋介石已经不能领导中国革命一样,资产阶级文人的意识已经变成了虚无的梦幻"。就这样,他说破了资产阶级文人的没落,力陈了无产阶级文学的勃兴,表现了左翼文豪的本色。

笔者又提问了他的人生观和世界观。

我认为,人生就像人走路一样,一步又一步,一边前进一边架桥筑路,这就是人生应该做的事情。

弱小民族的解放呢?

弱小民族的解放呢?当笔者问到"弱小民族的解放呢?"这一问题时,他回答说:

---

* 原文如此。从上下文判断"××"似为"革命"二字。——译者注

我认为，只有完成世界××①之时，各弱小民族也才能获得解放。

我们的谈话还涉及了法西斯主义、苏维埃俄国等。

他向笔者提问了朝鲜的情形。我回答说，用朝鲜文出版的书籍越来越少了，朝鲜的文艺，乃至整个文化，正在被××化②。听到这儿他就说，决不要为此而悲观。不管是日本文字也好，俄国文字也好，毫无关系。我倒干脆希望，在中国，中文被取消，不管它是英文还是法文，比中文更好的文字得到普及。他就这样驳斥了国粹主义。

至此，我们结束了谈话。我就与他告别，回到了家。

他特意嘱托我说，朝鲜文坛上哪一位都可以，请为我现在正筹办的叫《中国文坛》的刊物撰写文章，介绍介绍朝鲜文艺的历史和现状。我希望，文坛上的有志之士特意撰写一稿，介绍一下朝鲜文坛的情况。用朝鲜文也好，或者用外国文也行，用什么文字写都可以。只要寄给笔者，就可以转交给他。他还答应写些短篇文章投稿给《新东亚》。但是，自从蒋介石的法西斯暗杀团策划的左翼文士暗杀阴谋被揭露出来后，他正亡命于某处。

笔者对文艺是门外汉。不懂文艺的笔者无法评论文豪的文艺，我只能用访问记介绍介绍他而已，恳望读者宽恕。——（终）

（韩国杂志《新东亚》记者）
（译自朝鲜《新东亚》杂志1934年4月号）

---

① 原文如此。"××"似为"革命"二字。——译者注
② 原文如此。"××"似为"日本"二字。——译者注

鲁迅追悼文

李陆史

鲁迅传略

鲁迅,原名为周树人,字为豫才。1881年出生于中国浙江省绍兴府,在南京考入矿务学校,产生对西学的兴趣,攻读自然科学。以后东渡到东京,就读于弘文学院,毕业后曾就学于仙台医学专门学校、东京德语协会学校。

1917年归国①后,先后在浙江省内的师范学堂、绍兴中学等学校任理化学教师,其间作为作家的名声日高。五四文学运动之后,正当中国文学思潮达到最高潮的时候,在北京同周作人、耿济之、沈雁冰等一起组织"文学研究会",从事与郭沫若等浪漫主义文学相对的自然主义文学运动,主编《语丝》杂志。与此同时,曾就任中华民国政府教育部社会教育司科长,以及国立北京大学、国立北京师范大学、北京女子师范大学等学校的讲师,后因参与学生运动被迫逃离北京。

1926年,南下任厦门大学教授。后任广东中山大学文科主任、教授等职。1927年辞去这一切职务,来到上海从事文学创作,同时主编名叫《萌芽月刊》的杂志。

---

① 应为1909年归国。——译者注

从此，他的文学态度，日益转向左翼。1930 年，"中国左翼作家联盟"成立时，他参加并开展该联盟活动。正在这时，遭国民政府弹压，于 1931 年在上海被捕①。以后，不断受国民政府的干涉和蓝衣社的迫害，但他不顾这一切，不懈地从事文学创作活动，并开展反对国民政府的御用团体"中国作家协会"的斗争。1936 年 10 月 19 日上午 5 时 25 分，在上海施高塔②自宅中逝世，享年 56 岁。

主要作品有《阿Q正传》《呐喊》《彷徨》《华盖集》《中国小说史略》《药》《孔乙己》等。

1933 年 6 月初一个星期六的早晨，我和 M 走出饭馆，在一个十字路口的香烟铺里买了一张早报。我立刻被一排大号字体文字刺激得肌肉、神经发抖起来。我一口气读完了那则报道，那是时任中央研究院总干事、国民革命的元老之一杨杏佛被蓝衣社成员暗杀的消息。

我们俩走在满街森严地排列着法国工部局巡警的马路上，满背感触着巡警们的锐利的眼光，一路保持着沉默，来到了位于侣伴③路的书局。

一踏进书局的门，编辑 R 氏就给我们告诉了以下事实。

由"中国左翼作家联盟"发起，全世界的进步学者和作家准备汇集在上海，于当年 8 月召开一次支持中国文化的大会。对此国民党统治者感到恐惧，首先下手把进步作家阵营中的重要分子潘梓年（现在南京正被软禁之中）和现已故去④的女作家丁玲逮捕起来，把他们弄得下落不明。于是，以宋庆龄女士为中心的一批自由主义者和作家联盟，怀着同情心，发起了猛烈的营救运动。这一下可惹刺了国民党统治者的眼，他们就气急败坏地杀死了杨杏佛，另外还有宋庆龄、蔡元培、鲁迅等等，仅上海一地就有近 30 名知名人士上了蓝衣社的黑名单。

---

① 这是当年的一个谣传。——译者注

② 现名为山阴路。——译者注

③ 疑为吕班路。——译者注

④ 这是当时的一个谣传。丁玲病逝于 1986 年。——译者注

此后过了三天，R氏和我乘坐汽车来到了万国殡仪社前。当我们行毕简单的烧香致哀之礼之后，刚一转身就发现了在两位年轻女子的陪同下正步入殡仪社的宋庆龄女士一行，以及和她们一起来的一位身着浅灰色长袍，外套黑色马褂的中年老人。他扶着安放在鲜花丛中的灵柩失声痛哭起来。我忽然认出他就是鲁迅，站在我身旁的R氏也说，他的确就是鲁迅。大约过10分钟后，R氏把我引见给了鲁迅。

当时，R氏向鲁迅介绍说我是一个朝鲜青年，一向渴望有一个拜见先生的机会。在一位外国前辈面前，又是在那样一个场合我只能倍加谨慎和恭逊。这时，鲁迅先生再次握了握我的手。从此，他就成了我十分熟悉而亲近的朋友。

啊！当我接到他已以56岁的生涯永逝于上海施高塔九号的讣告时，我就禁不住黯然流下了两行眼泪。然而，作为朝鲜的一个后辈，拿起这哀悼之笔的何止我一人呢。

在中国文学史上的他所占有的位置：罗曼·罗兰曾说，"读完《阿Q正传》之后，我依然禁不住替阿Q的命运而担忧。"正像罗曼·罗兰所说的那样，为了理解现代中国文学之父鲁迅，我们不能不首先理解《阿Q正传》。但是，如今中国的阿Q们已不需要叫罗曼·罗兰为他们的命运担忧了。确有无数的阿Q已从鲁迅那里学会了如何掌握自己的命运，开辟自己的前进道路。中国的所有劳动阶层都感觉到了南京路上的柏油路已在自己的脚底下震动着，哀悼这位属于他们自己的伟大文豪逝世的心灵，像黄浦滩上的红色波涛，一齐拥向施高塔路新村九号。

因此，考察一下阿Q时代，随之了解鲁迅精神演变的三个阶段，以及现代中国文学的发展历程，这从悼念鲁迅先生的意义上说，决不会是一种很无聊的事情。

在中国，要说小说，自古以来未能形成如今我们所看到的那种完整的艺术形态。要说有，要不是《三国演义》《水浒传》，也就是《红楼梦》这类，还有一些传记类而已。一般有教养的家庭的子弟，因为受科举制度的祸害，只崇尚文言体的古文，至于白话小说之类的东西，他们认为是只有粗俗的人才干的,因而不从事写作的。同时,对所谓文坛而言,当时正统派的文学有,唐宋八家与八股文的混合体桐城派,追随思绮堂和袁随园派的四、六联体文,将黄山谷尊为始祖的江西派等等。这类文学只不过是以夸张、虚伪和阿谀模仿古典文学而已,它不具有创造新社会的任何力量,这是很容易推测而知的。在这样的氛围中,中国文学史上灿烂烽火的燃起,是从1915年创刊《新青年》杂志开始的。

该杂志创刊以后,当时还在美国的胡适博士将《文学改良刍议》一文发表在1917年的新年号上,提出了"文学革命论"的主张。陈独秀对此表示了赞成,以北京大学为中心的进步教授们又与之汇合在一起了。这时,为了阻止这一运动,那些守旧的古文家们曾使尽各种卑鄙的政治手段,但是自从鲁迅的白话小说《狂人日记》发表在1918年的4月号以后,文学革命运动便迈开了实践的巨大步伐,古文家们则已不得不把那丑恶的尾巴隐藏起来了。过了若干年以后,鲁迅来到广东的时候,有一个青年在欢迎他的文章中兴奋地写到,当我捧读《狂人日记》的时候,历来不知道什么是文学的我,读着读着就激起了奇异的兴奋。因而,每当见到朋友时我就拿着笔问:你读过《狂人日记》没有?中国的文学现在正进入一个新的时代。我又曾想,我要走到马路上,拦住过往的人,向他们发表我的看法……(《鲁迅在广东》)

《狂人日记》是一部问题小说,它是以一个精神病人的日记形式写成的。其主人公是的确大胆而又明确地痛斥了旧中国封建社会的恶弊。他攻击自己周围的人当然是不在话下,尤其是更猛烈地攻击了自己的家庭。假如,家族制度是中国封建社会的基本组成单位的话,那么它对大众造成的毒害有多大啊。以儒教流派的宗法及社会观念为统治思想的封建家族制度当然应该崩溃,但它依然没有被瓦解。狂人无情地痛斥了成为近代社会发展的最根本的障碍的那些旧道德、旧因习。下面转抄《狂人日记》中的一段话。"我翻开历史一查,这历史没有年代,歪歪斜斜的每叶上都写着'仁义道德'几个字。我横竖睡不着,仔细看了半夜,才从字缝里看出字来,满本都写着两个字是'吃人'!"

该小说在如此无情地揭露了社会的丑恶一面之后，最后用"救救孩子"这句话作了全篇的结尾，它暗示着建设未来时代的重任必须交给年轻一代手中。的确，"救救孩子"这句话，在思想上比"炸弹、宣言"更猛烈地震惊了当时还是"孩子"的中国青年。这样一部作品，又是用白话文写成的。从此，文学革命便真正可以高奏胜利凯歌了，这一功劳多半也应归于鲁迅。

继《狂人日记》之后，他又通过《新青年》杂志连续发表了《孔乙己》《药》《明天》《一件小事》《头发的故事》《风波》《故乡》等作品。这些作品虽然在社会上曾引起争议，但此后自 1921 年北京《晨报》文学副刊连载那篇著名的《阿 Q 正传》开始，鲁迅就一举成了大家公认的文坛上首屈一指的作家了。

同时，这些大作都是反映辛亥革命前后封建社会生活的，它们描写了封建社会具有怎样不可避免的必然要崩溃的特征，预示了人们在新社会里应该怎样生活下去，而且最为真实地描写了当时的革命和革命思潮怎样表现在民众的心理和生活琐事之中。尤其是，他不仅拥有可以称得上是农民作家的，巧妙地描写农民的才能，而且在他的小说中没有一点叫主义流于概念或者显得生硬的地方。这不能不说明他是一位具有卓越技艺的作家。

另外，他的作品常常是把农民作为主人公的，虽然有时也以知识分子为主人公，比如《孔乙己》中的孔乙己，或者《阿 Q 正传》中的阿 Q，但他们都具有一脉相通的性格。孔乙己是旧时代的知识分子，因为落后于时代所以不能适合于任何工作，虽然具有高傲的神气，却没有营生的能力，结果沦落为讨饭人，欠酒店的酒债有 19 个钱，一直记在粉板上，不知是何时下落不明地最终死去。做短工的破产农民阿 Q 又是一个可笑的家伙，他曾高呼"革命、革命"，之后自己觉得那很有趣，在自我陶醉的兴头上想要加入一群"革命党"之中，但最后只是虚张声势一番，什么事也没有干成，恰在这时发生暴徒的打劫案件，他被误认为是其同党，"因他平时不检点的言行"而被枪毙。阿 Q 的性格，当时在中国是无论是谁多少都带有的。也就是说，阿Q或孔乙己的思想和行动都是既无知可笑又可怜怪异的。他们虽狡猾却没有一个确定的信念，虽愚弱却非常地傲慢。被人猛击一拳时，他连吭都不敢吭一声，但如果有人怜悯他，他的胆子就大起来，自以为人家不敢惹他，他便随心所欲地要加害人家了。鲁迅把这些，用他那现实主义的文章进行了揭露。这是鲁迅的创作特色。《阿Q正传》刚一发表，当即就有一些不时与鲁迅关系不融洽的人出来嚷嚷，都以为是鲁迅故意以他为模特儿写的。从这一点也可以看出鲁迅的创作特色。

所以，当时的中国在时代上可以说是"阿Q的时代"。鲁迅的《阿Q正传》问世以后，以批评界为首的一般知识群，在平时的对话中经常使用"阿Q相""阿Q时代"一类的词语，这也是判断鲁迅在中国文学史上位置的一个很好的材料。重新体味一下他作为作家的态度中一贯表现的鲁迅精神，这对我们是一件很有意义的事情。现在，我们朝鲜文坛的情形是，人人都在议论艺术与政治应该是混同在一起呢，还是相互分立的问题，这一问题看起来好像是已经有了结论，又好像是还没有解决似的。那么，像鲁迅那样有自己坚定信念的人，是究竟如何解决艺术和政治之间的关系这一问题的呢？要想解决这个问题，就得首先搞清楚他当作家的出发点。

鲁迅原来是想当医生的。那是因为他知道自己要做的事情到底是什么的缘故。当然，当时他的想法好像是，自己想做的事情是民族改良事业。因而，后来他在《呐喊·自序》中写到：

> 我的学籍列在日本一个乡间的医学专门学校里了。我的梦很美满，预备卒业回来，救治像我父亲似的被误的病人的疾苦，战争时候便去当军医，一面又促进了国人对于维新的信仰。

这当然是不愧为青年的鲁迅的浪漫的人道主义的激情，但这一美梦也最终被破裂了。

> 医学并非一件紧要事，凡是愚弱的国民，即使体格如何健全，如何茁壮，也只能做毫无意义的示众的材料和看客。……（中略）……所以我们的第一要著，是在改变他们的精神，而善于改变精神的是，我那时以为当然要推文艺，于是想提倡文艺运动了。（《呐喊·自序》）

于是，他就不再为当时亡命于东京的中国人的机关刊物《浙江潮》《河南》等撰写科学史，解释进化论了。他开始翻译起文学作品，先后翻译了曾援助希腊独立运动的拜伦，波兰的复仇诗人亚·密茨凯维奇，被西班牙政府处以死刑的菲律宾文人何塞·黎萨尔等人的作品。

在鲁迅的文学生涯中，这些翻译工作虽然仅仅属于最初时期的活动，但仍然可以窥见它也是在他的一定的目的，即政治目的之下进行的。上面所说的《狂人日记》中"救救孩子"这句话，也是他的理想的一个告白：要依靠纯朴的年轻一代建设新中国。这句话不仅在当时使普通青年觉悟到了自己肩负的沉重的责任，而且被广泛运用于把青年从有史以来几千年封建社会中解放出来的口号。而实际，从此以后在所有群众性的社会运动中，中国青年学生一直站在最前线，活泼大胆地进行了领导和组织工作。在那著名的五四运动和五卅运动中，甚至在国民革命中，一直站在最前线领导大众的，正是那些青年学生。

所以，对鲁迅来说，艺术不仅不能是政治的奴隶，而且二者是既不能混同在一起，又不能相互分离的，艺术至少是政治的先驱者。正因为鲁迅创作了优秀的作品、进步的作品，所以文豪鲁迅的位子便不断高大起来，阿Q也由此才得以诞生，不可一世的批评家们也不敢轻易地瞧不起他了。

这里还有一个很好的例子。大概是1928年，从武汉逃到上海来组织"太阳社"的青年批评家钱杏邨，因为当时恰巧是无产阶级文学论证高涨的时候，因而大胆地开始向鲁迅发动了进攻。据他所论，鲁迅的作品是非阶级性的，阿Q身上哪有什么阶级性呢？

的确，他的话是对的。在鲁迅的作品中，我们就是擦亮眼睛查看也

找不出一点无产阶级的特性,这是事实。

但是,我们在评论一个人的作品时不能不考虑其时代背景。鲁迅在进行创作活动的当时,在中国是并不存在我们今天所能下定义的那种无产阶级的,而且在当时是连资产阶级民主主义性质的政治思潮也还处于分不清其界线的状态。称之为资产阶级革命的所谓国民革命,要说实话也是以五四运动为开端的。对此,也是中国批评家之一的丙申说过这样一句有趣的话。

"不能因为他现在正支持中国左翼作家联盟,就把他'五四'前后的作品也认定为是无产阶级文学。不过,把他称作优秀的农民作家是再恰当不过的。"

是的,这句话是比较正确的话。不能因为他是无产阶级作家,就把它当作玷污鲁迅的作家名誉的根据。问题是,他在创作上到底是抱着何等真实而明确的态度去进行写作的呢?让我引一下他所说的话。

> 现存的左翼作家,能写出好的无产阶级文学来么?我想,也很难。这是因为现在的左翼作家还都是读书人——智识阶级,他们要写出现实的①实际来,是很不容易的缘故。有人②曾经提出过一个问题,说:"作家之所描写,必得是自己经验过的么?"③ 他自答道,"不必,因为他能够体察。所以要写偷,他不必亲自去做贼,要写通奸,他不必亲自去私通"。④ 但我以为这是因为作家生长在旧社会里,熟悉了旧社会的情形,看惯了旧社会的人物的缘故,所以他能够体

---

① 应为"革命的"三个字。李陆史在译文中对这类词多处进行了改动。——译者注

② 应为"日本的厨川白村"。——译者注

③ 引号为李陆史所加。——译者注

④ 引号为李陆史所加。——译者注

察；对于和他向来没有关系的新社会①的情形和人物，他就会无能，或者弄成错误的描写了。所以无产阶级②文学家，至少是必须和真实的现实共同着生命，或深切地感受着现实的脉搏的。

他还接着说：

但是，虽是仅仅攻击旧社会的作品，倘若知不清缺点，看不透病根，也就③有害，但可惜的是现在的作家，连革命的作家和批评家，也往往不能，或不敢正视现社会，知道它的底细，尤其是敌人的底细。

随手举一个例罢，先前的某杂志④上，有一篇评论中国文学界的文章，将这分为三派，首先是创造社，作为无产阶级文学派，讲得很长，其次是语丝社，作为小资产阶级文学派，可就说得短了，第三是新月社，作为资产阶级文学派，却说得更短，到不了一页。这就在表明：这位青年批评家对于愈认为敌人的，就愈是无话可说，也就是愈没有细看。自然，我们看书，倘看反对的东西，总不如看同派的东西的舒服，爽快，有益，但倘是一个战斗者，我以为，在了解革命和敌人上，倒是必须更多的去解剖当面的敌人的。⑤ 惟有明白旧的，看到新的，了解过去，推断将来，我们的文学的发展才有希望。我想，这是在现在环境下的作家，只要努力，还可以做得到的。只有这样才能创作真实的作品。

---

① 应为"无产阶级"。——译者注
② 应为"革命文学家"。——译者注
③ 原文是：也就于革命有害。——译者注
④ "某杂志"应为：《列宁青年》。——译者注
⑤ 鲁迅原文有如下文字：要写文学作品也一样，不但应该知道革命的实际，也必须深知敌人的情形，现在的各方面的状况，再去断定革命的前途。——译者注

这简洁的几段话,就是文豪鲁迅对创作的看法。多么使我们足以刻骨铭心的寓示啊!可是,虽然他是现代中国文坛之父,是批评家在评论中一致地公认其地位的作家,但他作为作家的生涯实在是太短暂了。他于1926年3月1日①,最后写出叫《离婚》的作品之后,不得不告终作为教授,作为作家的辉煌生涯的时刻终于来临了。从此,他不是急于用手写作,而是急于用脚逃难了。

1926年,依附北洋军阀的"安福派"首领段祺瑞的政府下达了逮捕50多名激进的左派教授和优秀知识分子的命令。我们的鲁迅是这50名中的一人。那是1924年②,国民党确定了联俄容共政策,翌年秋鲍罗廷等人作为顾问来到了广东。在国民革命第一阶段的广东时期,形成了"全体国民的共同战线",无产阶级的同盟者包括农民、城市贫民、小资产阶级知识阶层和国民的资产阶级。

所以,激进的教授们向教育部总长、军阀政府发起了冲锋。对这些新兴势力感到恐惧的军阀政府,终于发布了逮捕这些教授和学生的命令,政府的卫兵竟开枪射击学生的游行队伍,制造了杀伤数百名男女学生的惨案。当时,鲁迅虽然避居于北京东交民巷公使馆区内的外国人医院或工厂里,时常得用凉水来充饥,但他依然给报刊杂志投稿,向军阀政府发起了猛烈的攻击。尤其是其中据说是"民国以来最黑暗的一天"的那篇著名文章,叫段祺瑞瘫坐于椅子上了。

  墨写的谎说,决掩不住血写的事实。……(中略)……笔写的,有什么相干?实弹打出来的却是青年的血。(《华盖集续编·无花的蔷薇之二》)

直到今天依然是中国文坛上高尔基的鲁迅,从今以后不得不作为文

---

① 应为1925年11月6日。——译者注
② 应为1923年秋。——译者注

化战士，开始了比昂利巴尔夫斯更为悲壮的生活。如他所说，挨过最黑暗的 50 天之后，他便逃离了北京。他应邀来到了厦门大学，但他知道那是大学经营者的阴险手段以后，便转赴广东中山大学去了。但是 1926 年①4 月 15 日，蒋介石发动军事政变，仅广东一省就有 3 千多名工人、农民和激进知识分子被拘捕。曾经被称为"革命战士"的鲁迅也不得不逃到上海去了。在这里，再一次使我们不是感到有趣，而是激起对他最大敬意的是下面的一段话。

> 我的一种妄想破灭了。我至今为止，时时有一种乐观，以为压迫，杀戮青年的，大概是老人。这种老人渐渐死去，中国总可比较地有生气。现在我知道不然了，杀戮青年的，似乎倒大概是青年，而且对于别个的不能再造的生命和青春，更无顾惜。(《而已集·答有恒先生》)

这是他写给嘲笑他的人的通信中的一节话。有人嘲笑他，他之所以保持沉默就是因为"恐怖"的缘故。这表明，至今依然是进化论者的他，从此扬弃自己的思想立场，进入了一个更加成熟的新阶段。我这么解释也不会是错的。

当他来到上海时，由于国民党发动了军事政变，这里已聚集了许多被革命军赶出来的年轻的无产阶级文学家。随着日益高涨的"革命文学论"的呼声，离开实际政治行动路线的这些人就投枪而握笔了。他们血气方刚地在实际工作的经验中，虽取得了一些很坚实的成果，但有时由于自负的英雄主义招致了祸，因被杀戮而失败所激起的愤怒和那些极左的机会主义者向鲁迅发起了攻击。但是为了帮助那些人懂得什么是无产阶级文学，并懂得应该怎么去做，鲁迅以慈父般的爱抚，翻译介绍了普列汉诺夫、卢纳察尔斯基等人的文学理论和苏维埃的文艺政策，他想以

---

① 应为 1927 年。——译者注

此建设中国的无产阶级文学。在这过程中,曾叫嚷"如果不打倒鲁迅,在中国就不会产生无产阶级文学"的那些文学幼稚病患者自己却先倒下去了。现在,连鲁迅也最终离去了。在这位伟大的中国文学家的灵位前,我默默地低头致哀。由于自己可恶的惰性,我不能清楚地描绘文豪鲁迅的形象,对此深感惭愧。本文只好至此结束。

(题目取自《朝鲜日报》原文,文章译自李陆史:《青葡萄》,汉城书林文化社1976年版)

鲁迅和他的作品

丁来东　金英明 译

一、序言

如果说胡适、陈独秀等人是堪称中国文艺复兴时期新文化运动的倡导者，那么本书将介绍的鲁迅（原名：周树人）则无疑是新文化运动的实践者。说到新文化运动的根本精神，简而言之就是使白话文成为主流，因为文言文已无法承载新的思想。那么，自这个运动一开始，或者说这个运动开展以来，把文学作品，尤其是短篇小说以熟练的白话，在内容上不宣扬旧的思想、形式上也丝毫没有沿用旧小说的形式，而开创性的以新形式、新内容、新题材，在过去数十年间，独步于中国文坛的人物，当非鲁迅莫属。所以在这种意义上，笔者想把鲁迅称为新文化运动的实践者。

他的短篇小说集《呐喊》中收录的十六篇短篇小说，在《新青年》以及其他报刊的文艺专栏上一经发表，便受到持有新思想的普通学者、青年以及憧憬新思想的年轻人的热烈欢迎，并引起了强烈的共鸣。

虽说他的作品受到了年轻人的普遍欢迎，但绝不是关于男欢女爱故事的描写。不过是一些干燥乏味的有关乡村回忆的描写而已。但其目的并没有只止于乡村的描写以及感时伤怀，而是通过冷静的笔触，不仅揭露了中国人民的普遍性格、给广大革命青年自省的启示，还通过深刻而辛辣的讽刺，从而加深读者的印象。他的小说没有一篇不含讽刺的意味。然而，他的讽刺并非冷酷无情和尖酸刻薄，文章中反而处处吐露出的浓浓的温情，使读者感受到文章的魅力并深为叹服。

如此这般曾经受到全国文学青年万众瞩目的巨匠鲁迅，近两三年里，在部分青年中不再像《呐喊》时代那样受欢迎了，没有发表超越时代精神的作品，几乎处于沉滞状态。究其原因，一方面当下的中国青年由于受到国际思潮的变迁以及中国变革的影响，《呐喊》中的精神和思想已不能满足他们的需求。另一方面也说明，鲁迅自身也对中国的现在和将来以及世界的未来和发展，没有确切的认识和把握。所以，当这位大文豪处于变迁及沉寂的时期，对其过去受到好评的作品进行讨论和介绍，并非是毫无意义的。

其有六七部作品已被翻译成韩国语。笔者在介绍中国文坛时曾提到，仅韩国文坛翻译的其作品就有《狂人日记》、《头发的故事》、《阿Q正传》、《伤逝》等四篇。他的作品能够在世界范围内传播是因为其作品如实描绘了执世界牛耳的中国的实情。再者，欧洲大战前后，东方文明成为世界的研究课题，还因为他的作品具有艺术价值。其作品的大部分都浓缩了清末、民初中国农民的思想、生活。他的《呐喊》之声对被中国传统思想和风俗习惯所麻痹的中国人，成为警钟和苦口良药。鲁迅的功绩一言以蔽之，可以说"成功挑战并战胜了传统的封建思想"，唤起了新兴中国的自我反省和自我认识。

不仅是中国，世界各国也都因缺乏自省和自我认识而付出了无谓的牺牲，除了革命，在一切文化方面曾经经受多少失败，甚至是衰退！辛亥革命、五四运动时期，中国最需要的就是自我反省和自我认识。而鲁迅在当时恰恰做了这个事情。然而，如今鲁迅却未能成为"思想的权威"和"青年的先驱"，我相信，是因为他未能像辛亥革命以及《呐喊》初次出版之时那样，明快透彻地指明应如何认识中国的现状。

他的作品在《呐喊》之后，发表了短篇小说集《彷徨》，再之后是收录其散文和诗词的叫《野草》的小册子。最近又出版载有十篇回忆录的书名叫《朝花夕拾》的小册子。收录他论文的有《坟》，杂想集有《热风》、《华盖集》、《华盖续编》以及《而已集》。另外还有众多的翻译书籍。其中有《阿尔志跋绥夫》《工人绥惠略夫》，爱罗先柯的童话剧《桃色的云》，还有《最近俄罗斯的文艺政策》。另外还有日本作家鹤见佑辅的《思想·山水·人物》，厨川白村的《苦闷的象征》以及《走出象牙塔》等作品。还有卢那察尔斯基的《艺术论》及同著《文艺和批评》等。因为涉及论文、小说、剧等众多领域，在此就不一一列举了。其编撰的书籍还有《小说旧闻钞》、《中国小说史略》、《唐宋传奇集》（上、下）等。

与原文殊无差异，简洁明确是对他的翻译作品的公认评价。据说多为从日文重译过来的。他不知疲倦地创作和翻译，从他数目众多的出版书籍可以看出，他是个多么有刚毅不拔的意志和热情的人。

鲁迅创作《呐喊》时的强敌是使用"之乎者也"套话的所谓老派思想家和学者即文言派。

后来他的强敌则是所谓的革命文学派（即马克思主义文学派）。他们即革命文学派称鲁迅早期的作品是小布尔乔亚作品，并谩骂鲁迅的思想是个人自由主义。然而鲁迅却泰然面对以"革命，革革命，革革革命……"的语句对革命文学派的嘲讽予以了反击。关于这个，无法在此详细地一一赘述，大体上是说所谓的革命者是无法为劳动者谋求实质性利益，并且因为文学与革命没有切实的联系，尚有很大差距，从而不会对革命带来什么特别的效果。中国引进革命文学即马克思主义文学后，当自己被攻击为小布尔乔亚作家后，鲁迅也许大彻大悟，便翻译了很多日本、俄罗斯的无产阶级文学理论并进行积极的推介，似乎要说，诸君（马克思主义文学者）所主张的文学，"是我直接从俄罗斯、日本翻译引进的。从实际出发你们的主张是多么的幼稚和错误的啊"。

当有人针对自己创作的沉滞期，借用托洛茨基在《文学和革命》中所说的非马克思主义的作家因不能把握现实且缺乏认识，必然会处于彷徨、或者沉滞状态的说法，指出鲁迅正处于沉滞状态时，鲁迅昂然反驳说"人难免会有休息的时候"。

从近期的书籍广告看，将出版《转变后的鲁迅》一书，目前尚无法得知其内容。无论如何，今后对鲁迅的作品还会予以很大的关注和期盼。

汇集有关鲁迅作品的批评、感想以及印象的书籍有《关于鲁迅及其著作》，最近还出版了一本有些新内容也包含上述书籍刊载过的内容的《鲁迅论》一书，还有《鲁迅在广州》等书籍。

笔者在此主要要讨论的是有关他的作品，他的著作、论文以及杂文等，必要时会偶尔引用。

二、鲁迅自传

我于一八八一年生于浙江省绍兴府城内一家姓周的家里。父亲是读书的，母亲姓鲁，乡下人。她以自修得到能够看书的学力。听人说，在我幼小的时候，家里还有四五十亩水田，并不很愁生计。但到我十三岁时，我家忽而遭了一场很大的变故，几乎什么也没有了。我寄住在一个亲戚家里，有时还被称为乞食者。我于是决心回家，而我的父亲又生了重病，约有三年多，死去了。我渐至于连极少的学费也无法可想；我的母亲便给我筹办了一点旅费，教我去寻无需学费的学校去，因为我总不肯做幕友和商人，——这是我乡没落读书人家子弟所常走的两条路。

其时我是十八岁，便旅行到南京，考入水师学堂了，分在机关科。大约过了半年，我又走出，改进矿路学堂去学开矿，毕业之后，即被派往日本去留学。但待到在东京的豫备学校毕业，我已经决意要学医了。原因之一是因为我确知道了新的医学对于日本维新有很大的助力。我于是进了仙台（Sendai）医学专门学校，学了两年。这时正值俄日战争，我偶然在电影上看见一个中国人因做侦探而将被斩，因此又觉得在中国还应该先提倡新文艺。

我便弃了学籍,再到东京,和几个朋友立了些小计画,但都陆续失败了。我又想往德国去,也失败了。终于,因为我的母亲和几个别的人很希望我有经济上的帮助,我便回到中国来;这时我是二十九岁。

我一回国,就在浙江杭州的两级师范学堂做化学和生理学教员,第二年走出,到绍兴中学堂去做教务长,第三年又走出,没有地方可去,想在一个书店去做编译员,到底被拒绝了。

但革命也就发生了,绍兴光复后,我做了师范学校的校长。革命政府在南京成立,教育部长招我去做部员,移入北京,一直做到现在。近几年,我还兼做北京大学,师范大学,女子师范大学的国文系讲师。

我在留学时候,只在杂志上发表过几篇不好的文章。初做小说是在一九一八年,因了我的朋友钱玄同的劝告,做来登在《新青年》上的。

这时才用"鲁迅"的笔名(Penname)/别的,也常用别的名字做一点短评。现在汇印成书的只有一本短篇小说集《呐喊》,其余还散在几种杂志上。除翻译不计外,印成书的又有一本《中国小说史略》。

——一九二五年六月《语丝》所载 —笔者附记—

完成此《自传》文后的鲁迅于一九二六年春,张作霖在进入北京前夕,欲逮捕五十名过激的教授和知识分子,作为其中的一分子,鲁迅经亲友的帮助,躲避到厦门大学。因无法长久停留又去了广州。期间编辑了数卷著作,后又到了上海。据说完全沉浸在文笔生活当中。

据传他在中国文坛上收入居首位,生活不像在北京那样简朴,过着有些像布尔乔亚式的生活,事实上真实与否便不得而知。

三、《呐喊》

（一）鲁迅与艺术（《呐喊》的《自序》）

我们通过上一章的《自传》，大体了解到鲁迅是怎样的人，了解了他曾经的经历，在此基础上再看他的《呐喊》的《自序》，会对他过去的生活有更详尽的了解。另外，能够更为详细地了解他选择文艺事业的目的、写小说的动机和原因以及他对艺术的态度。

我们为了了解作家鲁迅投身文艺事业的心路历程，虽说与其自传前后多少有些重叠，但还是有必要逐句查看《呐喊》的《自序》：

在《自序》中他说，在自己幼年时，由于家势的衰落以及父亲的疾病，几乎每天都要往来于当铺典当一些衣服、项链等物品并为父亲买药看病。后来父亲病逝，用他母亲给他筹措的 8 元旅费，来到南京进入某学堂就读。通过阅读《全体新论》和《化学卫生论》，便渐渐地悟得中医不过是有意的或无意的骗子。又通过阅读翻译的历史书籍了解到日本维新的大半发端于西方医学。由此他下定决心要学好医学，为拯救中国、挽救饱受中医欺诈之苦的病患及其家族而努力。后来他如愿以偿，得以学习医学，后又来到日本的仙台学习新医学。期间如他在自传中所言，在日俄战争的电影上看到了中国人被日本人当作密探斩首的情景。由此他改变了初衷，理由是对于愚弱的国民来说就算有了强健的体魄，也只能沦为毫无意义的被示众的材料。因疾病死去的人们，也不见得是多么不幸的事情。所以当前我们的第一要务是改变国民的精神思想。他认识到了改变国民精神思想的当务之急是文艺。提倡文艺运动正是鲁迅立志文艺事业的大致原因。

我们通过这一事情便可以看出，鲁迅选择文艺事业的原因并不是出于个人的喜好，也并非考虑自身的天赋，而是出于"拯救中国人民"之意，也因此提倡了文艺运动。探究鲁迅的创作源泉，也就能了解他对艺术的态度，还能进一步了解《呐喊》的由来。

他的《呐喊·自序》开头有这样的描述："我在年青时候也曾经做过许多梦，后来大半忘却了，但自己也并不以为可惜。所谓回忆者，虽说可以使人欢欣，有时也不免使人寂寞，使精神的丝缕还牵着已逝的寂寞的时光，又有什么意味呢，而我偏苦于不能全忘却，这不能全忘的一部分，到现在便成了《呐喊》的来由。"

鲁迅认为《呐喊》的由来就是青春梦想的抒发，也是为表现无法忘却的痛苦而发出的呐喊之声。这就是鲁迅的艺术。

他在北京女子高等师范学校就《娜拉走后怎样》的题目演讲时，对这个梦想又做了具体的说明。"假使寻不出路，我们所要的倒是梦。但是，万不可做将来的梦。阿尔志跋绥夫普经借了他所做的小说，质问过梦想将来的黄金世界的理想家，因为要造那世界，先唤起许多人们来受苦。他说'你们将黄金世界预约给他们的子孙了，可是有什么留给自己呢？'"

鲁迅说自己的小说是"难以忘怀的青年时期梦想的一部分"。他还在序文里说明了自己最初写小说的动机和原因。

他说自己写小说的原因之一是经不住当时宣传新思潮而排斥旧思想、旧制度的《新青年》的编辑又是鲁迅的友人"钱同玄的劝说下写的"，还说自己当时处在怎样不堪的境地，并以很好的比喻说明了自己写小说的理由。

他在写《狂人日记》之前，住在 S 会馆阴郁的三间房里，钞古碑，客中少有人。那时偶或来谈的是一个老朋友金心异。有一夜，他看着鲁迅钞写古碑，两人之间有过这样的对话。现不嫌其烦抄录如下：

"你钞了这些有什么用？"

"没有什么用。"

"那么，你钞他是什么意思呢？"

"没有什么意思。"

"我想，你可以做点文章……"

到此，鲁迅觉得"我懂得他的意思了，他们正办《新青年》。然而那时仿佛不特没有人来赞同，并且也还没有人来反对，我想，他们许是感到寂寞了，但是说：

假如有一间铁屋子，是绝无窗户而万难破毁的，里面有许多熟睡的人们，不久都要闷死了。然而是从昏睡入死灭，并不感到就死的悲哀。现在你大嚷起来，惊起了较为清醒的几个人，使这不幸的少数者来受无可挽救的临终的苦楚，你倒以为对得起他们么？

"然而几个人既然起来，你不能说决没有毁坏这铁屋的希望。"

这里所讲的"铁屋"、"沉睡的人"或"早已醒过来的几人"，都是暗指中国社会当时的现状。"几个人"云云是指开办《新青年》的人。

"是的。我虽然自有我的确信，然而说到希望，却是不能抹杀的，因为希望是在于将来，决不能以我之必无的证明，来折服了他之所谓可有，于是我终于答应他也做文章了，这便是最初的一篇《狂人日记》。从此以后，便一发而不可收，每写些小说模样的文章，以敷衍朋友们的嘱托，积久就有了十余篇。"

如此这般，他把自己最初写小说的原因和动机做了说明，并说明自己的"呐喊"即小说的根本源泉是还未能忘怀于当日自己的寂寞的悲哀。他最初感受到寂寞的，虽说是幼年时期往来典当铺和药店时候开始的。但真正感受到自己寂寞悲哀的，却是以文化运动为目的，走出仙台医专到东京创办名叫《新生》的杂志，却因各种原因失败之后开始的。

"我感到未尝经验的无聊，是自此以后的事。我当初是不知其所以然的；后来想，凡有一人的主张，得了赞和，是促其前进的，得了反对，是促其奋斗的，独有叫喊于生人中，而生人并无反应，既非赞同，也无反对，如置身毫无边际的荒原，无可措手的了，这是怎样的悲哀啊，我于是以我所感到者为寂寞。"

"……还未能忘怀于当日自己的寂寞的悲哀罢，所以有时候仍不免呐喊几声，聊以慰藉那在寂寞里奔驰的勇士，使他不惮于前驱。"

寂寞是令他写小说的重要原因，不，是因为若不写就无法抑制他内心翻腾的痛苦，只有大声叫喊方能使心胸舒畅。将那叫喊用文字来表达就是《呐喊》，也包括他的所有作品。

上文中描述了鲁迅的生涯以及从事文艺事业的动机和原因等的轮廓。有必要进一步对其作品中所表现出的思想、审视以及态度进行细致的研究。

(二)《呐喊》

本来按照顺序，应该先评论《呐喊》，但是为了便于让读者对作品先有个了解，哪怕是概括性要点或者特点，所以先将对其中每个作品的内容做概要性介绍，尤其是选一些有一般性评论和笔者所喜欢的作品，做一个比较详细的介绍，然后再进行批评和讨论作品的寓意及其他。

鲁迅的短篇小说集《呐喊》里一共包括鲁迅的十五篇小说，一般都说《呐喊》包含其《自序》共十六篇，但笔者已经在上篇讨论了《自序》的大部分内容，所以将《自序》省略，对其余十五篇，先列举其题目后，将内容相近的组合在一起进行讨论。

《呐喊》的目录

《狂人日记》、《孔乙己》、《药》、《明天》、《一件小事》、《头发的故事》、《风波》、《故乡》、《阿Q正传》、《端午节》、《白光》、《兔和猫》、《鸭的喜剧》、《社戏》、《不周山》。

将其按内容相近来分的话，可分为《狂人日记》、《阿Q正传》、《药》、《明天》、《头发的故事》；《风波》、《孔乙己》、《白光》、《端午节》、《兔和猫》；《鸭的喜剧》、《故乡》、《社戏》。

《狂人日记》描写的是一个被普通人称为"狂人"的人，揭露自古以来被恶习渲染的人们的本相，人们不但不理睬他的意见、还置之度外，甚至要抹杀；《阿Q正传》描写的是被当时中国所谓的精神文明余毒引发的自足自满思维歪曲的事实；或者说是描写了中国农民的愚昧、知识分子的虚伪和欺骗所带来的无辜农民的牺牲，从描写清末、民国初期中国的普遍思想倾向以及农村的现实，这一点在鲁迅的作品中占有重要地位,从中可以发现它们的共同点。

《药》、《明天》都写了中国旧社会医术的落后、医生的冷淡,描写了患者身上发生的悲剧以及像韩国农村也盛行的偏方所害的牺牲者,蕴含了鲁迅以医学救国的决心,还可以发现《药》中所赋予的别的含义。

《头发的故事》讲述了一个前辈先生在民国的国庆节——双十节(十月十日),回忆自己剪掉头发后多么辛苦的事,而《风波》的主题是农村的男女老少谈论辛亥革命时期发生在农村的剪发带来的利害与得失。虽然小说中主人公的思想、性格、文化程度不同,但都是围绕剪发问题这一点上具有共同之处。

到底是否剪发的问题,在韩国从"一进会"时期到现在,或者在农村,即使到了现在也成为家庭和社会的问题,与中国面临相似的情形,所以对我们来说,这是颇有趣的作品。

《孔乙己》描写的是一个经常把"之乎者也"当口头禅的下层知识分子的没落;《白光》描写的是一个旧式文人考了十六次文官考试都落榜,后来被家族的迷信所迷惑,以为祖宗传下来的"屋子里埋有金银",但没有挖出来,后来又以为"山上有金银",但又没有挖出来,最后淹死在湖中的故事,描写的都是知识分子阶层。

《端午节》描写的是一个新式知识分子随着经济环境的变化,虽还没到思想的变化,但对日常事务的态度也发生了变化;由于受到社会环境的影响,没有了激情,把逃避的借口寄托于自己态度上的故事,也是关于描写知识分子的,从这一点来讲,以上三篇具有共同之处。

《鸭的喜剧》是俄罗斯盲人诗人爱罗先柯住在鲁迅的亲弟弟周作人家的时候,为听大自然的音乐,买了蝌蚪等着蝌蚪长成青蛙,然后劝他养家畜,后来这位盲人诗人买了鸭子养的过程中,突然想念自己的母亲,然后离开了北京。后来鲁迅写了关于爱罗先柯的回忆录,据说《兔和猫》也是受爱罗先柯的影响而写的关于动物的故事,但从另外的角度看,鲁迅自幼年时期就不喜欢"猫",所以才写了这种题材。这两篇在写动物这一点上有共同之处。

《一件小事》的篇幅不过是四页，而且从事件发展来看，也有不能称其为小说的评论，但与留下深刻印象的《阿Q正传》、《狂人日记》一样，也是很好地表现了鲁迅性格一面的作品。其内容如下：

　　有一天，作者乘一辆人力车，忽而车把上碰着老女人，她慢慢地倒了。作者认为那个女人是故意装的，便让人力车夫不用管，要求离开。但人力车夫不理会作者的话，还是把女人送到了一所巡警分驻所。作者感到那个人力车夫的背影越来越大。后来，巡警说："你自己雇车罢"，作者抓了一把铜钱交给巡警，让他交给车夫，然后走着回去了。

　　这事到了现在，还是时时记起。作者因此也时时煞了苦痛。幼小时候所读过的"子曰诗云"虽背不上半句，独有这一件小事却总是浮现在眼前，使作者感到忏愧、自新，增长作者的勇气和希望。

　　鲁迅的作品善于讽刺、揭露社会的黑暗面，表面上鲁迅看起来好像很冷酷，但他的内心深处的温情尽显于此。该作品作为表现鲁迅内心深处温情一面的作品，是了解鲁迅性格的重要作品。

　　《故乡》、《社戏》采用的是鲁迅最为擅长的回忆录形式，运用其所有的技巧而作的作品，也不为过。两篇都讲述了长大以后，回忆幼年时期在乡村度过的经历，作品中描写的乡下儿童的生活、农村的风景描写，可谓不次于世界任何一个作家的作品。更详细的讨论留在后面，这里暂不谈。

　　《呐喊》中的最后一个作品，《不周山》的取材来源于中国古代神话，尚搞不清楚作者的意图，有人说这是无法理解的作品，也有人说这是包含了鲁迅理想的作品，总之是一个难解的作品无法了解其意图，故省略。

　　（三）《阿Q正传》

　　涵盖鲁迅独具风格的乡村农民的思想状态、生活方式以及风景描写，还有他那独有的讽刺写法、有着属于他唯一的回忆和鲁迅最拿手的揭露社会黑暗面等特点的作品，而在《呐喊》中体现上述特点最好的作品笔者认为应该是《阿Q正传》、《故乡》和《一件小事》。这三部作品也已经有了定论，《一件小事》在上面已经做了很详细的介绍，现将介绍关于其余两篇的梗概。

《阿Q正传》的梗概

《阿Q正传》是以章回的形式写的。第一章是"序"、第二章是"优胜记略"、第三章是"续优胜记略"、第四章是"恋爱的悲剧"、第五章是"生计问题"、第六章是"从中兴到末路"、第七章是"革命"、第八章是"不准革命"、第九章是"大团圆"共计九章，描写了一个叫"阿Q"的人的一生。

阿Q没有确凿的姓和名，就用罗马文字Q来代替，不但如此，他的原籍也模糊，阿Q没有家，住在未庄的土谷祠里；也没有固定的职业，只给人家做短工。

未庄的人们之于阿Q，只要他帮忙，只拿他玩笑，从来没有人把他当人看待。但是阿Q自尊心很强，连受所有未庄人尊敬的赵太爷、钱太爷也不在他眼里，甚至对这两个人的儿子即两位"文童"，在他眼里是不值一笑的神情。

也就是说，阿Q对村里有钱之人在精神上独不表格外的崇奉。他想："我的儿子会阔得多啦。"阿Q进了几回城有了较高的见识。

但可惜他身上有一些缺点。最恼人的是在他头皮上，颇有几处不知于何时的癞疮疤。如果有人逗他，阿Q便估量了对手，口讷的他便骂，气力小的他便打。然而不知怎么一回事，总还是阿Q吃亏的时候多。于是他渐渐的变换了方针，大抵改为怒目而视了。谁知道阿Q采用怒目主义之后，未庄的闲人们便愈喜欢玩笑他。闲人总是骂一两句还不完，还要揪住黄辫子，在壁上碰了四五个响头才罢休离开。阿Q在形式上打败了，但他有"精神胜利法"，心里想，就当被儿子打了，于是也心满意足的得胜地走了。

闲人如果说："阿Q，这不是儿子打老子，是人打畜生。自己说：人打畜生！"阿Q两只手都捏住了自己的辫根，歪着头，说道："打虫豸，好不好？我是虫豸——还不放么？"

但闲人也并不放，仍旧在就近什么地方给他碰了五六个响头，这才心满意足的地走。然而不到十秒钟，阿Q也心满意足的得胜地走了，他觉得他是第一个能够自轻自贱的人，因为除了"自轻自贱"不算外，余下的就是"第一个"。

阿Q这样被人欺负之后，便愉快地跑到酒店里喝几碗酒，又和别人调笑一通，口角一通，又得了胜，愉快地回到土谷祠，放倒头睡着了。假使有钱，他便去押牌宝，每次都输光了钱，然后回去睡觉。

阿Q开始被未庄人受到一点尊重是因为说自己是赵太爷的本家，赵太爷打他嘴巴之后的事。说也奇怪，从此之后，果然大家也仿佛格外尊敬他。未庄通例，倘如阿七打阿八，或者李四打张三，向来本不算一件事，必须与一位名人如赵太爷者有关，这才载上他们的口碑。一上口碑，则打的既有名，被打的也就托庇有了名。

至于错一定在阿Q，那自然是不必说的，因为赵太爷是不会错的。但他既然错，为什么大家又仿佛格外尊敬他呢？这可难解，穿凿起来说，或者因为阿Q说是赵太爷的本家，虽然挨了打，大家也还怕有些真，总不如尊敬一些稳当。

有一天，看见王胡在那里赤着膊捉虱子，他忽然觉得身上也痒起来了。阿Q也脱下破夹袄来，翻检了一回，只捉到三四个。阿Q最初是失望，后来却不平了，便骂起了王胡，最后被平常很轻蔑的王胡打了。"君子动口不动手！"阿Q说道。在阿Q的记忆上，这大约要算是生平第一件的屈辱，王胡向来只被他奚落，从没有奚落他，更不必说动手了，而现在竟动手，很意外，难道真如市上所说，皇帝已经停了考，不要秀才和举人了，因此赵家减了威风，因此他们也便小觑了他么？

远远的走来了一个人，他的对头又到了。这也是阿Q最厌恶的一个人，就是钱太爷的大儿子。他先前跑上城里去进洋学堂，不知怎么又跑到东洋去了，半年之后他回到家里来，腿也直了，辫子也不见了，他的母亲大哭了十几场，他的老婆跳了三回井。后来，他的母亲到处说，"这辫子是被坏人灌醉了酒剪去了。本来可以做大官，现在只好等留长再说了。"

然而阿Q不肯信,偏称他"假洋鬼子",也叫作"里通外国的人",一见他,一定在肚子里暗暗的咒骂。阿Q尤其"深恶而痛绝之"的,是他的一条假辫子。辫子而至于假,就是没了做人的资格;他的老婆不跳第四回井,也不是好女人。就这样一个"假洋鬼子"走近了他。"秃儿。驴……"阿Q历来本只在肚子里骂,没有出过声,这回因为正气愤,因为要报仇,便不由地轻轻地说出来了。这秃儿拿着一支黄漆的棍子——就是阿Q所谓哭丧棒。果然,拍拍拍地一声,似乎确凿打在自己头上了。在阿Q的记忆上,这大约要算是生平第二件的屈辱。幸而拍拍的响了之后,于他倒似乎完结了一件事,反而觉得轻松些,而且"忘却"这一件祖传的宝贝也发生了效力,他慢慢地走,到酒店门口,早已有些高兴了。因为那里有静修庵里的小尼姑,看见她阿Q走近伊身旁,突然伸出手去摸着她的头皮,一边骂一边感受着胜利地喜悦,仿佛第一屈辱和第二屈辱都已报了仇,便全身轻松起来。

有人说,有些胜利者,对手越强,他才感得胜利的欢喜;又有些胜利者,当克服一切之后,便反而感到了悲哀。然而我们的阿Q却没有这样乏,他是永远得意的,这也许是中国精神文明冠于全球的一个证据了。

自从接触了小尼姑以后,便时常想女人。有一天,阿Q在赵太爷家里舂了一天米,吃过晚饭,便坐在厨房里吸旱烟。吴妈是赵太爷家里唯一的女仆,也刚好洗完了碗碟,坐下和阿Q聊天。因为阿Q一心想着女人便忽然抢上去,跪到吴妈前说:"我和你困觉,我和你困觉!"吴妈大叫着往外跑,且跑且嚷,引起了整个院子的骚乱。那家秀才便拿了一支大竹杠站在他面前劈下他的头说,"忘八蛋!"。阿Q后来奔入舂米场舂米了,对"忘八蛋"这个官骂印象格外深。期间,他听得外面很热闹,阿Q生平本来最爱看热闹,便即寻声走出去了。寻声渐渐地寻到赵太爷的内院里,虽然在昏黄中,却辨得出许多人,少奶奶正拖着吴妈走出下房来,一面说:"你到外面来,……不要躲在自己房里想……""谁不知道你正经,……短见是万万寻不得的。"邹七嫂也从旁说。阿Q想:

"哼，有趣，这小孤孀不知道闹着什么玩意儿了?"他想打听，走近赵司晨的身边。猛然被赵大爷用手里捏着一支大竹杠打了。

晚上地保进来说，"阿Q，你的妈妈的！你连赵家的用人都调戏起来，简直是造反。害得我晚上没有觉睡，你的妈妈的！……"如是云云的教训了一通，阿Q自然没有话。临末，因为在晚上，应该送地保加倍酒钱四百文，阿Q正没有现钱，便用一顶毡帽做抵押，并且答应了五个条件。

从这件事以后，未庄的女人们，无论老少都躲避阿Q；酒店不肯赊欠了；没有一个人来叫他做短工。他的位置被一个叫小D的人替代了。在阿Q的眼睛里，小D是在王胡之下的。

有一天在路上相见两人打了起来，但结果又并无胜败。后来，阿Q因为太饿了，把所有值点钱的衣服都拿去当了钱。有一天他到小尼姑的家偷萝卜，还被小尼姑骂了不说，差点被追来的狗咬伤。

吃完偷来的萝卜，他打定了进城的主意。阿Q出现在未庄的时候，是刚过了这年的中秋。阿Q这回回来，却与先前判若两人。在未庄只有赵太爷钱太爷和秀才大爷上城才算一件事。假洋鬼子尚且不算数，何况是阿Q。但这次阿Q是身穿新夹袄，出现在酒店，并拿出现金叫了酒。

阿Q发财的消息传遍了整个未庄。妇女们都热衷于从阿Q那里买物美价廉的旧衣服，这回阿Q的人气大增。甚至连赵太爷也为了从阿Q那里买些旧衣服派邹七嫂秘密打听。赵秀才也对阿Q献殷勤，但因为没有旧衣服那天还是空手回来了。

大家听阿Q回来说，他是在举人老爷家里帮忙，大家都对他肃然起敬。有次阿Q在人前兴致勃勃地讲城里的事情，看见伸长脖子听得出神的王胡，就照着他的后脑勺直劈下去，王胡不但没怎么对抗，日后也再不敢走近阿Q的身边了。所以这时的阿Q在未庄人眼里的地位，虽不敢说超过赵太爷，但也不好说差很多了。

自从阿Q有了钱，不只是男人，连春天与赵太爷家女仆人有过风波后，那么躲避阿Q的女人们也都愿意接近阿Q了。受到那么多尊崇的阿

Q，直到人们知道了那些物件是阿Q偷来的东西后，便采取了敬而远之的态度。

宣统三年九月十四日，三更四点，有一只大船到了赵府上的河埠头。晚上乡下人睡得熟，都不知道，到了白天，大家听说了革命党要进城，举人老爷为了托付赵秀才替自己保管一些物品，就给原本关系不好的赵家写了一封长长的和解信。

阿Q近来手头紧，再说看未庄的人都很害怕革命的神情内心感到了一些快意。加上中午喝了酒，便又飘飘然起来。不知怎么，这么一来，忽而似乎革命党便是自己，未庄人却都是他的俘虏了。他得意之余，禁不住大声地嚷道："造反了！造反了！"未庄人都用了惊惧的眼光对他看。这种目光是阿Q从来没有见过的，使他舒服得如六月里喝了雪水。阿Q料不到赵太爷叫他为"老Q"，他的名字会和"老"字联结起来。他的亲戚赵白眼也叫他Q哥，想探革命党的口风。这下，阿Q更加意气洋洋，想好了闹革命后，杀掉哪几个讨厌的家伙，拿去谁家的东西用，和哪个女人生活等等。第二天他起得很迟，似乎有意无意地走到静修庵敲门，见到老尼姑出来开门阿Q便问："革命了……你知道？……"老尼姑两眼通红地说，"革命革命，革过一革的，……你们要革得我们怎么样呢？"

与老尼姑交谈让阿Q知道了赵秀才和假洋鬼子现在成了情投意合的同志，认为这是"咸与维新"的时候了，相约去革命。他们想到静修庵里有一块"皇帝万岁万万岁"的龙牌，是应该赶紧革掉的，于是来到静修庵把龙牌打碎了。阿Q知道后颇后悔自己睡着，但也深怪他们不来招呼他。他又退一步想道："难道他们还没有知道我已经投降了革命党么？"

后来革命党虽然进了城，倒还没有什么大异样。知县大老爷还是原官，不过改称了什么，而且举人老爷也做了什么官，带兵的也还是先前的老把总。只有一件事是令未庄人不安的，就是有几个不好的革命党夹在里面捣乱，第二天便动手剪辫子，但因为未庄人本来少进城就无所谓了。在未庄，把辫子盘在顶上的人逐渐多起来了，阿Q也是其中之一。但人们对待阿Q并不像对别人那样尊敬，就连阿Q非常轻视的小D也是如此,令阿Q大为不快。这期间赵秀才他写了一封信,托假洋鬼子带上城,托他给自己绍介进自由党,得来了一块银桃子,说这是柿油党的顶子,抵得一个翰林。

阿Q悟出要革命,单说投降,是不行的;盘上辫子,也不行的;第一着仍然要和革命党去结识,便决心自己也这么做。他生平所知道的革命党只有两个,城里的一个早已"嚓"的杀掉了,现在只剩了一个假洋鬼子。阿Q去找假洋鬼子,看见他正在和大家谈革命。他心里想招呼,却不知道怎么说才好。洋人也不妥,革命党也不妥,或者就叫洋先生吧。但还是没有叫出口,被撵出门外。

之后,阿Q对革命断了念头,很想放下辫子来,但最终也没有放下来。

有一天阿Q听到外面很热闹,出去打探其究竟,路上见到了小D告诉他,赵家遭抢了。阿Q知道后更加气愤他们没有叫他,也更加怨愤假洋鬼子不听自己投降的事。

赵家遭抢之后,未庄人大抵很快意而且恐慌,阿Q也很快意而且恐慌。但四天之后,阿Q在半夜里忽被抓进县城里去了,却并不很苦闷,因为他那土谷祠里的卧室,也并没有比这里好不了多少。当天下午,阿Q被叫去审讯,看见一个满头剃得精光的老头子,两旁站着十几个穿长衫的人,也有满头剃得精光像这老头子的,也有将一尺来长的头发披在背后的,前面有一排兵丁站着。

他便知道这人一定有些来历,膝关节自然而然地跪了下去。长衫人物都吆喝说:"站着说!不要跪!"。阿Q虽然似乎懂得,但总觉得站不住,身不由己地蹲了下去。穿长衫的人鄙夷似地说:"奴隶性",但也没有叫他起来。然后对阿Q说:"你从实招来罢,免得吃苦。我早都知道了。招了可以放你。"

"我本来要……来投……"阿Q说。

"那么,为什么不来的呢?"

"假洋鬼子不准我!"

"什么？……"

"那一晚打劫赵家的一伙人？"

"他们没有来叫我。他们自己搬走了。"

"走到那里去了呢？说出来便放你了。"

"我不知道，……他们没有来叫我……"

第二天，又被叫去，老头子和气地问道："你还有什么话说么？"

阿Q一想，没有话，便回答说，"没有。"

于是一个穿长衫的人拿了一张纸，并一支笔送到阿Q的面前，阿Q几乎"魂飞魄散"。因为他的手和笔相关，这回是初次。那人叫他画花押，阿Q说，"不认得字"，那个人就叫他画圆圈。阿Q力求画得圆，但还是画成瓜子模样，使阿Q后悔。

那天夜里，举人老爷因为和把总怄气，整夜没能睡着。争执的内容是这样的：举人老爷主张追赃，把总却说自己做革命党还不上二十天，抢案就是十几件，全不破案，没面子，所以主张示众，惩一儆百。

阿Q第三次被叫去了，老头子很和气地问道，"你还有什么话么？"阿Q一想，没有话，便回答说，"没有。"那些人忽然给他穿上一件洋布的白背心，上面有些黑字。阿Q很生气，因为这很像是戴孝，而戴孝是晦气的，阿Q被抬上了一辆没有篷的车，两旁有许多看客。阿Q觉得这好像是杀头。但最后似乎觉得人生天地间，大约本来有时也未免要杀头的。他还认得路，所以他拼命想唱几句戏，最后并没有唱成。他的脑海中回忆起几件过去的事，这时他早就两眼发黑，突然耳朵里嗡的一声，觉得全身仿佛微尘似的迸散了，结束了生命。

事后的舆论，在未庄是毫无异议，自然都说阿Q坏，被枪毙便是他的坏的证据。不坏又何至于被枪毙呢？

而城里的舆论却更不好，他们多半不满足，以为枪毙并无杀头这般好看；而且那是怎样的一个可笑的死囚，游了那么久的街，竟没有唱一句戏，白跟一趟了。

*　　*　　*

　　梗概似乎有些过长。但因为该作品围绕一个中心，里面描述的看起来很小的事，在作者的立场上看，都是体现出同样重要的思想，实在无法省略，所以就写成了如此长的梗概。该作品一方面将阿Q刻画成辛亥革命时期模糊的农民形象，一方面描写了当时中国农村现状以及革命实际上并没有引起多大影响，如同阿Q的精神胜利法自古以来都是中国精神文明的弊病，所以笔者无法更重视哪一方面，而忽略哪一方面了。

　　中国文坛上出现《阿Q正传》后，一直议论纷纷，也有数不清的模仿《阿Q正传》的作品。《阿Q正传》曾被翻译成多种语言发行，世界各国的文学家发表了评论及感想的文章。不仅如此，到现在还在议论纷纷"阿Q时代"是不是已经结束了？还会持续很长时间的讨论；

　　《阿Q正传》在文坛上引起的波澜及其影响，是不可估量的。

　　那么究竟是什么原因，《阿Q正传》受到如此强烈的重视呢？在这里，从其原因中只讨论几个重要的方面来阐明一般性评价以及笔者的观点，除此之外的关于表现手法、用语等问题将在《呐喊》中一并论述。

　　鲁迅并不像托尔斯泰那样的理想主义者把所有的作品集于个人理想的作家。所以，《阿Q正传》的宗旨也并不在于教训中国人应该怎么做；并没有把个人理想作品化；而始终力求表现中国当时的社会现象，不过是揭露了中国人就是如此的客观事实。鲁迅在《阿Q正传》中刻画了明明被别人欺负了，却从精神上觉得自己胜利了的阿Q这个人物形象。当时的中国人处于对列强百战百败，却持有自己胜利了的观念。那么这种思想，从哪里而来？鲁迅要说明的就是这一点。

　　就像《阿Q正传》里所说，"这也许就是中国精神文明居于世界之最的一个证据"，鲁迅并没有论什么是精神文明，什么是物质文明，以及论其优劣，而只是观察并剖析了精神文明的一端是怎样的。并没有写革命如何如何，也没有写革命地理论、革命地目的、革命地理想等等，只是揭露了革命时期普通农民的思想状态、革命对社会带来的影响是什么、革命当时身为土豪劣绅的赵太爷、赵秀才是怎么投机取巧的、无辜的阿Q又是怎样遭遇冤枉的牺牲的。

《阿Q正传》所体现的鲁迅的成功在于以科学的态度观察、剖析并指出了辛亥革命时期中国的社会现象,很好地表现出当时的中国国民性。如果用文学术语表述,即对中国文坛注入了自然主义。正如成仿吾在《〈呐喊〉的评论》中所说,这应该是鲁迅在日本留学时期,受当时日本文坛盛行的自然主义影响所致。鲁迅受此影响,在《阿Q正传》并没有刻画革命时期的伟人形象,而刻画了普通农民形象即阿Q,也没有描绘了自己心目中理想社会,而是将到处可见的农村——未庄做为背景;而且并没有写人生大事,而是写了阿Q的胜负、剃光头、留长辫子等日常小事,这都表现出了其自然主义风格。但鲁迅也和其他自然主义者一样,刻画了病态心理、病态人物。模仿果戈理的《狂人日记》写了《狂人日记》,《阿Q正传》也不能说没有病态要素的。

很多评论家都说鲁迅是"社会黑暗面的暴露者"。虽然很多作品、作家大都如此,唯独鲁迅在这一方面尤为突出的原因是,大概是因为鲁迅做到了以科学的态度观察所有社会现象,并尽可能忠于事实所致。那么描写真实的社会,中国社会绝不会没有好的一面,而为什么鲁迅偏偏着眼于其不好的一面?在笔者看来,鲁迅从事文学,志在挽救中国,所以自然多写短处,为的是使中国人多自我反省和鼓励吧。

至于鲁迅运用了很多讽刺和嘲讽原因,一方面是给读者留下深刻的印象而扩大作品效果的一种手段,一方面可以归结为鲁迅的性格中包含这种因素。

综上所述,鲁迅的重要特点就是科学的创作态度,并得益于这种态度,描写了中国在辛亥革命时期的真实的社会面貌,刻画了那个时期中国的国民性。

最后需要加一句,如同最近的新晋评论家钱杏邨所说,"鲁迅的作品,特别是《阿Q正传》不能离开其时代性"。

鲁迅并不是有远大的思想,只不过是刻画了辛亥革命时期的社会面貌,从大面上讲,这种观察是正确的,无论是哪个时期的作家和作品都离不开时代性,不同的只是那个时代性在艺术作品中所体现的浓厚度。

(四)《故乡》

《故乡》的梗概

我回到相隔二千余里,别了二十余年的故乡去。此次我回故乡不是衣锦还乡,而是自己多年聚族而居的老屋卖给了别姓,交屋的期限临近,所以必须抓紧时间要把家搬到我在谋食的异地去。我想象中的故乡是儿时有天真烂漫回忆的故乡,但途中所看到的故乡风景与想象中的故乡截然不同。

第二天我到家门口时,母亲和侄儿宏儿到门外迎接了我。宏儿今年八岁,以前我在故乡时他还没有出生。一进屋就跟母亲说"外间的寓所已经租定了,须将所有的木器都卖掉。"母亲让我休息一两天去拜望亲戚本家一回,然后开始谈起我儿时的朋友闰土。母亲说:"他每到我家来时,总问起你,很想见你一回面,我已经将你到家的大约日期通知他,他也许就要来了。"

这时候我(主人公)的记忆回到了过去的回忆中。天空中挂着一轮金黄色的圆月,下面是海边的沙地,其间有一个十一二岁的少年,项带银圈,手捏一柄钢叉,向一匹猹尽力的刺去,那猹却将身一扭,反从他的胯下逃走了。这个少年便是闰土。我认识他时,也不过十多岁,离现在将有三十年了;那时我的父亲还在世,家景也好,我正是一个少爷。那一年,我家是一件大祭祀的值年,说是三十多年才能轮到一回,由于祭器无人看管,我向父亲推荐了闰土,父亲也允许了。

我于是日日盼望新年,好容易到了年末,闰土终于来了。他紫色的圆脸,颈上套一个明晃晃的银项圈,这是因为他的父亲十分爱他,怕他死去,所以在神佛面前许下愿心,用圈子将他套住了。他见人很怕羞,只是不怕我,没有旁人的时候,便和我说话。这样天真烂漫的两个少年便开始认识,聊起梦想与经验。

闰土说是上城之后，见了许多没有见过的东西。而我要他捕鸟，闰土说，须下了大雪才好，并向我说明捕鸟的情景。

闰土对我说："夏天到我们这里来。"，如果夏天来"海边有五色贝壳，晚上看管西瓜去。"对一直生活在比较繁华地方的我来说，这是很难想象的。"晚上去看管是管贼吗？"闰土很详细地告诉我，乡村一般没有贼，要管的是一些动物。我被闰土无穷无尽的海边故事听得兴致勃勃。

可惜正月过去了，闰土须回家去，我急得大哭，闰土也不想回去，但两个少年还是分了手。以后，两个少年互送过几次礼物，但三十年来，没能互相见过面。现在母亲提起他，我儿时的回忆，忽而全部闪电似的苏生过来，似乎看到了美丽的故乡了。问起他的景况，母亲说很不如意。这时闰土来了，但已不是我记忆上的闰土了。先前紫色的圆脸，已经变作灰黄，而且加上了很深的皱纹；身上只穿一件极薄的棉衣，眼睛终日吹着海风周围都肿得通红。闰土似乎忘记了我们之间以前的情谊，叫了一声我"老爷！"，我似乎打了一个寒噤，"知道我们之间已经隔了一层可悲的厚障壁了。"我一边感到悲哀，一边尴尬得说不出话来。闰土领来了他的第五个孩子，这孩子有点像以前的闰土，我的侄儿宏儿有点像以前的我。聊了一会儿便知道他的景况很难。

这期间还有有关见到杨二嫂也就是"豆腐西施"的故事，把乡村的情景描述得更为浓厚。

这样过了几天，到了我要启程的日期。闰土也来拿东西，由于我们终日都很忙碌，再没有谈天的功夫。我们乘船离开故乡，我和母亲都有些惘然。在船上母亲和宏儿都睡着了。我躺着，听船底潺潺的水声，知道我在走我的路。我希望我们的下一代不再像我，也不愿意他们如闰土的辛苦麻木而生活，他们应该有新的生活，为我们所未经生活过的。我想到希望，忽然害怕起来。闰土要香炉和烛台的时候，我还暗地里笑他，以为他总是崇拜偶像，现在我所谓希望，不也是我自己手制的偶像么？希望是本无所谓有，也无所谓无的。这正是地上的路；其实地上本没有路，走的人多了，也便成了路。

笔者认为这部作品是回忆录作品的代表作。该作品中的"迅哥儿"也就是第一人称"我"可能是鲁迅自己。作品中把自然风景，农村人民的性格以及生活描述得最为自然，堪称一首叙事诗，语言生动、有节奏感，在其背景和事件的发展上有足够的诗性要素。该作品从一方面看可以看作是回忆性文章，但从另一方面看，又可以看作是近代资本主义文明进入中国以后，农村的有产阶级没落逐渐向城市集中的当时中国的社会现象。由于资本集中与兵匪之乱，农村变得非常萧条，所以把人心变恶的情景描述得淋漓尽致。这一点被近来的无产阶级批评家们所指出过，但是我觉得这是鲁迅在实事求是地书写过程中自然而然地与当时的现实背景相一致的结果，并不是有意把有产阶级的没落和农村生活的萧条描写出来的。

总之，阶级文学家们所指出的上述观点，在鲁迅的作品中，并不是鲁迅创作的主要意图和动机，而是鲁迅创作的主要特点之一的回忆录中加进去的一部分而已。笔者认为如今中国农民的思想意识可能已超越了这一程度，但生活上是否有了更大的改善，我还是持怀疑态度。

在评价鲁迅的态度与思想方面引用最多也是最受攻击的部分就是《故乡》中的最后几行。即"希望是本无所谓有，无所谓无的。这正如地上的路；其实地上本没有路，走的人多了，也便成了路。"有人说这是鲁迅思想的空白或虚无或者说是个人主义太强的表现，但我觉得这是鲁迅真正站在客观的角度观察人类得到的结论。

如上所述，鲁迅并不是鼓吹远大的希望即人类的远大目标，而是鲁迅把中国的现实和中国人的性格极端地表现出来作为他写作的唯一目标，他不是指出"中国应该走向哪里"的作家，只不过是指出"中国或中国人是这样"的作家。同时鲁迅的文艺至上主义思想大部分也都属于自然主义，因此以上也都属于自然主义的一个特点，同时也可能成为一个缺点。

《故乡》就像成仿吾所说的那样作为短篇小说，无论是其表现形式上还是在结构上，都称得上是杰作。

四、《彷徨》

《呐喊》之后鲁迅发表了短篇小说集《彷徨》,《彷徨》是在报纸和杂志上发表过的鲁迅的小说汇集起来的小说集。是从一九二四年到一九二五年一年间发表的作品,共十一篇,其目录如下:

《祝福》,《在酒楼上》,《幸福的家庭》,《肥皂》,《长明灯》,《示众》,《高老夫子》,《孤独者》,《伤逝》,《兄弟》,《离婚》。这个目录中没有叫《彷徨》的小说,并且也没有像《呐喊》一样的长篇序言,因此鲁迅为什么加上了《彷徨》的题目,不能不感到纳闷儿。但是书的前面引用了屈原的《离骚》,因此能知道作者是"为了寻求什么而写的彷徨"。

现将其引用文原封不动地抄录下来,旨在阐明《彷徨》的含义。

> 朝发轫于苍梧兮,夕余至乎县圃。
> 欲少留此灵琐兮,日忽忽其将暮。
> 吾令羲和弭节兮,望崦嵫而勿迫。
> 路漫漫其修远兮,吾将上下而求索。
>
> ——屈原《离骚》

从这里可以知道,此时鲁迅在思想上确实感到停滞状态,对所要前进的方向感到彷徨。就像上面《故乡》作品中我们看到鲁迅对希望的理解一样,对他来说没有自己独特的希望,而是从客观的角度来说:"走的人多了,也便成了路(希望)。"因此,《彷徨》中的作品,如果冷静地去观察的话,可看作是《呐喊》的续篇,其思想上没有特别的进展。

因此,近来的一些阶级文学者们评价说鲁迅的创作不能代表时代性。因为他对希望也就是说对前途不抱有目标,只是"呐喊"和站在歧路上"彷徨"。在这里我们一起来看以一下新进阶级文学评论家钱杏邨对《呐喊》与《彷徨》的评论,也有助于更深层次地去理解上述评价。

鲁迅的两部创作集《呐喊》和《彷徨》确实能说明他自己。我们把他的两部创作集和《野草》综合起来分析的结果感到他一直没有找到一条出路，一直在呐喊，一直在彷徨，草丛中的野草始终没能变成乔木。我们从鲁迅的创作中能够得到的也就是过去，充其量也就是讲现在而已，却没有未来……

——《现代中国文学家》第一辑

鲁迅的整个创作不都是这样，但他的创作确实有这样的一面。鲁迅自己也在他的论文集《坟》的后面写了题为《写在〈坟〉后面》的文章，明确地指出了自己的思想与态度。

但我并无喷泉一般的思想，伟大华美的文章，既没有主义要宣传，也不想发起一种什么运动。

据去年春天的一条消息，鲁迅加入了"中国左翼作家联盟"。如此他没有什么主义，但终于投向了阶级文学派，对此笔者感到很惊讶。但他从此只做翻译没搞什么创作活动，因此他有什么样的变化就无从知晓了。

但这并不属于本章的范畴，因此想在《彷徨》（第三百四十一面）章中将要进行论述。笔者在上面曾经说过《彷徨》无异于《呐喊》的续篇，其思想和书写方面没有什么特别的地方。但这里讲的"续篇"是指没有特别指出的差异，决不是说与《呐喊》相同。我在仔细研究《呐喊》与《彷徨》的不同之处之前，首先大致讲述一下各篇讲的是什么内容。

第一篇《祝福》：讲述的是农村中流以下女人祥林嫂半生的故事。寡妇祥林嫂在鲁四老爷家做工。她的前婆婆强迫把她改嫁，婆婆赚了点钱，祥林嫂也算有了落脚的地方，谁知第二个丈夫又病死，她唯一的儿子也在一天早上在门口剥豆时被狼叼去。以后祥林嫂又回到鲁四老爷家做工，但做事远不如以前，总在念叨儿子出事的那件事，后来被鲁家撵了出来当了乞丐。年末"我"（作品中的"我'）回到鲁镇时，问过我："人死后有没有灵魂?"然后当天夜里自杀身亡,这是全篇的梗概。

第二篇《在酒楼上》:讲述的是他去故乡附近的一家酒楼喝酒时见到了他以前的朋友,在聊天的过程中便得知这个朋友顺应了人情和旧习的故事。

第三篇《幸福的家庭》:讲述的是一个人写小说时把家庭写得非常理想和幸福,但现实中由于受到环境的影响却享受不到"幸福家庭"的故事。

第四篇《肥皂》:讲述的是在一个旧式家庭里盲目排斥新式教育的故事。

第五篇《长明灯》:讲述的是一个村子里的一个青年想熄灭历代都没有熄过的庙里的长明灯,却受到村里人排斥和攻击,最后关在庙里的一间屋子里,是反抗宗教迷信的故事。

第六篇《示众》:讲述的是一个巡警拉着一个犯人示众,围观的人盲目地、不知所以然地在观看的故事。

第七篇《高老夫子》:讲述的是满脑子都是旧思想的高老夫子在搞新式教育时丑态百出,批判无资格、无责任心的教育者的故事。

第八篇《孤独者》:与第九篇《伤逝》一起被评为该小说集的杰作。讲述的是一个怀着新思想奋斗的青年,因为眼前的生计成为旧军阀的顾问,也就是说向旧制度与旧势力妥协的故事。

第九篇《伤逝》:《伤逝》(该篇笔者于一九三〇年在《中外日报》上翻译登载过。)是鲁迅的作品中少有的有关描写恋爱的故事。由于经济原因,男孩说已无爱提出分手,女孩也没有提出反对就分了手(与其说分手不如说是女孩亲戚把她领走了),最后女孩死去的故事。

第十篇《兄弟》:讲述的是兄弟之间不要计较利害关系,要和睦相处的故事。

第十一篇《离婚》:讲述的不是新式夫妇的离婚故事,而是村里有势力的人家与没有势力的人家之间发生的离婚事件。

五、《彷徨》与《呐喊》

本来《彷徨》中的《孤独者》、《伤逝》与《长明灯》想写出更详细的梗概，然后做讨论和研究，但在《呐喊》中把《阿Q正传》和《故乡》的梗概写得过于详细，占去了很多篇幅，与笔者原来的计划有了些偏离，成了像长篇一样的研究。因此，以后尽量把梗概写得简单明了。本来写《彷徨》的特色之后，再比较《呐喊》与《彷徨》，但《彷徨》的特色在与《呐喊》的比较中更能凸显出来，因此打算把两项放在一起作为一项写出来。

我们比较《呐喊》和《彷徨》便可以知道，在思想和表达方式上没有太大的变化。不过由于社会的变化等原因，在取材方面和表达方面多少有点差异，这在上面已经提到过。笔者在这里先谈一下这两部小说集的不同之处，然后再谈《彷徨》的特色。

看《呐喊》的社会背景的话，当时正是辛亥革命的前后，农村也出现了前所未有的混乱局面，有了很大的变化。因此如果说《呐喊》是描写像阿Q这样的农民，说是革命只不过是将辫子盘到头顶上而已。在《头发的故事》和《风波》中议论"有辫子好呢，没有辫子好呢？"还打起来，一方面剪辫子，另一方面敷衍了事等，是新旧思想，新旧制度，新旧风俗与习惯冲突和混淆的时代。而到了《彷徨》，这些社会背景却看不到。

虽然《彷徨》中看不到这样的混乱局面，社会表面看起来比较平稳，但是新思想家浸染甚至屈服于旧思想，旧习惯与旧道德。比如《在酒楼上》的吕纬甫一开始还说搞新学问，但终于没能摆脱旧习的拖累，沦落为教"子曰诗云"旧学问的乡村教师。《孤独者》的主人公魏连殳一开始在一个村子里自己搞新学问，与旧思想、旧道德、旧习惯做了斗争，被村里人当做异端，但最终由于社会环境与经济上的困难，当上了旧势力的顾问。魏连殳写信自白自己已经堕落了，屈服于旧势力，成了无用之物。这些都是描写新改革家在平稳的外部环境中惨败的故事。

因此，到了《彷徨》时代，新旧思想的正面冲突已经不存在，而是在内部进行暗斗，这样的社会背景与《呐喊》不同。接着我们要关注的是这两部小说集中出现的反抗思想。鲁迅的作品中，任何一个作品都充满着反抗思想，但是最有代表性的作品是《呐喊》中的《狂人日记》和《彷徨》中的《长明灯》。这两部作品虽都表达反抗思想，但前者是通过启蒙由于被旧习惯、旧思想及传统所麻痹，把非人道主义事情当做平常事来对待的普通民众，来表达反抗思想；而后者描写的是反抗宗教及迷信。也就是说，在表达反抗思想上，前者较为朦胧地反抗陈腐的旧思想，《彷徨》反抗的是宗教及迷信思想。

其次，这两部小说集的不同之处是关于知识分子的描写。《呐喊》中的知识分子是像孔乙己一样过去会写汉字或者把"之乎者也"作为口头禅的旧式知识分子。还有很多是白光县试中落榜的学过八股文的知识分子，而《彷徨》中的知识分子却有所不同。应该称为新式知识分子吧。比如《彷徨》第二篇《在酒楼上》的吕纬甫，或者《高老夫子》中的高尔础（这个名字模仿俄罗斯作家高尔基的名字起的。把"基"改成跟它意思相同的"础"，是一种讽刺。）虽然不具备作为教育者的资格，因发表了一篇《论中华民国皆有整理国史之义务》的论文成为女子学校的教师，还有《孤独者》的主人公魏连殳等都是新式知识分子。

这并不是因为社会的变迁，旧式知识分子变成了新式知识分子，但也有一些新式知识分子是从旧式知识分子变化而来的。也有一些知识分子是鲁迅自己在城市里接触到的人物，虽不能一概而论，但知识分子形象有了变化却是事实。

再次，笔者所关注的是有关表达方面。《呐喊》的表达比较深刻，使人很难忘记，而《彷徨》的表达没有《呐喊》深刻。这不仅仅是笔者这样认为，其他的评论家或者听到别人的读后感都这么认为。笔者认为这可能是因为两个方面原因造成的：一方面作者在表达方面有所疏忽，另一方面读者已经熟悉了那种表达方式。

事实上比较《呐喊》和《彷徨》就会感觉到《呐喊》表达方式的无比深刻，《彷徨》的深刻性明显减少，表达也比较平凡。即使没有类似感觉，笔者在上面提到的第二个方面的原因可能起到很大的影响吧。也就是说，读者刚接触《呐喊》的时候，以前从未见到过这样的作品，因此留下了比较深刻的印象，读过《呐喊》的读者已经对那样的思想、表现形式和讽刺有所熟悉，当做出与此相同的表现、思想和讽刺的时候就不会留下很深的印象，也不会感觉到非常深刻。看《彷徨》时读者会这样想："又是鲁迅喜欢的鲁镇！""啊，又是鲁迅新发现的农民、农村！"这样没读作品之前先把作品的印象和评价想象出来，然后再读作品，因此对作品的印象当然也就不会深刻。

总之，《呐喊》和《彷徨》的不同之处先叙述到这里，再看看《呐喊》中看不到的《彷徨》的特色，将整理为以下几个方面：

我们在通读《呐喊》的时候，丝毫找不到有关恋爱的内容。如果说一定要找出来的话，那就是《阿Q正传》里面的阿Q欺负小尼姑后，摸过小尼姑头的手恢复了滑腻的感觉，再去赵大爷家舂米时，调戏女仆吴妈后，被人教训一顿的事情而已，这不能说是描写恋爱的故事。但是《彷徨》中的《伤逝》整篇都在写从恋爱、同居到分手。

这一篇好像是鲁迅亲自经历过的事情来小说化的，这一点我从他要好的朋友那里听过，不过这是另外一回事。总之，在鲁迅创作的全过程中，有关恋爱的文章只有这一篇。这篇文章描写的并不是摩登男孩儿和摩登女孩儿朝华夕落轻浮地出入舞场，或去度蜜月，或浪漫逍遥的恋爱，而是生活极度贫困，女孩子也不是摩登女学生，男孩子虽是喜欢读书的文学青年，但不是时髦的文学青年，时间是按过去式写的。与恋爱有关，还有一个有趣儿的问题是有关现在流行的离婚问题。从这一点来看，鲁迅所描写的离婚，也与如今的新式离婚相似。即或者新式男女意见不合，或者经济条件不符，或者不是新式男人与旧式女人过不了，而是农村的有权势的旧式家庭与没有势力的家庭之间的离婚事件。上面离婚事件的男人是旧式知识分子，而且有权有势，在方圆几十里内可以大行其事；

女人是一个农民家的女儿，无钱无势，男人领来一个妓女，全家人合伙儿给个八九十块钱就想把糟糠之妻撵出去。最后，男人本想勾结势力家，但还是以威力压倒女方，以八九十块钱换来了一张离婚书。

六、《野草》

关于《野草》，笔者曾经在《中国文坛概观》和《中国新诗概观》中提及过。《野草》特别让人感到注目的是其内容和形式与以前鲁迅的作品截然不同。从形式上来看，有叫《我的失恋》新诗体诗，其注释上写着"拟古的新打油诗"，还有一篇是叫《过客》的戏剧体诗。《野草》的广告上说"可以说是鲁迅的一部散文诗集"，但是把《野草》看做是诗歌还是小说，还是微型小说？这不能不说是一个问题。

不过如今的倾向是小说越来越短，诗歌越来越长，在不久的将来也许形式上小说和诗歌越来越难以区分。

如果把《野草》看做小说的话，其情节过于简单，没有人物形象。但是如果把它看做是诗歌的话，一方面理性要素过于浓厚，另一方面带有讽刺。比如：《狗的驳诘》、《立论》、《聪明人和傻子和奴才》等有点像《伊索寓言》，有比喻又有讽刺。不过《秋夜》、《雪》、《好的故事》、《风筝》等几篇作为诗歌是无可挑剔的。如果称作小说的话，其形式上与现代女作家弗吉尼亚·伍尔芙的纯心理小说相似。即按照心理的发展进行描写。不过弗吉尼亚·伍尔芙的小说并不是为了写重要的事把附属事件集中起来，而是按照心里想到事情如实地做记录，有时不相干的事情相互冲突，其语言上也不够完整，但鲁迅的《野草》为了表达完整的思想，把一切都集中在一起，这是两个人的不同之处。

我觉得《野草》是诗集还是小说集还是感想文集并不重要。只是觉得有必要研究《野草》在鲁迅的创作历程中有何地位，《野草》中鲁迅的思想倾向如何，他对人生的态度以及他对《野草》的期待如何等等。

《野草》是鲁迅整个艺术生涯的结晶，是他思想的集合体，是以最真挚的态度观察人生，最正确地批判人生与社会，最好地表达了鲁迅隐退式温情，最佳地阐明了鲁迅的希望与对艺术的态度。一句话，《野草》是鲁迅把独特而老练的表现形式发挥得最为淋漓尽致的作品，也是把自己的思想说得最为透彻的作品。

不过《野草》中一直贯穿着一样东西，那就是"苦恼"。在艺术上使鲁迅产生冲动的也是这个苦恼，苦恼在《野草》中无处不在。其实，即使是如日中天的作家，能够把他的作品变得伟大也是因为有苦恼，对人生的一切有着黑暗般绝望的作家，能够把他的作品变得沉重，把观察变得深刻，把他的绝望引向无边的绝望也是因为这个苦恼。鲁迅绝不是彻头彻尾的绝望家，不过如果举出他的缺点的话，应该是他那里没有明确而远大的希望，但对人类、社会，他不是绝对的悲观主义者。但我们能看出鲁迅不愿意在"明暗中间彷徨"，而他的脑际里一直跟随着想寻求一种彻底的难以言说的苦恼。

我认为鲁迅的这种苦恼才使鲁迅有像今天这样的贡献，也是使读者抱着希望期待鲁迅。我们有必要再看一下，他自己对《野草》的意见与期待。鲁迅在《野草》的题辞中这样阐明了对自己作品的态度。

> 当我沉默着的时候，我觉得充实；我将开口，同时感到空虚。
> 过去的生命已经死亡。我对于这死亡有大欢喜，因为我借此知道它曾经存活。死亡的生命已经朽腐。我对于这朽腐有大欢喜，因为我借此知道它还非空虚。
> 生命的泥委弃在地面上，不生乔木，只生野草，这是我的罪过。

这不是说他过去的生命已经朽腐，从这个生命的根部重生"野草"？鲁迅对自己的艺术非常谦逊。他从来没有说过自己的作品怎么伟大或自傲自满，总是说不能成为乔木，只不过是野草而已。并且他还说《野草》也很快会成为过去而朽腐，暗示希望诞生出新的什么。

……我希望这野草的死亡与朽腐，火速到来。要不然，我先就未曾生存，这实在比死亡与朽腐更其不幸。

我们知道鲁迅总是希望无论是生命还是作品，当完成使命以后死去，重新诞生新的，不希望似存非存般无活力地存在。

在这里没有时间把每篇作品都加以进行研究，不过特别引人注目的是《野草》中包含哲理性和鲁迅人生观的作品特别多。比如：《过客》、《影的告别》、《复仇》（一）（二）、《死火》、《墓碣文（原文是"墓碣铭"）》、《死后》、《颓败线上的颤动》、《失掉的好地狱》等等。这些作品实在晦涩，实在太简略，省略得实在太多，所以很难读懂作者的真实意图。

我虽然想在这里把《野草》的所有作品一一做出分类并做出分析，比如：（一）回忆类，（二）讽刺类，（三）希望类，（四）描写类，（五）思想类等，分析出哪个作品属于哪一类，如何如何，他的思想怎么样，他的回忆录特点又是怎么样等等，但又觉得过于啰嗦，纸面也有限，只是把鲁迅多方面特点描述得最好的《过客》来加以说明。

《过客》我在上面也已提到过，其形式是戏剧，时间是或一日的黄昏，地点是或一处。人物是老翁、女孩、过客三人。当然从戏剧的角度来看，不是为了讨论这篇文章写得好不好，优点在哪里等等。只是为了了解他的思想，他的人生观，他的过去，他的立场等等。先说一下这部作品的内容：

有一天黄昏，一个老翁与一个女孩子。从东边走来一个人，看起来疲惫不堪，举止看起来意志已丧失。老翁让女孩子端一杯水给他喝，说了声谢谢，老翁问他叫什么名字，他说不知道。问他从哪里来他也说不知道，问他到哪里去他也说不知道。只是指着前面说，他要往那里去。他说喝了水恢复了些力气以后还要往前走，问老翁久住在这里，前面是怎么一个所在？

翁：前面？前面，是坟。

过客：（诧异地，）坟？

少女：不，不，不的。那里有许多许多野百合，野蔷薇，我常常去玩，去看他们的。

然后过客问老翁走完坟地之后是什么？老翁说不知道。少女也说不知道。老翁说："我单知道你来的路，也许那是于你们最好的地方。你莫怪我多嘴，还不如回转去。"还怀疑能不能走完？然后过客说：

客：料不定可能走完？……（沉思，忽然惊起，）那不行！我只得走。回到那里去，就没一处没有名目，没一处没有地主，没一处没有驱逐和牢笼，没一处没有皮面的笑容，没一处没有眶外的眼泪。我憎恶他们，我不回转去！

然后老翁说，太阳下去了，还不如像他似的休息一会儿的好，过客说前面的声音叫他走，老翁说，他曾经似乎也听过，不理他就好了。不过过客还是要走，少女就给他一片布，裹上他的伤去。说声谢谢之后接取将布缠在踝上，说是裹不下，把布还给少女说，倘使我得到了谁的布施，我就要像兀鹰看见死尸一样，在四近徘徊，祝愿她的灭亡，给我亲自看见；或者诅咒她以外的一切全都灭亡，连我自己，因为我就应该得到诅咒。但是我还没有这样的力量；即使有这力量，我也不愿意她有这样的境遇，因为她们大概总不愿意有这样的境遇。我想，这最稳当。那布片少女不想要，过客也不愿意带走，老翁说，那么把它挂在野百合野蔷薇上，少女也说好，过客就起身向西走。

这就是梗概。无论是过客、老翁还是少女，他们的见解不同，看到的世界也不同，各自的希望也不同，各自的前景也不同。鲁迅通过过客把自己的立场、态度、人生观、艺术观表达得非常完好。在这里笔者不想再加以赘述。

七、鲁迅的语言

我在本论文的前面说过鲁迅是"文学革命"的实践者。因为他实践了用白话文的创作，并取得了成功，而其精神与"文学革命"精神相符。

不过在这里我想说的是有关鲁迅写的"白话文"。本来主张白话文是为了实行言文一致，但事实上也存在一些问题。

有关这一点笔者曾经提及过。最近郭沫若还批判过胡适的白话文运动，说是实际上的言文一致是不可能的。笔者并不是想反对别人的意见或主张，而是从客观的角度观察的结果，持有这样的疑问。比如说，从韩国语小说、日语小说或者中国白话文小说来看，仅用日常用语和用法，很难写出优秀的作品，并且常常会感受到言文间难以言说的差异。

看近日中国的白话文，即使是同样的白话文也会看到有很多种不同的白话文。如果看主张言文一致的胡适的白话文，他像主张言文一致那样把白话文写得通俗易懂，写得与日常用语没有差别。

另外一种白话文是过去"创造社"成员郭沫若、郁达夫、张资平等人写的白话文。他们也用比较通俗易懂的白话文写文章，但写得与胡适的日常用语不同。

鲁迅的白话文虽然也是白话文，但反而比起较简单的文言文理解起来还难。但是从文体给读者的印象来讲，鲁迅的白话文可能是最好的。他选择最为确切的语言，文章简洁明了。他的小说只要懂得他的语言，就像嚼鸡肋一样，越嚼越有味儿。

所以，鲁迅的白话文是白话文中最难的白话文，如果举出他语言的独特性的话，把西方的语法用在汉语上，白话的关联词和虚词用得少，还有一点是把文言文优点之一的简洁性用在了白话文上。

所谓把西方语法用在汉语是指使用了形容词的重叠，像英语中的有些语法那样省略标点符号，把几个句子连在一起。把白话的关联词和虚词用得少是指故事与故事中间极少使用"所以"，"还有"等，以及"啊"，"罢"，"哪"，"呢"，"着"等虚词用得也很少。虽然修辞学上说，关联词和虚词用得太多，就写不出很好的文章，但如果用得太少，就常常会有不理解其关联关系的情况。都说中文难，其难在词与词之间省略太多的缘故。所以像《聊斋志异》中的三四行文章，到了说书人那里写成书能讲个三四天不断。这可能是由于说书人讲了很多不必要的内容有关，但文章过于简洁也有很大关系。

中学毕业的中国学生看鲁迅的白话文，其每篇的大意也许能看得懂，但每句都理解的人可能几乎没有。他的文章有很多比喻和内涵深刻，即使对文学造诣很深的人，可能也有很多不理解的作品，最主要的原因可能是鲁迅的文章过于晦涩。一般来讲，一说白话文就以为是言文一致，表面上看言文好像一致，但事实上如上所言，有很多差异。所谓言论机构所用的语言与清末文言派的文言即梁启超、章士钊等人的文言没有什么区别。鲁迅使用的文体是白话文，但其语法结构简洁，理解起来不亚于文言文。然而鲁迅的文体在白话文中却独自形成一体。

八、结论

虽然不够完整，至此我已经对鲁迅大半生的全部作品做了介绍。

遗憾的是由于时间仓促又加上思绪较为繁杂，体系有些不自然略显杂乱。虽然对鲁迅作品的考察似乎有些粗略和凌乱，但几乎没有漏洞这一点多多少少让笔者感到欣慰。

在结论部分，我将避免简要复述上面所提到的内容，而是首先简单扼要地介绍鲁迅的特点，然后再谈论上面没有提到的几点。

在笔者看来，鲁迅最大的特点是以农村、农民作为创作的主要题材。虽然鲁迅对于农村、农民的观察并未体现出全面性，也未能明确指出属于农民的将来，尚未指明农民通过团结可以反抗所有权势的力量，但让一般的文人和社会人认知了农村、农民；为农民的将来，引起普通人的启发，这应该是鲁迅的一大功劳所在，鲁迅作为农业国家的中国作家正是把握了这一点。

第二大特点是鼓吹反抗精神。为注入现代文明在中国迈出第一步，他对旧道德、旧习惯、旧思想及其他一切陈旧的古董表示了反抗。如果不是激进的作者，通常会止于表现个人审美、个人原则以及回顾或者咏叹等等，但鲁迅却一直发挥了其百折不挠的反抗精神。

第三大特点，不能说是长处，但可谓他的特色，那就是鲁迅几乎不写关于女人的作品。当然也不是完全不涉及女人，但一般以配角出现在他的小说里，小说以女主人公的作品除了《伤逝》、《祝福》就再也找不到了。其中的女人也都是农村中低层社会女人或者接近旧式的女人。知识分子或者摩登的女人是找不到的。这一点也许和作家的性格有关，但也有可能与作家的年龄有关。

第四大特点是根据自己的回忆或者经历进行创作。他的作品中出现的地点绝大部分是叫"鲁镇"和"S镇"的鲁迅幼年时期的故乡，或者是长期居住过的北京。鲁迅擅长以过去的事情和回忆体写小说，因小说的内容本身是关于亲身经历的回忆，使人对作品的印象颇深。

第五大特点是讽刺性。中国文坛上讽刺的作品较多，但鲁迅的讽刺并非等同于过去为讽刺而讽刺的作品，也不是为有闲阶层消磨时光的讽刺，更不是为博得读者喝彩的讽刺，而是出于内心深处同情和热情的讽刺。关于它的特点就讨论到这儿，下面考察一下其他方面。

关于鲁迅的"文学"、"革命"的理论，笔者早在介绍中国文坛时已经提到过，所以在这里不再进行重复。鲁迅认为真正的文艺和革命的因缘甚远，一直主张假使一个文学家再怎么叫喊"革命、革命"，只不过相当于第三线的战士而已。

下面讲述的也许可以说是鲁迅的中国观吧。美国的一九二七年十月版《现代（Current History）》曾刊登鲁迅与一个叫巴勒特（P. M. Bartlett）的美国人之间进行的对话内容，最近其译文又被一本叫《鲁迅论》的书摘录，因为它很好地表现了鲁迅对中国的期盼，现摘译于此。

"……孔教与佛教都早已死亡，永不会复活了。我不信上帝，只相信科学和道德。中国人本和宗教无缘，也没有信仰。所以再也不会信仰它，中国人今日最大的毛病就是懒，他们一旦努力起为，内战马上就会停止，那时中国也就强盛。工作和科学二者是中国的救星。"在某讲演稿里还记载着这样的内容："可惜中国很难改变，因为哪怕挪动一个桌子或者改装一个火炉都需要流血。但流过了血，也不能断言一定会挪动或者会改变。

如果没有鞭子打在他们的背上，中国是不会自己主动动弹的。在我看来，会迎来一定的鞭挞的。效果好不好另说，但肯定会来打的。但我无法确定会从哪里来，怎么来。"可以看出他认为中国的国民性是不喜欢变化的，救援中国将来的道路只有"奋斗"和"科学"。

下面研讨一下，鲁迅受了哪些作家的影响，和什么样的作家共同点较多。关于这项比较研究，会有很多其他的材料，但笔者众多的材料中有一个可以说包含世界文坛所有消息的赵景深的讲演稿《鲁迅与柴霍甫》此讲演是在上海复旦大学进行的，曾刊登在文学研究会编辑出版的《文学周报》第八卷第十九号，另有上面提到过的巴勒特的《鲁迅会见记》。巴勒特一开始说，鲁迅弃医从文和契诃夫、施尼茨勒、奥利弗、温德尔、福尔摩斯很像，鲁迅的作品如陀思妥耶夫斯基和高尔基的作品，具有丰富的同情心和激情。

赵景深在《鲁迅与柴霍甫》中引用的与鲁迅的谈话中也可以看出，鲁迅的确受到很多俄罗斯作家的影响。

"柴霍甫是我顶喜欢的作家。另外，如哥郭里、屠格涅甫、杜思退益益夫斯基、高尔基、托尔斯泰、安特列夫、显克微支、尼采、释勒等，我也特别高兴。"[①]

摘记部分讲演稿，并不是为了在这里细论赵氏的讲演稿，其用意在于参考鲁迅和契诃夫的共同之处：

> 契诃夫笔下所描写的宗教生活和恋爱生活，尤其是前者，鲁迅并不着重描写，这一点是不同点，对于幼年生活，鲁迅的描写具有诗意，契诃夫的描写比较质朴，但两位都有这方面的描写。而对乡村生活的描写，作为鲁迅和契诃夫两人的特长，是相同点。

[①] 柴霍甫即契诃夫，哥郭里即果戈理，二思退益夫斯基即陀思妥耶夫斯基，安特列夫即安德列耶夫。——编者注

赵氏对比鲁迅和契诃夫的结果，得出如下结论：

（一）生活中鲁迅和契诃夫都弃医从文。

（二）创作的题材上鲁迅和契诃夫都是描写乡村生活的能手。

（三）思想上鲁迅和契诃夫都对未来抱有无穷的希望，但实质上是悲观的。

（四）作风上鲁迅和契诃夫擅长的都是回忆体、而且都是讽刺的。

下面要考察的是参加鲁迅左翼作家联盟后的态度。

关于这一点，并没有得到任何材料，其经过只能参考一个叫《满蒙》的日文版月刊（去年十一月号?）杂志上刊登的内容了。《职业作家》的季刊杂志也曾连载其内容，因为笔者居住北方的关系，不能及时看到上海的刊物，所以无法探知其真相，较为遗憾。而是否马克思主义化了，还是只是以研究的态度加盟的，该联盟本身的意义何在等都是茫然的，所以重复它并没有什么必要，而且如果他真的马克思主义化了，作为呼吁自由和解放的他，怎会服从党和国家的命令，且要求集中最大权利、最大势力的，怎么把那个主义和自由、解放相连接，并且信奉他们所说的国家自然消灭之说也是个疑问。或者说在当时不得已的情况下参加的等都是个疑问。

另外一个是关于鲁迅的《朝花夕拾》中的十篇回忆录。虽然在这其中并无新奇的发现，但可以感觉到他学问的范围很是广泛。这就是这本书的特点。可看出作为学医出身的他，掌握丰富的动物相关知识。他原本是不喜欢猫的，其中的第一篇叫《狗·猫·鼠》的非常有意思的文章中引用很多文献以及科学书籍，除此以外在《二十四孝图》、《阿长和山海经》等篇中甚至拿出了近乎考证般刻薄的成见，但并没感觉到多有意思。

无论如何这十篇不能称之为创作，正确的观点应该是将其看成其特长之一的回忆录的体现。笔者并没有专门讨论《朝花夕拾》的原因就在于此。

以此结束关于鲁迅作品的粗略评论，将继续关注鲁迅后半部分的创作，届时再进行介绍。

笔者附记：

  由于时间仓促，免不了有重复的可能，对此谨向各位编辑以及读者表示歉意，因为不太熟悉鲁迅文章，也曾得到好友很大的帮助，今后将继续我的努力。另外，实际上不过是写了一两篇介绍文章而已，却从文坛新晋诸氏那里得到了如对中国文学有很深的研究般的过奖，对此不免抱着惭愧之心。在搁笔之时，我承诺会把相关研究继续下去。

          一九三一年一四日—十一月三十日《朝鲜日报》

"韩国鲁迅"的鲁迅：采访李泳禧

夏　榆　朴宰雨

《南方周末》记者夏榆提问，韩国朴宰雨采访整理

在 1970 年代到 1980 年代之间，李泳禧高扬民族自主、社会正义的旗帜，"给亲美反共军部法西斯体制以沉重的打击"（朴宰雨：《韩国七八十年代的变革运动与鲁迅》）。

韩国著名诗人高银把李泳禧称为"真实的守护者"；著名人权律师、前朝鲜大学校长李敦明称李泳禧是"以理性打破偶像的知识分子的象征"；法国《世界报》称其为"韩国思想界的恩师"；而保守媒体，如《朝鲜日报》，则将其称为"学生意识化的元凶"。

1995 年，李泳禧在《吾师鲁迅》中回顾自己的人生经历和社会活动时写道："如果说我的著作和我的思想、我对人生的态度对当代青年们起到了这样的影响，那么这个荣誉应该归于现代中国作家、思想家鲁迅。在过去近 40 年的岁月中，我以抵制韩国现实社会的态度写了相当分量的文章，这些文章在思想上与鲁迅相通，当然也在文笔上与鲁迅相通。因此，如果说我对这个社会的知识分子和学生产生了某种影响的话，那只不过是间接地传达了鲁迅的精神和文章而已。我亲自担当了这一角色，并以此为满足。"

"坦而言之，六七十年代的某些时期，我感到非常孤独……资本主义的朴正熙军国主义极右独裁统治下的大韩民国，对希望以清醒的理性生活的知识分子来说，那不外是'白昼里的黑暗'，但是站出来呐喊者实在是微乎其微，与鲁迅在《阿Q正传》中描写的20世纪初期的中国人（社会）一样，使人窒息，让人绝望。"

当年轻的李泳禧因寻找不到精神和思想上的突破口而烦闷苦恼之际，鲁迅向他指明了人生的目标和思想的归宿。

李泳禧说："在阅读鲁迅众多的著作时，我为将思想付之于实践的知识分子的生活所感动。我否定了那些安居于'买卖知识商品'的教授、技术人员、文艺作家的生活，着眼于与受苦民众同甘苦共患难的'知识分子的社会义务'，这些苦难，当然是由于不正常的社会条件所造成的，这样的义务感则出自'对人类之爱'。"

1972年至1995年，李泳禧在汉阳大学执教。其间他曾有8年的时间，因笔祸和政治问题而被罢免教职；先后4次被捕入狱。其间写出《转换时期的论理》（1974年）、《与8亿人的对话》（1977年）、《偶像与理想》（1977年）、《超越分断》（1984年）、《越南战争》（1985年）、《逆说的辩证》（1987年）、《自由人、自由人》（1990年）、《鸟儿以左右的翅膀飞》（1994年）等书，在韩国社会产生深远影响。

12月3日，已宣布终笔的李泳禧接受了本报记者的专访。

在日本发现鲁迅

记者：在韩国，您有"韩国的鲁迅"之称，为什么会有这个称呼？喜欢这个称呼吗？

李泳禧：过去有一部分知识分子，尤其是研究中国或研究鲁迅文学以及鲁迅的时代作用的知识分子是这样称呼我的。这可能与我过去三四十年的经历有关。他们认为，我在通过言论开展的政治社会批评、文明批评、社会活动，以及民主变革运动等活动中，起到的某种程度的领导作用与精神，与鲁迅在世时的中国当时状况有些类同，所以才这么称呼我的。不过，我认为，自己还不具备这种资格，这是一种夸张的称呼。

记者：您最初是在什么时候读到鲁迅的？鲁迅在什么地方让你感觉亲近？当时您个人处于什么样的状态？

李泳禧：我最初开始读鲁迅作品的时间是1960年代初。由于当时韩国误以为鲁迅是共产主义者，认为此人是危险人物，我们很难接触到鲁迅的作品。有一次出差到日本，在东京的书店里，我第一次看到了两本有关鲁迅的书籍，自那以后我才开始研究鲁迅。当时我是新闻记者，在韩国一家大报社里担任国际部部长职务，负责国际关系方面的业务。

记者：为什么之前没有发现鲁迅？据说，朝鲜在1927年就开始引进翻译鲁迅。

李泳禧：首先，我是1929年出生的。因此，在朝鲜第一次出现鲁迅的翻译作品时，我还没有出生，而且当时的朝鲜正处于日本帝国主义殖民统治之下，在我的童年生活里没有机会知道鲁迅。到了1945年8月15日民族解放以后，尤其是从1948年8月建立韩国单独政府以来，由于韩国实行反共体制，封锁和切断了有关中国革命方面的一切信息，所以我到了日本之后才有机会发现鲁迅。

记者：最初把鲁迅视为思想同道的时候，您周围的人怎么看鲁迅？

李泳禧：也许中国人很难理解这一点，我在韩国初次知道鲁迅之后，读了很多鲁迅的作品，但当时的韩国社会是不能传播鲁迅的，因为韩国实行反共体制。因此，我在1960年代，确实没有机会向比较亲近的周围朋友积极地介绍鲁迅和讨论鲁迅。

记者：您个人为什么会跟鲁迅产生那么深的精神联结？是心性和气质的类同吗？

李泳禧：确实有这方面的因素。我认为，鲁迅的不屈不挠的精神、热爱人民和始终反抗权势之虚伪的精神气质起到了一定的作用。鲁迅对统治阶级靠虚假统治社会以及由此带来的愚民化、精神奴隶化，所表现出来的反抗精神和唤起民众的启蒙思想,在1960年代以后的三四十年间一直激励我为变革韩国社会而努力,而且鲁迅精神与韩国的实际非常吻合,所以我感到很亲切。

记者:您把鲁迅看成是自己的恩师,您说过您的思想跟鲁迅相通,文笔也跟鲁迅相通,如何相通?

李泳禧:我不敢说从总体上已经对鲁迅有了全面的理解,所以还很难说已经与鲁迅完全相通。但是,在我有限的理解范围内,我认为鲁迅在当时表现出来的知识分子形象足以成为我们的先辈和楷模,他在那么大的中国所取得的惊人业绩,足以成为指导我一生的老师。由于我不是鲁迅那样的文学家,在文学方面说不出什么来,但在文学以外,我想学习鲁迅的地方,主要是称为杂文的类似于批判文明、批判社会、批判文学、批判时代的文章,文章写作的方法多种多样,在注意避免受到当权势力直接迫害的同时,又能揭露黑暗势力的丑恶与恶行。鲁迅特有的方式,成为我在韩国社会发表文章的楷模,这对我有很大意义。

韩国的"不得不"

记者:您曾经因为笔祸和政治问题被罢免在大学中的教职,而且先后4次被捕入狱。被监禁时,鲁迅的精神资源给过你什么样的帮助?

李泳禧:鲁迅的精神资源给了我很大帮助。鲁迅虽然没有像我那样进过监狱或多次起死回生,但20世纪20-30年代对于鲁迅来说,当时的中国本身就如同一个大监狱,我认为这与我在艰难躲避被捕、拘禁、迫害的小小的韩国社会不得不经受监狱生活的处境并没有什么区别。鲁迅在那种非常严酷的环境里能够一直保持他的基本精神,所表现出来的社会、文学、思想方面的姿态,以及人生与精神的透彻性,一直对多次被投进监狱的我,注入了不屈不挠的力量,这个力量使我坚持了信念和增添了勇气。

记者：韩中之间40多年断绝的历史，到了1992年8月24日正式建交而告终。在此期间，您的心里远离过鲁迅吗？

李泳禧：正好与此相反。在这40多年里，韩国社会更需要我的使命感，从20世纪70年代到80年代，只要有机会，我就没有停止过引用鲁迅的文章。尤其在对社会的批评中，在对政治、社会制度的批评中，在对军事独裁体制与虚伪理念的批评中，更加频繁地引用了鲁迅的文章，鲁迅在我心中显得更近一些。

记者：您对鲁迅的接纳和认同，帮助您认识中国社会和中国现实，也帮助您认识韩国的社会现实吗？在您看来中国和韩国具有相似性吗？

李泳禧：我把鲁迅的时代和鲁迅的生活，视为韩国情况的同一性或同质性的前提是：只是局限在很有限的领域。也就是说，我在韩国想做的事情是：彻底批判和揭露当时军事独裁的暴政和愚民政治、虚假的统治，以及极右反共统治阶级非理性的所谓反共主义的意识形态虚伪性。因此，不能说鲁迅时代中国社会所处的阶段，与韩国的状况完全一致。我所关心的领域，只是局限在刚才讲过的当权势力与人民之间凄惨的矛盾关系。

记者：大韩民族，在我们的印象中刚毅、激烈，遇到恶势力的压迫会以断指、自焚相抗争；而中华民族更多表现得坚韧而隐忍，这两个民族的国民性如此不同，您为什么会认为鲁迅对中国的解剖同样适合于韩国？

李泳禧：中国人对应不同状况的态度或精神姿态，与韩国人相比有很大差异。在历代暴政时期里，在日帝治下做民族解放运动的时期里，在后来的反共独裁政治时期里，之所以出现断指或自焚的极端态度，是因为在狭小的韩国国土上发生的当权势力与人民之间的矛盾关系即镇压的浓度，从质量上远比中国的统治阶级镇压人民大众高得多。在这种状况下,韩国的百姓没有条件以长远的眼光考虑持久的对策,或者能像中国人那样策划具体而长久的抵抗行动。其实,我并不赞成韩国的抵抗运动采取那样的极端方法,反而想指责这种极端行为。但是,韩国的这种不得不这么做的心情,被赶进根本没有出口的死胡同里受压迫百姓的状况,很难与中国相比。虽然鲁迅时代也处于暴政和独裁统治,但中国具有辽阔的大陆、悠久的历史、"慢慢地"不慌不忙的传统节奏,可以采取一边悠长地观察历史,一边解释、抵抗、克服的态度。我的评价是,中国人独特的对应方式,要比韩国有效得多,更为合理。

关于鲁迅对中国的剖析也同样适合于韩国的说法,如上述提到过的那样,我认为也是以当时的状况和有限的条件为前提,不可能任何时候都完全适用。

鲁迅的第三立场

记者:鲁迅对您的影响,很多是正面的,有没有负面的影响?

李泳禧:鲁迅先生在当时是思想方面的权威者,我受到鲁迅影响,从来都未曾想过这是否幸运,或有没有负面影响。这是因为,鲁迅一向把当时的中国社会与中华民族以及中国人的状况过分地描写为郁闷、该受批判的、无可救药的程度,主要举例许多否定的方面。同样,我也在描写和强调韩国社会的这个方面。

记者:对中国的现实,知识分子一直有截然不同的立场和态度。其一,为中国走向文明开化,走向现代奔走呐喊,这种立场被称为是肤浅的启蒙主义;其二是趋向甘地式的反现代主义,这也可能称为反启蒙主义。鲁迅是站在一个既非肤浅轻狂的启蒙主义,也非反启蒙主义的第三立场。他肯定走向现代的指向性,也不断去批判现代性。他趋向于阶级思想,但一刻也没有放弃对它的局限性的批判。您怎么评价这三种立场?

李泳禧：我认为这个提问所指出的鲁迅独特的第三立场，确实是一种非常适当的表达方式。鲁迅不仅不赞同洋务论者的国粹主义富国强兵方式，而且认为以梁启超和康有为为中心的所谓制度改革也脱离了中国社会发展的阶段，并加以批判。同时，当他看到大部分留学日本的中国留学生都想选择法学、政治学、工学或实务经济政策等方面的专业时，他却批判那些只致力于表面启蒙主义的性质，唯独选择了别人不肯选择的医学，这也几乎能说明他的第三立场。当觉悟到中国人或中国人民的致命缺点是精神而不是肉体上的疾病以后，鲁迅从医学专业改为文学之路，也可谓是继往承后的立场，或是大转换。之后在抗日战争时期与"国防文学"展开的论争中，采取"民族解放战争中大众文学"的立场，也是一种区别于从表面上解决中华民族问题的对应于启蒙主义的第三立场。因此我认为，在当时多种思想潮流中，鲁迅始终探求根本问题，批判表面上的启蒙主义，始终固守第三立场的态度，不愧为超群的能力。

记者：有人说，在全球化的背景下，鲁迅的"民族解放论"和"民族解放文学"已不合时宜，属陈腐之物，失去了现实性，您怎么看？

李泳禧：鲁迅的"民族解放论"和"民族解放文学"，从21世纪的现阶段眼光来看，至少已经相当程度地完成了作用和使命。然而，我认为有必要把"民族解放"这一单词进一步与当今时代形势的变化和条件结合起来加以考虑。例如，中国走向现代化的过程中，存在着需要认识和克服的内外两面课题。第一，已经变得很严重的各种非人性化，以及甚至把人视为手段的反人性化。由于对西洋文化和思想未加任何批判而加以称颂的结果，据说极端的利己主义、物质万能主义、抛弃道德和伦理的拜金思想、由此带来的人性腐败和社会堕落，此外还有许多外来的否定因素正在影响着中国人和中国社会。能够冷静地认识到这种民族的总体危机，并探索出有效对策，正是21世纪中国的"民族解放"问题。由于有不少中国人未通过任何精神上和思想上的觉醒，就几乎盲目地像信仰那样追随落后的资本主义道路，因此对于中国人民来说切实需要新的 21 世纪的"民族解放文学"。

在过去的 50 年里，韩国一直把美国式的资本主义视为模范，单纯地把物质主义捧为神。韩国在纯粹经济方面或物质主义方面曾经取得过令人刮目相看的发展，但在另一方面人性总体堕落，社会伦理受到很大的破坏。为了领取价额并不高的保险金，甚至发生过一些父母杀害子女或子女杀害父母的事件。韩国社会中人的行为规范——善恶观念已经颠倒到严重程度。在富人统治的经济政治制度下，少产阶级或无产阶级的权利正在成为富人的牺牲品，基层劳动者的生存权利正在受到所谓美国式世界化之新自由主义的扼杀，在富人无限掠取的贪欲之荫里，韩国已经成为贫穷者度日如年的、拥有一大批失业人民的国家。同时，甚至无限竞争的无情的成功主义、基于生存竞争的"强者必胜，弱者必亡"的社会进化论，已经达到了极点。而且，由于无论是强者或弱者 50 多年一直习惯于美国式资本主义，大部分都无法从崇拜美国的思想中摆脱出来，所以这种恶循环正在不停地重复、扩大和再生产。

鉴于韩国的这种情况，我愿向善良的中国人民忠告，新的"民族解放"以及 21 世纪的"民族解放论"，或许在中国也是非常需要的。面对美国式资本主义要把中华民族整体隶属于自己体制下的形势，中华民族如能顺利地维护自己民族的人之德性和社会的良俗美德，发展成为和谐的社会，这也是"民族解放"的艰巨任务。认为鲁迅的"民族解放论"和"民族解放文学"属于过去的思想，因此已经成为陈腐之物的想法，真可谓是美国式思想的启蒙主义价值观所犯的重大错误。对于福山所主张的，苏联解体的同时"历史终结了"，实现"美国化包装"等愚昧的世界观或邪说哲学，某些中国知识分子表现出来的最忠实信奉者形象，实在令人为中国的未来感到遗憾和担忧。鉴于现在已经进入到 21 世纪还有人在犯肤浅的启蒙主义错误，我本人认为应该继续需要鲁迅。我真诚地希望中国的知识分子和中国人民能够认真而深刻地吸取韩国和韩国社会经历过来的社会教训。

东亚"智"的桥梁

记者：有人说，"鲁迅是东亚伟大的灵魂，是东亚通往'智'的桥梁"，您同意这个说法吗？

李泳禧：如果让我冷静地说的话，对于鲁迅在东亚的地位和今后潜力或者对目前的效用，很难做出那么积极的评价。正如上述从21世纪现实中的几个方面探讨过鲁迅的"民族解放论"那样，如果真的能适合于新的环境，鲁迅的意义可以接近于提问中所说的程度。

但从目前情况来看，东亚各国的经济、社会、政治、文化等发展的阶段或生活方式和水平都不一样。东亚各国的国家民族的利益也有所不同。鲁迅作为东亚人应该做的事情是，为了反霸权主义的、和平主义的大众，尽可能地适应于善邻生存的目标。

看东亚各国当今的趋势，国家之间的关心和方向有所不同，甚至会向分裂或对立的方向发展。所以，我看现在有一项重要的任务，那就是让东亚几个国家的知识分子在自己的国家内部，追随鲁迅的精神或者通过变形明确自己的使命。这些知识分子，如果能对自己国家的各种制度或政治社会进行修正或改正的话，由此为东亚各国统一到一个大的共同的方向，为东亚的共同生存起到桥梁作用，那么，可以说鲁迅精神有一定的作用余地。

以韩国为例，像依靠外来势力、美国式资本主义和物质至上主义、社会性堕落的所有的否定因素与矛盾，正在不断地膨胀。这一点可以通过鲁迅过去的价值观或作用，得到相当程度的修正。日本很明显地表现出历史的重演，即帝国主义、霸权主义、扩张主义，对于这种非和平的国家指向，也可以应用鲁迅的思想进行许多自我反思和自我批判。

因此，对于那些有利于（化解）各个国家和民族的内部矛盾，以及东亚区域相互和平共存繁荣的作法，如果能用鲁迅的精神自觉地加以修正，我认为即使在鲁迅逝世70年以后，为了东亚15亿民众的将来命运，会做出肯定的贡献。

记者：对鲁迅的回望是重温死火，21世纪的世界，全球化的资本主义的各种矛盾将更为复杂，更为深刻、尖锐，有人说鲁迅属于过去式，也有人说鲁迅属于将来式，您的看法呢？

李泳禧：在21世纪里重温和活用鲁迅的精神和思想，将此比喻为重温死火的努力，是一种错觉。鲁迅的思想，即使现在也是毫无变化而继续燃烧的火。

我认为，只要美国式资本主义想要统治世界，而且美国式物质主义与力量哲学以各种名称和各种形态强加给全人类的状况存在，鲁迅的思想会继续有效。鲁迅既是"现在式"，又是"未来式"。也许有人会认为我过分地指责美国的发言并不妥当，但美国本身和代表美国的各种否定性的价值，都将会威胁世界和平的状况，直到将来某一天美国丧失了那样的地位和能力，或变质为向往和平的体制和国家时，鲁迅将会一直是"现在式"，而且到那时之前一直会成为"未来式"。

目前，中国人正在急剧地朝着现代化和物质主义的方向走着，好像进入到又一个新的洋务论的时代。我本人是这么想的。如果真的是那样的话，将会与19世纪中叶开始的洋务论有所不同，模仿和向往的对象主要是美国资本主义、美国的生活方式、美国的价值观及其各种体制、制度的运营方式等。到了那时，中国的知识分子对美国的物质生活的惊叹与羡慕融合在一起，在相当一段时间内将会很难客观地评价和判断中国的现实。目前中国的知识分子或大众受到美国式的冲击非常大，可以理解受到冲击后处于昏迷状态而难以掌握方向的中国知识分子立场。韩国在认识美国的制度、美国的价值观、美国的权力、美国这一国家的过程中，达到重新发现自己时，花费了50年时间。中国内地也许会更快一些。由于人口较多，但至少也得花费三四十年。中国的知识分子应该经常自问一些问题，努力恢复自己的自律性，例如，我的意识为何变得如此昏迷？为何如此难以控制方向？我们几乎完全地盲目地倾倒于美国的价值观和生活方式的做法是否正常？这样的努力，好像就是当时鲁迅通过写文章，要求中国大众做的事情。以此意义来看，鲁迅是"现在"的鲁迅，也是"未来"的鲁迅；是20世纪的鲁迅，还将继续是21世纪的鲁迅，对于这一点，我深信不疑。(2006.12.15，载于《南方周末》，崔强翻译)

附录：

鲁迅：在东亚的天空下

《南方周末》记者夏榆

在狱中读鲁迅

朴宰雨是韩国外国语大学教授，他给自己取的笔名叫朴树人，书斋的名字叫树人斋，以此寄寓对鲁迅的敬仰。

> 鲁迅成为我灵魂深处超越时空常向他学习的老师，是我反思自己时的标准严厉的前辈先行者，也是我孤独时分担苦闷或者神游的朋友。

1973年，朴宰雨进入大学中文系读书，当时是朴正熙军事政权长期独裁，对批判的、抵抗的学生的抗议加以严厉弹压的时候。

当时中文系里教的课程主要是讲读《论语》、《孟子》、《陶渊明》、《唐诗》、《三国志》这些课，读中文系感觉沉闷，无聊。在大学初年，朴宰雨就不关心专业，生活的主要时间都花在参加学生抵抗运动上。到了二年级第二学期的时候，学报社的一个女同学请朴宰雨写有关"鲁迅思想和文学"的评论文章，第一次接触到鲁迅的名字。当时研究鲁迅的韩文资料很有限，为了找资料，四处奔走，终于写出文章。这件事情后来成为改变他命运的种子。

由于参加学运坐过短期的牢,写毕业论文时也选择论鲁迅,毕业后选择中国文学深造之路而去台湾留学,回国在大学任教以后把被禁的中国书翻译成韩文,致力于社会批判和思考,所有这些都可以从最初的那个事件找到心理依据。

"无论在中国、韩国或者其他国家,被鲁迅吸引,成为鲁迅作品的爱读者,或者把鲁迅和其作品当作研究对象的学者,不计其数。"朴宰雨说。

韩国著名文学评论家任轩泳在当年读到鲁迅《故乡》的时候痛哭了一场。因为战争,当时的任轩泳已是家破人亡,丧失家园之痛使《故乡》成为最深切的体验。

1950年爆发的朝鲜战争使韩国与具有数千年最亲密关系的文化艺术兄弟——中国文学——之间产生了一道隔绝的壁障。

"我的背井离乡感与鲁迅的思乡情虽然有所不同,但是我们的故乡都是处于必须进行变革的那个封建意识形态和贫穷蔓延的社会。从这一点讲我们是相通的。将那个惨不忍睹的故乡变成让人思念的故乡是不是一场革命?地上本没有路,走的人多了,便成了路。那时我该走的路,要逼我走的路,是不能令我满意的,似乎在我要走另外一条路的时候,鲁迅给我放进了一个期望。"

任轩泳有过两次坐牢的经历,两次都跟鲁迅有关。1974年,在韩国宣布紧急状态的时候,任轩泳被捕,"既然坐牢,那我就在监狱里读读鲁迅吧。"他找到了当时难以购到的五本中文版《鲁迅全集》复印版本,同翻译版本对照着苦读。

任轩泳第二次入狱也跟鲁迅有关。1976年参加"南民战",在那时行动指针依然是鲁迅。被投入监狱,埋头于学中国语,于是读《鲁迅全集》。1983年出狱时,最先购买的书籍就是中国的人民文学出版社出版的纪念鲁迅诞辰100周年所发行的16卷《鲁迅全集》的日语版译本。

鲁迅没有到过韩国,直接和鲁迅来往或者交换书信的韩国人也寥寥无几。为什么鲁迅在韩国有这么持久的影响力?

朴宰雨说:"孔子没有来过韩国,也没有和所谓'东夷'人士交往过,但孔子对韩国传统文化影响却很大,而且马克思没到过中国,也没有和中国人士交往过,但是他对20世纪中国的影响这么大。其主要原因不在接触的直接与否,而在和接受民族的历史和现实社会以及民族气质上的需求符合与否。鲁迅的坚决反对封建'吃人'统治、反对帝国主义和法西斯主义的思想和关怀被压迫民众的命运的文学,在严酷的日帝殖民统治下呻吟的韩国人民看来,是令人在黑暗中、在绝望中能找到一线光明和希望的思想和文学,是让人深刻共鸣的思想和文学。韩国知识界和民众与中国不同,一直没有把鲁迅神格化,基本上把鲁迅看作启蒙主义思想家兼作家。虽然对鲁迅见仁见智,有不同看法,但是把他看作重视人的尊严并反对法西斯强权的高压、腐败和虚伪的进步知识分子,兼能关怀民众、对民众'哀其不幸,怒其不争'的批判现实主义的文学家,这点是一致的。"

鲁迅还会说什么

鲁迅的名字最早在韩国得到介绍的是1920年杨白华所翻译的日人介绍中国新文学的文章,题为《以胡适为中心漩涡的新文学运动》。

不过,韩国真正介绍鲁迅作品是在1927年。柳树人得到鲁迅同意把《狂人日记》翻译成韩文,1927年8月登载于《东光》16号。柳树人初读鲁迅的《狂人日记》,是跟着父亲流亡到中国东北读中学的时候。他和同学们一起读《狂人日记》,懂得真正的意义之后感动得"几乎发狂",以为鲁迅先生"不仅写了中国的狂人,也写了朝鲜的狂人",以后鲁迅就成了他们崇拜的第一位中国人。

1937年至1945年,由于中日战争爆发,鲁迅著作变成了禁书。1992年8月24日中韩正式建交之前的40多年里,鲁迅后期作品虽然被禁,但是前期小说和散文、诗等并没有被禁止。在中国现代作家作品中,韩国读者阅读最多的是林语堂的散文和鲁迅的《阿Q正传》、《狂人日记》、《故乡》等小说。1980年代中期以后鲁迅的杂文(竹内好注释本)也翻译成韩文。

朝鲜半岛的南北从1920年开始接受鲁迅,在殖民地时代把他看作和封建主义及帝国主义斗争的锐利的精神武器,在光复后又把他看作和法西斯军事独裁斗争的思想资源。实际上,日帝时期李陆史、韩雪野等抗日作家与李泳禧先生等七八十年代韩国民主化运动的思想导师就从鲁迅那里学到不少东西,也得到很大的启发和鼓舞。

鲁迅博物馆馆长孙郁谈到为什么东亚国家会借重鲁迅作自己的思想资源时说:"我看来,在这潜藏多重矛盾的复杂多端的东亚的历史格局下,今后向建立东亚民族之间相生体制的未来进军,为酝酿东亚文化共同体而努力的时候,鲁迅是非常重要的思想资源之一。从一般意义上讲,鲁迅虽然也可以说属于全世界,但是世界上有哪些其他国家像我们这样和鲁迅有过历史缘分,对鲁迅表示亲密感情,把鲁迅当作反思历史和推动新的文化的思想的、文学的资源呢?"

韩国社会活动家、文学批评家任轩泳说:"现在,我们已进入了21世纪,我们将民族解放理论置于历史的仓库中,忙于传播世界化的福音。如果鲁迅还在世的话,他会说什么呢?丧失民族主体性的世界化可能吗?不会的。亚洲似乎重新需要鲁迅。"

(2006.12.15,载于《南方周末》)

后 记

很高兴《韩国鲁迅研究精选集》(第二辑)终于问世。

我们韩国鲁迅学界2005年由河南文艺出版社出版《韩国学者鲁迅研究论文集》。现在调查其后的鲁迅研究成果,发现了观点新鲜的或较高研究水平的论文还不少。不过,由于篇幅有限,在这里只能收载十来篇具有代表性的论文与几篇资料性附录文章或者访谈,遗漏不少优秀的研究成果,有点遗憾。

本书如果没有鲁迅文化基金会秘书长周令飞先生和北京鲁迅纪念馆研究馆员葛涛博士在策划与编审方面的热诚帮助,估计难以问世。在此表示由衷的谢意!

我们韩国笔者们真切希望通过这本书,能与中国读者及懂中文的世界各地知识分子进行对话,并联合促进世界鲁迅研究的蓬勃发展。

主编朴宰雨写于首尔树人斋

2016年7月